苏州与中国小康社会建设

中共苏州市委党史工作办公室 主编

张 生 著

苏州大学出版社
Soochow University Press

图书在版编目（CIP）数据

苏州与中国小康社会建设／中共苏州市委党史工作办公室主编；张生著. —苏州：苏州大学出版社，2020.12
　　ISBN 978-7-5672-3448-2

Ⅰ.①苏… Ⅱ.①中… ②张… Ⅲ.①小康建设—研究—苏州 Ⅳ.①F127.553

中国版本图书馆 CIP 数据核字（2020）第 255658 号

书　　名：	苏州与中国小康社会建设
主　　编：	中共苏州市委党史工作办公室
著　　者：	张　生
责任编辑：	李寿春
助理编辑：	陈　璐
装帧设计：	吴　钰
出版发行：	苏州大学出版社（Soochow University Press）
社　　址：	苏州市十梓街 1 号　邮编：215006
印　　刷：	苏州市越洋印刷有限公司
邮购热线：	0512-67480030
销售热线：	0512-67481020
开　　本：	700 mm×1 000 mm　1/16　印张：17　字数：213 千
版　　次：	2020 年 12 月第 1 版
印　　次：	2020 年 12 月第 1 次印刷
书　　号：	ISBN 978-7-5672-3448-2
定　　价：	60.00 元

若有印装错误，本社负责调换
苏州大学出版社营销部　电话：0512-67481020
苏州大学出版社网址　http://www.sudapress.com
苏州大学出版社邮箱　sdcbs@suda.edu.cn

道路与历程：从初步小康到高水平全面小康 / 001

第一章 初步小康的苏州 / 003
一、小康社会思想的基本形成 / 004
二、改革开放后苏州的初步小康 / 012

第二章 全面小康的苏州 / 020
一、苏州全面建设小康社会 / 020
二、"两个率先"下苏州的发展 / 025

第三章 高水平全面小康的苏州 / 031
一、高水平全面小康的先行者 / 031
二、新时代新苏州 / 033

实践与成就：开创"强富美高"新苏州 / 045

第四章 推进稳增快转 "经济强"成就显著 / 047
一、开发新区 产业集聚 / 047
二、制造基地 科创高地 / 054
三、新兴产业 服务贸易 / 063
四、民营经济 藏富于民 / 073

第五章　持续改善民生　"百姓富"成果丰硕 / 078

　　一、就业多样　收入领先 / 078

　　二、信息惠民　出行便捷 / 085

　　三、住房安居　文教昌盛 / 092

　　四、城乡社保　一体覆盖 / 099

第六章　践行绿色发展　"环境美"成色更足 / 108

　　一、环保优先　生态补偿 / 108

　　二、循环经济　生态文明 / 116

　　三、美丽镇村　田园社区 / 124

　　四、绿色产业　生态城市 / 129

第七章　弘扬时代新风　"社会文明程度高"成效彰显 / 136

　　一、政社互动　民主法治 / 136

　　二、长治久安　健康卫生 / 145

　　三、江南文化　文脉传承 / 153

　　四、幸福社区　文明城市 / 158

经验与启示：高水平全面小康的中国城市发展 / 165

第八章　坚持党的建设与中国城市发展道路 / 167

　　一、党的十八大以来苏州党的建设与城市发展 / 168

　　二、现代国际大都市、美丽幸福新天堂 / 173

第九章　以人民为中心的小康城市发展 / 178

　　一、古城新貌姑苏区 / 178

　　二、后发崛起新相城 / 185

　　三、美丽镇村、生态吴中 / 193

　　四、创新湖区、乐居吴江 / 199

　　五、创新之旅，逐梦而行——苏州高新区 / 205

　　六、全国领先，园区经验——苏州工业园区 / 213

第十章　因地制宜——人间新天堂 / 220

　　一、昆山之路新篇章 / 220

　　二、江南福地新常熟 / 224

　　三、田园城市太仓市 / 230

　　四、幸福港城张家港 / 234

结　语　中国小康先行者 / 243

参考文献 / 255

后　记 / 264

道路与历程：
从初步小康到高水平全面小康

习近平总书记指出："我们党在不同历史时期，总是根据人民意愿和事业发展需要，提出富有感召力的奋斗目标，团结带领人民为之奋斗。党的十八大根据国内外形势新变化，顺应我国经济社会新发展和广大人民群众新期待，对全面建设小康社会目标进行了充实和完善，提出了更具明确政策导向、更加针对发展难题、更好顺应人民意愿的新要求。这些目标要求，与党的十六大提出的全面建设小康社会奋斗目标和党的十七大提出的实现全面建设小康社会奋斗目标新要求相衔接，也与中国特色社会主义事业总体布局相一致。全党全国要同心同德、埋头苦干，锐意创新、开拓进取，共同为实现党的十八大提出的全面建成小康社会和全面深化改革开放的目标而奋斗。"①

到2020年全面建成小康社会，是我们党向人民、向历史作出的庄严承诺，是实现中华民族伟大复兴中国梦的关键一步。党的十八大以来，习近平总书记站

---

① 中共中央文献研究室编：《习近平关于全面建成小康社会论述摘编》，中央文献出版社2016年版，第3页。

在党和国家发展全局的高度，围绕全面建成小康社会提出了一系列新理念新思想新战略。这些重要论述，立意高远，内涵丰富，思想深刻，对于我们深刻认识全面建成小康社会的重大意义，准确把握全面建成小康社会的基本要求和重点任务，按照"五位一体"总体布局和"四个全面"战略布局，用新的发展理念引领和推动经济发展，夺取全面建成小康社会决胜阶段的伟大胜利，实现"两个一百年"奋斗目标，实现中华民族伟大复兴的中国梦，具有十分重要的指导意义。

第一章　初步小康的苏州

中共十一届三中全会以后,苏州经济的发展是以蓬勃发展的乡村工业为启动点的。苏州社队工业在面向农业、面向农村、面向市场的同时,又紧紧抓住当时上海等大中城市正在实施的加工工业扩散转移这个千载难逢的发展机遇,走向城市,走向军工企业,走向工业原材料产地,与城市国有集体企业、军工企业、大专院校和科研院所建立各种形式的横向经济联合。至1985年,全市乡村企业已与全国20多个省、市建立各种形式的横向经济联合,建成各种联合企业2 000多家,引进了大量资金、技术、装备、产品和人才,其规模进一步扩大,实力进一步加强。异军突起的乡村企业成为区域经济的重要组成部分。1985年,全市共有乡村工业企业13 208家,比1978年增长6.7%,固定资产原值21.94亿元,工业总产值88.01亿元,分别比1978年增长6.5倍和8.8倍,并涌现出21个亿元乡(镇)和181家产值超过500万元的乡镇骨干企业,形成了一个以乡村集体经济为主、以中小型企业和加工工业为主,依托城市发展自己同时又为城市大工业配套服务的工业群体。

从邓小平发表南方谈话到中共十六大召开前夕,苏州市委、市政府团结带领全市干部群众,以邓小平南方谈话和中共十四大、中共十五大精神为指引,以解放思想为先导,牢牢把握苏州加快发展的一个个历史性机遇,振奋精神,同心同德,锐意进取,开拓创新,及时制定了从全面加快发展到争取率先基本实现现代化的一个个崭新奋斗目标,制定并实施了一系列政策措施,引领苏州实现了经济社会的全面跨越式发展。20世纪90年代，苏州经济发展驶上了快车道，实现了跳跃式前进、隔几年上一个大的台阶，并实现了全市经济结构"内转外"的历史大跨越，使苏州保持和扩大了在全省、全国的发展领先优势，成为国内先进制造业重要基地、充满活力的经济强市、别具吸引力的开放城市、具有较强竞争力的国际新兴科技城市、传统文化与现代文明有机融合的现代化城市，成为全国率先建成小康社会的城市和地区，成为建设有中国特色社会主义的成功典范，为苏州在21世纪续写发展新篇章、创造新辉煌奠定了坚实的基础。①

一、小康社会思想的基本形成

小康社会是邓小平在党的十一届三中全会以后，在设计中国现代化进程时，继承传统思想遗产，反思历史经验教训，立足客观实际国情，放眼世界现代化发展大势，将民族复兴梦想和民生幸福追求融为一体，对中国现代化发展目标的新定位。

现代化是近代以来中国历史发展的主流。在追求现代化的历程中，许多仁人志士都提出了各自的设计蓝图。中华人民共和国成立后，面对历史赋予的重任，以毛泽东为代表的中国共产党人，在20世纪60年代中期，提出"把我国建设成为一个具有现代农业、现代工业、现代国防和现代科学技术的社会主义强国"②这一奋斗目标。"文化大革命"结束后，党中央重申到2000年全面实现四个现代化。党的十一届三中全会后，中国与西方发达国家的差距促使邓小平对20世纪末的现代化发展目标进行新的定位。

---

① 中共苏州市委党史工作办公室主编、姚福年编著：《苏州改革开放实录》（二），中共党史出版社2019年版，第4—5页。

② 中共中央文献研究室编：《毛泽东文集》第8卷，人民出版社1999年版，第341页。

1978年，邓小平出访日本、新加坡等周边国家；1979年年初，他又访问了美国。这一系列的外事活动，使他清楚地认识到中国的现代化水平与世界现代化先进水平的巨大差距。因此，邓小平在制订现代化发展规划和战略时，特别注意同西方发达国家进行横向对比，并从中国的实际出发来考虑中国所要达到的现代化水平。1979年3月21日，邓小平在会见英中文化协会执委会代表团时，第一次提到"中国式现代化"这一概念。他说："我们定的目标是在本世纪末实现四个现代化。我们的概念与西方不同，我姑且用个新说法，叫做'中国式的四个现代化'。现在我们的技术水平还是你们五十年代的水平。如果在本世纪末能达到你们七十年代的水平，那就很了不起。"① 后来，邓小平曾简要叙述过现代化战略目标调整及其依据。他说："我们开了大口，本世纪末实现四个现代化。后来改了个口，叫'中国式现代化'，就是把标准放低一点。"② 从邓小平的思想脉络看，"中国式现代化"这一新说法，是他对20世纪末中国现代化发展水平的新的思考和新的定位。如果说"四个现代化"是中国现代化发展的蓝图设计，那么，"中国式现代化"就是关于实现这一宏伟蓝图的道路抉择和指导原则，所以，它不是对"四个现代化"的否定，而是在对实现"四个现代化"的实践进程进行新的思考的基础上，提出的关于中国社会主义现代化建设的总体指导思想。

　　从邓小平当初的思想看，提出"中国式现代化"这一"新说法"，就是在发展水平的要求上，实际上降低了20世纪末要达到的现代化水准。那么，这种现代化的具体发展蓝图又是怎样的呢？这是邓小平当时思考的问题。1979年12月，在会见来访的日本首相

---

① 中共中央文献研究室编：《邓小平思想年谱：1975—1997》，中央文献出版社1998年版，第111页。

② 邓小平：《邓小平文选》第二卷，人民出版社1994年版，第194页。

大平正芳时，邓小平第一次使用中国人民喜闻乐见的"小康"一词来表述"中国式现代化"："我们要实现的四个现代化，是中国式的四个现代化。我们的四个现代化的概念，不是像你们那样的现代化的概念，而是'小康之家'。到本世纪末，中国的四个现代化即使达到了某种目标，我们的国民生产总值人均水平也还是很低的。要达到第三世界中比较富裕一点的国家的水平，比如国民生产总值人均一千美元，也还得付出很大的努力。就算达到那样的水平，同西方来比，也还是落后的。所以，我只能说，中国到那时也还是一个小康的状态。"① 这里，邓小平首次将我国现代化建设的战略目标加以定量化、形象化，提出具体设想。从此，中国的现代化建设在20世纪末的发展目标被定位为"小康"。那么小康状态，当时在邓小平看来究竟是一个什么样的水准呢？1980年1月，邓小平在《目前的形势和任务》讲话中指出，"现在我们只有二百几十美元，如果达到一千美元，就要增加三倍"②。1981年4月，邓小平会见由古井喜实担任团长的日中友好议员联盟访华团，在讲到"中国式的现代化"的概念时，他说："经过我们的努力，设想十年翻一番，两个十年翻两番，就是达到人均国民生产总值一千美元。经过这一时期的摸索，看来达到一千美元也不容易，比如说八百、九百，就算八百，也算是一个小康生活了。"③ 邓小平提出的小康战略目标在1981年11月第五届全国人民代表大会第四次会议的《政府工作报告》中得到确认，其具体表述是："我们要在中国共产党的正确领导下，动员和组织全国各族人民，振奋精神，同心协力，艰苦奋斗，勤俭建国，力争用二十年的时间使工农业总产值翻两番，使人民的

---

① 邓小平：《邓小平文选》第二卷，人民出版社1994年版，第237页。
② 邓小平：《邓小平文选》第二卷，人民出版社1994年版，第259页。
③ 中共中央文献研究室编：《邓小平思想年谱：1975—1997》，中央文献出版社1998年版，第187—188页。

消费达到小康水平。"① 在 1982 年 9 月党的十二大报告中，小康战略目标被确定为党的行动纲领，具体表述是："从 1981 年到本世纪末的 20 年，我国经济建设总的奋斗目标是，在不断提高经济效益的前提下，力争使全国工农业的年总产值翻两番。实现了这个目标……人民的物质文化生活可以达到小康水平。"党的十二大报告还对这一战略目标在步骤上进行了明确划分，即第一步到 1990 年实现工农业总产值翻一番，解决人民的温饱问题；第二步到 2000 年使工农业总产值再翻一番，人民生活达到小康水平。至此，小康目标和实现小康目标的战略步骤作为党的行动纲领被明确地提了出来，并很快成为全党全民的共识。

把到 20 世纪末实现四个现代化，达到世界发达国家水平，改为到 20 世纪末达到第三世界中比较富裕一点的国家的水平，达到小康，这是中国经济社会发展战略的一个意义重大的变化。小康目标一经提出，立刻引发了国内外的强烈反响。

邓小平的苏州之行印证了小康社会建设的现实可行性。小康社会目标确立以后，全国人民群情高涨。翻两番，能否翻？奔小康，如何奔？成为全党和全国人民议论的热点。1982 年 10 月，邓小平同原国家计划委员会负责同志谈话时也指出："到本世纪末二十年的奋斗目标定了，这就是在不断提高经济效益的前提下，工农业年总产值翻两番。靠不靠得住？党的十二大说靠得住，我也相信是靠得住的，但究竟靠不靠得住，还要看今后的工作。"② 为了实地考察小康目标的现实可行性，1983 年 2 月 5 日，邓小平乘专列离开北京，前往江苏苏州、浙江杭州等地考察。

1983 年 2 月 6 日，邓小平莅临苏州，考察苏州的经济和社会发

---

① 《政府工作报告汇编》编写组编：《政府工作报告汇编：1954—2017》，中国言实出版社 2017 年版，第 487 页。
② 邓小平：《邓小平文选》第三卷，人民出版社 1993 年版，第 16 页。

展状况，为决策全局提供经验和依据。在 1959 年 2 月，邓小平曾到苏州进行视察。当时苏州生产萎缩、市场萧条、商品匮乏、困难重重。而今，他顿觉苏州的变化巨大。从人们红润的脸色、欢快的神情、多彩的服饰，从商店里琳琅满目的商品、菜场里应有尽有的副食，从新春佳节前夕整个城市欢乐祥和的氛围，就可以感觉到这种变化是昔日无法比拟的。江苏是全国经济比较发达的省份，苏州又是江苏经济最为发达的地区之一。这里的干部群众对十二大提出的"翻两番"有什么想法？经济发达地区究竟有没有可能在 20 世纪末实现"翻两番"？这是邓小平极为关心的问题。

邓小平通过这次苏州调研，对全国 20 世纪末实现小康社会的可能性更加肯定，因为对于邓小平极为关心的"经济发达地区究竟有没有可能在本世纪末实现'翻两番'"的问题，苏州给出了令他满意的答案："像苏州这样的地方，我们准备提前 5 年实现党中央提出的奋斗目标！"① 此前，苏州方面已经为邓小平提供了 16 份典型材料，从各方面介绍了苏州实行家庭联产承包责任制、发展社队工业、促进经济增长、改善人民生活的情况。对于邓小平"人均 800 美元，达到这样的水平，社会上是一个什么面貌，发展前景是什么样子"的问题，苏州更是给出了令他欣慰的答复："第一，人民的吃穿用问题解决了，基本生活有了保障；第二，住房问题解决了，人均达到二十平方米，因为土地不足，向空中发展，小城镇和农村盖二三层楼房的已经不少；第三，就业问题解决了，城镇基本上没有待业劳动者了；第四，人不再外流了，农村的人总想往大城市跑的情况已经改变；第五，中小学教育普及了，教育、文化、体育和其他公共福利事业有能力自己安排了；第六，人们的精神面貌

---

① 冷溶、汪作玲主编：《邓小平年谱：1975—1997》，中央文献出版社 2004 年版，第 726 页。

变化了，犯罪行为大大减少。"① 而对于邓小平提出的"苏州农村的发展采取的是什么方法，走的是什么路子"的问题，苏州的回答是，中共十一届三中全会以来，苏州农村经济所以出现新的飞跃，主要靠两条：一条是重视知识，重视知识分子的作用，依靠技术进步；另一条是发展集体所有制，也就是发展了中小企业；在农村，就是大力发展社队工业。关于社队工业的发展，归根结底，凭借的是灵活的经营机制，实行的是市场经济体制。从原材料的获得、资金的来源到产品的销售，完全靠市场。因此可以说，是市场哺育了社队工业。"看来，市场经济很重要！"② 邓小平给市场经济下了一个精辟的结论。

邓小平小康社会思想在逐步形成。邓小平通过这次苏州调研，对全国20世纪末实现小康社会的可能性更加肯定，因为经济条件好、基数比一般地方要高出许多的苏州能够实现"翻两番"，那么那些基数比较低的地方"翻两番"应该更不成问题；对实现小康社会的蓝图有了一次直观的体认，因为苏州当时虽然只是人均工农业总产值接近800美元，但人民群众的住房、就业、教育文化以及精神面貌等六个方面的发展变化，已经给予现代化建设的总设计师以最生动的素材，帮助他勾勒出小康社会发展的美丽图景；对实现小康社会的路径有了更加清晰的认识：充分肯定苏州人民在发展乡镇工业中运用市场机制的创新精神，社会主义市场经济理论的雏形已然形成。

邓小平回到北京后，每当重要场合论及小康社会建设问题，多次以苏州经济社会发展的面貌来描述小康社会的美好蓝图。1984年10月，邓小平在《在中央顾问委员会第三次全体会议上的讲话》

---

① 邓小平：《邓小平文选》第三卷，人民出版社1993年版，第24—25页。
② 冷溶、汪作玲主编：《邓小平年谱：1975—1997》，中央文献出版社2004年版，第726页。

中，再次谈到苏州之行，详细勾画了到20世纪末实现小康社会奋斗目标时中国经济和社会发展的图景，深刻指出小康社会"物质是基础，人民的物质生活好起来，文化水平提高了，精神面貌会有大变化。我们对刑事犯罪活动的打击是必要的，今后还要继续打击下去，但是只靠打击并不能解决根本的问题，翻两番、把经济搞上去才是真正治本的途径……如果实现了翻两番，那时会是个什么样的政治局面？我看真正的安定团结是肯定的。国家的力量真正是强大起来了，中国在国际上的影响也会大大不同了"[①]。这篇讲话是这一时期邓小平小康社会思想的集中反映。对苏州小康社会图景的直观体认，让小康社会在邓小平的视野中，不单是一个经济指标，而是一个综合概念，其发展目标涵盖人民生活、经济发展、政治发展、文化发展和社会发展诸方面的内容，体现了经济和社会的全面协调发展。在他看来，苏州呈现出的小康社会图景的六个方面，就是未来整个中国小康社会的发展方向。这六个方面成为最早提出的小康社会的六个标准，对中国社会发展影响深远的小康社会理论就此基本形成。

改革开放的实践证明，小康目标完全可能达到，农村的改革3年见成效，6年基本成功，解决了中国绝大多数人口的温饱问题。随着小康社会目标的逐渐实现，邓小平清醒地认识到，小康社会这一"中国式现代化"，是对20世纪末实现"四个现代化"的回应，是降低了标准的现代化，与真正意义的现代化还有着很大的距离。实践促使邓小平思考更长远的发展规则。本着实事求是的科学态度，邓小平开始将注意力更多地转移到小康目标实现之后中国的长远发展规划问题。

1987年4月30日，邓小平会见来访的西班牙副首相格拉，在

[①] 邓小平：《邓小平文选》第三卷，人民出版社1993年版，第89页。

会谈中格拉称赞中国改革开放的变化，邓小平回答说："我们原定的目标是，第一步在八十年代翻一番。以一九八〇年为基数，当时国民生产总值人均只有二百五十美元，翻一番，达到五百美元。第二步是到本世纪末，再翻一番，人均达到一千美元。实现这个目标意味着我们进入小康社会，把贫困的中国变成小康的中国。那时国民生产总值超过一万亿美元，虽然人均数还很低，但是国家的力量有很大增加。我们制定的目标更重要的还是第三步，在下世纪用三十年到五十年再翻两番，大体上达到人均四千美元。做到这一步，中国就达到中等发达的水平。这是我们的雄心壮志。目标不高，但做起来可不容易。"① 这是邓小平第一次从战略上对中国现代化建设作出分"三步走"的规划和部署。在这里，邓小平置小康社会于我国由温饱型社会向现代化过渡的一个承上启下的发展阶段，将中华民族孜孜以求的现代化之梦的实现放在了 21 世纪中叶，中华民族百年图强的"三步走"发展战略由此生成。这一规划在党的十三大上，形成了一幅完整的"三步走"发展蓝图。党的十三大报告提出："我国经济建设的战略部署大体分三步走。第一步，实现国民生产总值比 1980 年翻一番，解决人民的温饱问题。第二步，到本世纪末，使国民生产总值再增长一倍，人民生活达到小康水平。第三步，到下个世纪中叶，人均国民生产总值达到中等发达国家水平，人民生活比较富裕，基本实现现代化。"

从 1980 年起，用 70 年时间，分"三步走"把中国建设成为一个具有中等发达国家水平的现代化国家，这是邓小平在领导中国改革开放过程中，从实际出发，为中国经济发展绘制的一幅宏伟蓝图。实践证明，这个战略构想是可行的。经过全党全国人民的共同努力，原定的 2000 年国民生产总值比 1980 年"翻两番"的前两步

---

① 邓小平：《邓小平文选》第三卷，人民出版社 1993 年版，第 226 页。

目标提前于 1995 年完成。1997 年党的十五大提出 21 世纪前 50 年新的"三步走"战略；党的十六大提出全面建设小康社会伟大目标；党的十八大提出到 2020 年实现全面建成小康社会宏伟目标。高水平全面建成小康社会，进而建成富强民主文明和谐美丽的社会主义现代化国家，成为习近平总书记提出的中华民族伟大复兴的中国梦的主要内容。①

 二、改革开放后苏州的初步小康

1980 年，沐浴着改革开放的春风，中共苏州市第五次代表大会召开。会议贯彻中央关于把全党工作着重点转移到社会主义现代化建设上的重大决定，提出对国民经济进行调整，提高各行各业的技术业务水平、经营管理水平。家庭联产承包责任制在苏州全面推行，解放了大量剩余劳动力，推动了农村经济的发展。企业改革内外兼顾，加快了从生产型向生产经营型的转变步伐。勇立社会主义现代化建设潮头的苏州人在改革中已展现出敢于创新的风采。苏州运用市场经济大力发展社队工业的改革经验，促使中共中央专门下发文件加快社队工业发展，为全国范围社队工业（后称乡镇工业）的健康发展和迅速崛起铺平了道路。

苏州市第五次党代会后，苏州市委按照大会确定的企业改革方向和"内外结合、上下联动、由点到面、逐步深入"的方针，积极稳妥推动企业改革。经国家批准，苏州市对苏纶纺织厂等 20 家市区和地区所属全民所有制企业试行扩大企业自主权和利润留成制度。企业也纷纷开始内部改革，通过各种形式的责任制、核算制、奖励制充分调动生产积极性。苏州振亚丝织厂、光明丝织厂、苏州

---

① 中共苏州市委党史工作办公室编著：《小康社会思想与苏州实践》，中共党史出版社 2014 年版，第 4—13 页。

电扇厂、苏州电冰箱厂等一大批先进企业在改革大潮中脱颖而出，长城牌电风扇、香雪海牌电冰箱、孔雀牌电视机和春花牌吸尘器成为苏州工业"四大名旦"。

1983年春节前夕，邓小平到苏州视察，苏州农村的可喜变化，引发了邓小平用更加宽广的眼界思考中国的发展道路和战略目标，提出了我国"小康社会"的建设构想。他还基于苏州经验欣然宣布："这样发展下去，到本世纪末翻两番的目标一定能够实现。现在可以告诉朋友们，我们的信心增加了。"① 1983年年底，费孝通在对苏南地区的苏州、无锡、常州进行深入调查研究的基础上，在《小城镇·再探索》一文中提出了"苏南模式"这个词，并将其解释为"以发展工业为主，集体经济为主，参与市场调节为主，由县、乡政府直接领导为主"的农村经济发展道路。

中共十一届三中全会后，苏州开始进行农村改革。1982年，苏州市开始实行"包干到户"的家庭联产承包责任制。苏州自古以来就是"鱼米之乡"，发展农副业、渔业的优势明显，农村家庭联产承包责任制的全面推行，更是调动了农民的生产积极性，极大地推进了农副业的发展，也促进了农村经营形式的重大变化，有效地解放了农村生产力。

1984年，苏州市工业总产值124.3亿元，苏州连续两年成为全国工业产值超百亿元的10个城市之一。邓小平同志欣喜地说："去年我到苏州，苏州地区的工农业年总产值已经接近人均八百美元。我了解了一下苏州的生活水平。在苏州，第一是人不往上海、北京跑，恐怕苏南大部分地方的人都不往外地跑，乐于当地的生活；第二，每个人平均二十多平方米的住房；第三，中小学教育普及了，自己拿钱办教育；第四，人民不但吃穿问题解决了，用的问题，什

---

① 全国人大常委会办公厅、中共中央文献研究室编：《人民代表大会制度重要文献选编》，中国民主法制出版社2015年版，第661页。

么电视机,新的几大件,很多人也都解决了;第五,人们的精神面貌有了很大的变化,什么违法乱纪、犯罪行为大大减少。……这几条就了不起呀!"①

1984年中共中央4号文件发出"开创社队企业发展新局面"的强烈号召,全国各地兴起发展乡镇企业的热潮。苏州市委迅速作出抓住机遇、乘势而上的决策部署,利用紧邻上海、城乡联合的有利条件,新办一批乡镇企业,实现量的扩张。1988年全市乡镇企业户数超过15 000家,创历史最高点;乡镇企业职工总人数超120万,占农村总劳动力的40%以上;乡镇工业总产值达245亿元,占农村经济总量的80%以上,占全市工业总产值的48.57%。乡镇工业成为苏州农村经济的重要支撑,工业经济的"半壁江山"。至此,苏州走出了一条"离土不离乡、进厂不进城、亦工又亦农、集体共同富裕"的农村工业化之路和农业集体经济成功发展之路,牢固确立了在全省乃至全国的领先地位。

随着城乡各项改革的逐步推进,苏州的对外开放政策也在酝酿并有所突破。在1984年9月召开的中共苏州市第六次代表大会上,苏州市委及时提出全面贯彻对外开放政策,借助外力促进苏州市经济迅速发展的新任务、新举措。1984年6月,苏州市第一家中外合资企业——中国苏旺你有限公司在昆山创办。同年9月,苏州市委、市政府首次召开利用外资、引进技术工作会议。1985年2月,中央作出在长江三角洲等沿海地区开辟经济开放区的重大决策后,苏州市各级敏锐地觉察到又一个大发展的机遇已经来临。苏州市委、市政府迅速组织制定《苏州市对外开放实施方案》,果断提出全面实施"外向带动"战略。全市上下以发展外向型经济为"牛鼻子",实行外贸、外资、外经"三外齐上、三外联动",努力迈

---

① 邓小平:《邓小平文选》第三卷,人民出版社1993年版,第89页。

好对外开放的第一步。

随着农村经济与行政体制的改革，社队企业慢慢演变为乡镇企业。改革开放初期，我国经济发展处于相对缓慢的状态，各种市场和政策资源都比较缺乏，依靠市场和政策途径筹集资金发展农村工业化存在一定的障碍。在这种资金来源缺乏的条件下，正是前期社队企业的发展，为苏州乡镇企业发展提供了资金来源，社队企业资金成为苏州乡镇企业产权资本的主要组成部分。同时，家庭联产承包责任制的推行，把部分农民从土地上解放出来，形成了大量的劳动力。由于乡镇政府较少受到计划经济体制的束缚，更多的是依托市场来发展乡镇企业，因而乡镇企业具有比较灵活的市场调节机制，并且主要依靠计划外的市场空间发展和开拓市场。从而，有效加快了农村劳动力由农业向非农业产业的转移，调整了农村的产业结构，开辟了以农民为主的农村工业化道路。①

在改革开放初期，苏州乡镇企业发展迅速。从1978年至1991年，乡镇企业工业总产值由11.14亿元增加到了441.4亿元；乡镇企业的职工人数也由1978年的44.14万人增长到1991年的121.4万人，平均每年增长率为8.4%。同时，苏州乡镇企业工业总产值占全市工业总产值的比重由1978年的17.3%增长到1991年的63%。乡镇企业在农村经济发展中的地位也越发突出，1978年乡镇企业工业总产值仅占农村工农业总产值的23.2%，但到1991年，比例已上升至87.7%。

乡镇企业的发展带动了农村产业结构和农民就业结构的调整，对农村家庭生活的改善起到了极大的推进作用。1978年，苏州农村工农业总产值中农业所占的比重为72%，工业为28%。经过这一段时间的发展后，农村工农业总产值中工业总产值的比重迅速上升，

---

① 洪银兴、王荣主编：《改革开放三十年：苏州经验》，古吴轩出版社2008年版，第19页。

在 1991 年增长为 88.8%，农业则仅为 11.2%。1991 年，苏州市非农业劳动力占农村劳动力的比重为 61.47%，远高于 1978 年的 24.51%，农村家庭人均年收入 1 731 元，与 1978 年的 205 元相比，增长了 8 倍以上。

这一时期苏州乡镇企业的发展，带动了苏州整体经济的飞速发展，推进了苏州的工业化进程。从 1978 到 1991 年，苏州第一产业占社会总产值的比重平均每年下降 0.99%，由 28.1% 下降为 15.2%，第二、第三产业分别以平均每年 0.53% 和 0.46% 的比例上涨。

20 世纪 80 年代后期，苏州市政府调整发展战略，逐步大规模吸收外资和引进技术，利用外资带动出口加工，使苏州的发展动力逐步由内向型经济转为外向型经济。1987 年苏州获得外贸自营进出口经营权之后，苏州外向型经济开始迅速起步。

1989 年 12 月，中共苏州市第七次代表大会召开，提出坚定地把改革开放继续推向前进，使苏州市的对外开放取得新的突破。1992 年，邓小平的南方谈话极大地激发了苏州人民的创新精神。苏州市委、市政府提出要积极呼应上海浦东的开发开放，在接轨浦东中发展壮大自己，由此引领全市各地迅速掀起了大开发、大开放的热潮，开创了外向型经济突飞猛进的崭新局面，全市经济进入了大发展的快车道。1992 年至 1994 年，苏州市国内生产总值、工业总产值每年递增 50% 左右，从而使苏州的经济总量开始跻身全国大中城市十强之列。

1992 年邓小平南方谈话发表后，苏州外向型经济进入蓬勃发展阶段。为加快外向型经济的建设，苏州一方面加快出口加工贸易，积极引进外资，增加地区外汇收入；另一方面大力兴办"三资企业"，从"三来一补"到生产研发，不断提高外资企业的质量。

20 世纪 90 年代，昆山自费创办经济技术开发区的成功经验得到快速推广，苏州把开发区建设作为加快发展的战略突破口。1992年8月至11月，苏州申办的昆山经济技术开发区、苏州太湖国家旅游度假区、张家港保税区、苏州国家高新技术产业开发区相继获国务院批准，进入这4种不同类型的首批国家级开发区序列。苏州成为当时国内获准开办国家级开发区数量最多、种类最全的地级市。至1994年年底，苏州市14个开发区全部正式进入国家级或省级开发区序列，全市国家级和省级开发区实施开发建设面积达117平方千米。苏州的开发区成为苏州吸引外资的集中区，开放型经济跨越式发展的推进器，全市经济发展的重要增长极。开发区的蓬勃兴起，使苏州对外开放迈出了一大步。

1998年，通信设备、计算机及其他电子设备制造业取代纺织业成为制造业中的第一主导行业。高新技术产业产值占规模以上工业总产值的比重达到33%。在计算机及配套设备、数字交换设备、光纤通信、生物医药、精细化工等多个领域形成了产业集群。在服务业领域，通信业、房地产业、金融保险业、信息咨询业、商务服务业、会展业、计算机软件开发业等新兴服务业快速成长，传统服务行业也由于销售模式、技术手段、经营理念的创新增添了发展活力和后劲。

改革开放初期，苏州的所有制结构以国有经济、集体经济为主。1978年，在苏州市工业总产值中，全民工业占53.7%，集体工业占46.3%。20世纪90年代中期，随着经济体制改革的逐步深入，股份制改造步伐加快，私营企业高速增长，"三资企业"增势强劲，企业经济类型呈多元化发展。市场经济体制的逐步建立，推动了苏州市所有制结构调整，形成了公有制实现形式多样化、多种经济成分共同发展的格局。

改革开放以来，苏州市以产业集群发展为依托，大力培育规模优势，组织结构不断优化；通过兼并联合、改组改造、合资嫁接、上市融资等,把优势企业做大做强,把中小企业做专做精,不断发展规模经济,使企业生产组织化程度不断提高,规模化、集约化、集团化发展趋势明显。

自20世纪80年代后期获得外贸自营权以来,苏州市的出口商品由原来的以丝绸纺织和农副产品为主,转变为以机电产品为主,商贸经营模式不断创新,新型业态大量涌现,形成了区域性商贸中心、特色商贸街区和社区商贸网点多层次、广覆盖的梯级商贸服务网络体系,城乡消费市场日益繁荣兴旺。

具有2 500多年历史的苏州古城按照"重点保护、合理保留、普遍改善、局部改造"的方针,相继启动了大规模的城市旧街坊改造工程、古城区历史街区保护工程和环古城风貌保护工程等,在保护"水陆并行、河街相邻"的格局的基础上,大大改善了古城面貌。20世纪90年代初,随着苏州高新区和苏州工业园区的开发建设,苏州中心城市形成了"东园西区、古城居中、一体两翼"的带状格局。

1994年10月,中共苏州市第八次代表大会召开,大会提出,二十世纪最后几年,是苏州经济社会发展的关键时期,要抓住机遇,深化改革,扩大开放,加快建立社会主义市场经济新体制,保持国民经济高效、协调、快速、持续发展。1995年年初,苏州市委、市政府组织重点推进以建立现代企业制度为目标的国有企业改革。1995年10月,苏州市委、市政府制定《关于深化乡镇企业改革的意见》,要求各地推行以股份合作制为主要形式的产权制度改革。至1996年,苏州市大力进行市场改革,全市80%的中小企业进行了改制转制,全面实行乡镇企业产权制度改革,把乡镇企业改制成有限责任公司、股份合作制企业等,或是进行拍卖转让,以解决乡镇企业中的产权模糊所产生的问题,从而既可以提高乡镇企业的竞争力,增强其经济活力,以适应来自外资企业的冲击,也能更好地与外资衔接，建立合资企业。2000年年底，苏州市国有大中型工业企业整体和局部改制面达83%，中小企业改制面达95%。

苏州按照稳步推进、重点突破、整体配套的方针，不断推进农村改革和深化企业产权制度、流通体制、外贸体制、财政税收体制、投融资体制、国有（集体）资产经营管理体制、政府管理体制、城市管理体制等一系列改革，实现了由高度集中的计划经济向社会主义市场经济的转变，初步建立了适应社会主义市场经济和生产力发展的新体制。

苏州市形成了由综合市场、专业市场、消费品市场、生产资料市场组成的覆盖面广、辐射力强、分工明确、功能完善的商品交易市场体系。房地产市场、劳动力和人才市场、资本市场、产权交易市场、技术市场等要素市场从无到有相继建立，生产、流通、交换、分配基本实现市场化，市场调节对资源有效配置的基础性作用越来越大。

从1984年苏州第一家外商投资企业建立，到提出"三外齐动"策略，再到提出"依托上海、接轨浦东、迎接辐射、发展苏州"的口号，建设开发区吸引外资，截至2001年，外向型经济已经成为苏州经济的重要组成部分。无论是在提供资金来源、增加经济总量方面，还是在加快苏州的国际化进程以及促使产业升级等方面，苏州的外向型经济都作出了突出的贡献，加快了苏州经济腾飞的进程，带来了苏州的初步小康。

第二章 全面小康的苏州

党的十六大确立了全面建设小康社会的奋斗目标。江苏明确提出了"率先全面建成小康社会、率先基本实现现代化"（以下简称"两个率先"）的要求。从此，"两个率先"就鲜明地写在江苏发展的旗帜上，成为激励全省人民不懈追求、开拓奋进的强大动力。

苏州按照中央提出的全面建成小康社会的奋斗目标和科学发展、和谐发展的要求，作出了争当全省"两个率先"先行军的决定，制定了转变经济增长方式、增强自主创新能力、建设社会主义新农村和提高市民文明素质"四大行动计划"以及民营经济腾飞计划、服务业跨越计划，积极推进"两个率先"、新型工业化和结构调整，调轻产业结构，调高产业层次，调优产业布局，加快转变发展方式，做大经济规模，增强经济实力，促进惠民富民。苏州努力从"苏州加工""苏州制造"走向"苏州创造"，实现由传统发展向科学发展、和谐发展的转变，苏州在率先实现江苏省设定的全面小康社会目标的基础上，加快向率先基本实现现代化迈进。

一、苏州全面建设小康社会

改革开放以来，苏州形成了古韵与今风共存、传统与现代兼具、人文与科技融合、东方与西方对接、活力与魅力同辉的鲜明特色，创造了发展奇迹。

2001年8月，中共苏州市第九次代表大会召开，这是苏州地方党组织在21世纪召开的第一次代表大会。2003年7月，苏州首次提出要争当全省"两个率先"的先行军，争当全国率先发展的排头兵。为进一步夯实全面建设小康社会的物质基础，2005年，苏州市委、市政府作出《关于推进新型工业化进程的决定》，推出实施IT产业三年翻番、打造沿江"新苏州"、培育220个年销售收入超10亿元大企业、促进民营经济三年腾飞四个计划，全力打造先进制造业基地，实施信息化带动工业化战略、名牌带动战略、人才强市战略、经济国际化战略。苏州坚持新兴产业增量扩张与传统产业存量提升"两产并举"，先进制造业与现代服务业"双轮驱动"，工业化和信息化"两化融合"，逐步走出一条具有时代特征、苏州特色的新型工业化道路。

"十一五"期间，苏州市实施"科教兴市""新型工业化""经济国际化""城乡现代化""可持续发展"五大发展战略。"十二五"期间，苏州市在五大发展战略的基础上作出了"三大调整""一个保持"和"一次创新"，实施"创新引领""开放提升""城乡一体""人才强市""民生优先""可持续发展"六大发展战略。

"三大调整"，其一是把"科教兴市"战略调整为"创新引领"战略和"人才强市"战略，由此更凸显创新和人才的重要性。把创新发展提升到战略层面，意在强调以创新引领和推动经济发展方式加快转变、新型工业化加速提升。"创新引领"，狭义上是指科技创新，但广义上包括了发展思路、发展观念、体制机制等的全面创新，而创新的所有动力来自人才。"人才强市"战略则突出了以人才为第一资源的战略地位，以高素质人才引领高水平发展。其二是把"经济国际化"战略调整为"开放提升"战略。苏州的最大优势就是开放，且在对外开放中，苏州经济国际化程度较高，在新一轮发展中，苏州要进一步把领先优势提升为竞争优势，在开放提升中进一步提高开放型经济的竞争力、发展层次和发展水平，同时在开放提升中推动创新、引进人才。苏州的开放同时也是对国内市场的开放，犹如一把折扇的两面，苏州的对外开放、对内开放要同时展开。其三是把"城乡现代化"战略调整为"城乡一体"战略，因为一体化是现代化基础上的一体化，是现代化的更高提升，更加突出城乡协调、互动、融合，更加强调要以更高水平破解城乡二元结构，提高城乡统筹发展水平。"一个保持"即保持了"可持续发展"战略。这一战略是连贯和延续的，贯穿于科学发展的始终，这意味着苏州将继续促进经济与人口、资源、环境、社会协调发展。"一项创新"即新增了"民生优先"战略。"十一五"期间，苏州虽然没有将"民生"列入发展战略，但所有发展的落脚点还是改善民生。"十二五"期间，苏州把民生改善摆到更加突出的战略位置，以进一步体现发展为民、以人为本的根本要求，更加突出了民生、民本、民意。这既是科学发展的特征，也是苏州构建和谐社会的必然要求。

从党的十六大到党的十八大，苏州凝心聚力谋发展，一心一意搞建设，科学发展有新思路，自主创新有新突破，各项工作有新亮点，改革发展创造了新经验，继续在"两个率先"进程中走在江苏前列。苏州市以提高国际竞争力为着力点，确立更高的目标定位，努力把苏州建设成为科学发展的先导区、先进制造业和现代服务业的集聚区、自主创新的重要基地，在又好又快发展与构建和谐社会方面继续走在全省和全国前列。以大力推进自主创新为中心环节，加快经济结构优化升级和增长方式转变。努力把对外开放的领先优势转化为创新的优势，把自主创新与技术引进更好地结合起来，探索引进消化吸收再创新的有效途径；把开发区建设与科技创新载体建设更好地结合起来，增强研发能力；把创新和创业更好地结合起来，加快科技成果产业规模化；把创新与结构调整更好地结合起来，努力调高、调轻、调优产业结构。以加快现代服务业发展为重点，进一步提升综合竞争力。充分发挥对外开放的优势，加快发展现代服务业，抓好服务业集聚区建设，大力培养引进服务业优秀人才，增加服务业有效投入，推动现代服务业跨越式发展。

苏州的经济基础比较雄厚，在"工业反哺农业、城市支持农村"方面走在前面，积极发展现代农业特别是高效外向农业，积极促进以工促农、以企带村，推动工农要素相互渗透，城乡资源相互融合，实现城乡协调发展。苏州市加大统筹区域发展力度，充分利用长三角叠加效应，谋求自身更大发展，同时更好地辐射带动苏北地区；加大统筹经济社会发展力度，加快社会事业发展，坚持创业富民、就业惠民、社保安民，解决好人民群众最关心、最直接、最现实的利益问题，让人民群众在又好又快发展中得到更多的实惠。苏州始终坚持统筹城乡经济社会发展，以统筹城乡规划、统筹城乡建设、统筹城乡就业、统筹城乡保障、统筹城乡公共服务为主要内容，以工促农、以城带乡、城乡联动，全面推进城乡协调发展。苏州的5个县级市全部进入全国综合实力百强县（市）前十名，其中昆山市高居榜首。苏州市成为全省城乡一体化发展综合配套改革试点区。

苏州实行城乡统一按居住地登记户籍的制度，也率先实行了城乡统一的就业制度，对符合劳动年龄、具有就业愿望的农民进行就业登记，开展就业培训，提高农民就业能力和创业能力。在全国率先全面推行了农村社会保险制度，农村新型合作医疗、大病统筹医疗保险、低收入户生活保障制度实现了全覆盖。苏州市区已实现失地农民"农保"转"城保"，昆山市、苏州工业园区实现城乡统一"低保"标准。

针对改革开放初期乡镇企业无序发展的状况，苏州早在"八五"时期末就提出了生产力布局的基本框架，确定了沿线、沿江、沿湖、沿沪"四沿"的产业布局思路。"四沿"布局促进了企业集群和产业集聚。苏州市初具规模的产业集群涉及电子信息、新材料、石油化工、汽车零部件、机械、纺织服装、轻工等行业。其中最为突出的是电子信息制造业，从电子元件配件制造到高端整机产品的生产和新一代产品的设计、研发、销售，已形成了相对完善和齐全的产业基地，配套、协作、供应构成了围绕支柱产业向外扩展的产业链和企业基地，建立起了以IT产业为代表的国际化高新技术产业群。分地区看，张家港的沿江钢铁和毛纺针织、吴江的丝绸纺织和光电缆、常熟的服装服饰、昆山的电子信息产品、太仓的港口物流等产业集群已有相当的规模，逐步形成了结构完整、内外围健全的产业链和产业配套体系。

苏州坚持发展高新技术产业和以高新技术改造的传统产业"两手抓"，坚持提高发展开放型经济和加快发展个体私营经济"两手抓"，坚持加快发展市区经济和全面发展县市经济"两手抓"，着力构建开放型经济、私营个体经济和具有自主知识产权规模型企业"三足鼎立"的格局，增强苏州经济的综合竞争力。"三足鼎立"，为苏州经济社会平稳健康发展夯实了基础。开放型经济是苏州的重要优势，面对新的形势，苏州切实转变外贸增长方式，全面提高利用外资的质量和水平，加大实施"走出去"战略的力度，进一步提升开发区的集聚创新功能和辐射带动功能，加快开放型经济由数量规模型向质量效益型转变。私营个体企业是苏州经济发展的活力和潜力所在，对于私营个体企业，苏州做到"四有、四不限、五平等"，即社会上有地位、政治上有荣誉、经济上有实惠、法律上有保障，不限发展比例、不限发展速度、不限经营规模、不限经营方式，登记申报平等、税费标准平等、金融贷款平等、市场收入平等、部门服务平等，加快促进个体私营经济上规模、上水平。

苏州在经济持续快速发展、城市综合实力大幅提升的同时，始终把富民作为发展的根本目的，把富民作为发展的持续动力，坚持发展依靠人民，发展为了富民，"输血"和"造血"双管齐下，大力实施以就业利民、创业富民、保障安民、政策惠民、帮扶济民等为内容的富民工程。

苏州把实现就业作为民生之本，不断完善就业制度，积极开发就业岗位，大力拓宽就业渠道，形成了劳动者自主择业、市场调节就业、政府促进就业的机制，使有就业愿望和劳动能力的人实现充分就业。①

苏州把鼓励创业作为富民的重要途径，不断优化创业环境，激发民间投资活力和创业热情，制定并实施了民营经济腾飞计划，推动民营企业做大做强。在农村大力推行农村社区股份合作、农村土地股份合作、农民专业合作"三大合作"改革，让农民人人有技能，人人有就业，人人有股份，人人有社保，家家有物业，保障农民能长久稳定地增收致富。苏州把完善社会保障作为共享发展成果的重要举措，建立健全城乡社会保障体系和低保制度，不断提高城乡社会保障水平和低保标准，积极发展社会福利、社会救济救助事业，实现老有所养、病有所医、贫有所济、难有所帮，保障全体人民能共享改革发展成果。

 二、"两个率先"下苏州的发展

"两个率先"下苏州的发展取得了令人瞩目的辉煌成就。全市地区生产总值从1978年的不足32亿元，到2007年达到5 701亿元，按可比价计算，年均增长14%—15%。全市财政收入从1978年的不足9亿元，到2007年达到1 220亿元，平均每年递增18.8%。全市全社会固定资产投资从1978年的超过2亿元，到2007年达到2 366亿元，平均每年递增25%以上。

---

① 阎立主编：《中国苏州发展报告（2008）》，古吴轩出版社2009年版，第16—18页。

苏州市以优质粮油、高效园艺、特色水产和生态林业四大主导产业为代表的高效农业、绿色农业和现代农业格局初步形成，制造业的优势主导产业基本确立，形成了以电子信息产业、冶金工业、电气机械、化学工业、纺织服装、生物医药为支柱产业的现代工业体系。

苏州抓住世界产业分工深化和国家工业化加快推进的有利条件，依托国家级、省级开发区和高新技术产业带，通过利用外资转型升级和提高本土企业的引进、消化和吸收能力，高起点承接国际产业转移，大力发展电子信息、集成电路、精密机械、生物医药、光机电一体化、汽车及零部件、新材料、软件等附加价值高、节约能源、环境友好的产业，大力培育具有自主知识产权和核心竞争力的企业和产品，工业整体技术水平和综合竞争力显著提升，通信设备、计算机及其他电子设备制造业占苏州市工业总产值的近1/3。一批新兴产业和传统优势产业在全国产业体系中所占的比重较高，涌现了一批自主创新型、资源节约型、环境友好型企业。

通过生产要素的集中配置，发挥规模经济效应和范围经济效应，苏州市形成了以国家级、省级开发区和工业小区为载体的产业集聚区域，全市具有较大规模的产业集群达30多个，集群企业1万多家。其中，苏州电子信息、张家港沿江钢铁和毛纺针织、吴江丝绸纺织和光电缆、常熟服装服饰、昆山汽车及零部件等产业集群的年销售额均在百亿元以上。

在产业积聚、集群发展的基础上，苏州市及时培育、壮大了一批产业基地，其中国家电子信息产业基地、国家软件基地、中国纺织产业基地为国家级产业基地，常熟高分子新材料产业基地、吴中医药产业基地、吴江光电缆产业基地、张家港精细化工产业基地等10个基地为国家火炬计划产业基地，汽车零部件产业基地、特种化纤纺织品产业基地、电子资讯产业基地、丝绸纺织产业基地等20

家基地为市级产业基地。

进入21世纪后，苏州市大力实施"六化"战略，全市农业的生产布局结构、高效技术结构、经济功能结构得到了优化，以生产功能为主的传统农业向融生产、生活、生态功能于一体的现代都市型农业转变的步伐明显加快。

苏州把城市和农村作为一个整体来规划，统筹考虑区域之间、规划之间的衔接配套，统筹兼顾生产、生活、生态功能，按照集约用地、节约用地的要求，调整优化工业与农业、城镇与农村的空间布局，明确功能分区，科学确定城市发展区、农业发展区和生态保护区。充分发挥规划的导向功能和调控功能，注重展示吴文化、水文化的传统风貌和深厚底蕴，注重人与自然的和谐，充分展现江南水乡的地方特色，既传承文明，又体现现代发展理念。引导农村工业企业向规划区集中，农民居住向新型社区集中，农业用地向适度规模经营集中。在城镇化推进中，苏州农村新型社区出现了蓬勃发展的势头。

在外贸规模迅速扩张的同时，苏州致力于转变外贸增长方式，大力优化对外贸易结构。为此，苏州有针对性地采取了一系列优化外贸结构的措施，如努力扩大一般贸易出口、大力发展民营出口企业、大力推动品牌战略的实施等，取得了显著成效。

开放型经济带动了苏州整体经济规模的快速扩张和经济实力的迅速提升。1998—2005年，苏州市规模以上外资企业工业总产值由612亿元增加到6 629亿元，年均增幅达40.5%，对全市工业产值增长的贡献度达72.6%；规模以上外资企业工业增加值由143亿元增加到1 670亿元，对全市工业增加值增长的贡献度达73.4%。在外资企业的拉动下，全市规模以上工业总产值由1998年的不足2 000亿元增加到2005年的近1万亿元，苏州成为仅次于上海的全国第二大工业城市。全市工业增加值由600多亿元增加到2 500多亿元，对全市生产总值增长的贡献份额达68%。工业经济的飞速发展，助推了市域经济的快速扩张。1990—2006年，全市GDP总量由202.1亿元增长到4 820.3亿元，年增幅度远远高于长三角周边除上海以外的主要城市。

随着开放型经济的迅速发展，2000—2005年，苏州市地方财政一般预算收入由80.4亿元增加到316.8亿元，年均增幅达31.6%，2006年和2007年又分别突破400亿元和500亿元，达到400.2亿元和541.8亿元，分别同比增长26.3%和35.4%。2007年，苏州市地方一般预算收入列全国大中城市第四位。2001—2005年，苏州的涉外税收（不含关税）占全市当年税收的比重分别为38.6%、38.5%、40.5%、42.3%、40.7%，涉外税收对全市税收增长的贡献度达40.5%。包含涉外税收快速增长贡献在内的财政实力的不断增强使苏州对国家财政的贡献越来越大，仅"十五"期间上缴中央的财政收入就高达1 000多亿元。

进入21世纪以来，苏州紧紧抓住开放型经济的发展机遇，大力实施"内外并举、双轮驱动"的发展战略，并提出营造开放型经济、民营经济和具有自主知识产权的规模经济"三足鼎立"的发展格局。这一阶段苏州承接了国际IT产业的梯度转移，高新技术和现代服务业等纷纷进入苏州各行各业，新型工业化进程加速，经济国际化特征更加明显。2003年，苏州新增合同外资额和实际利用外资额均居全国城市首位，个体私营经济固定资产投资占全市固定资产投资的24.6%，上缴税金占全市财政收入的25.7%。受资源约束影响，为促进集约化发展，苏州工业园区开始提出用地投资规模要求和产业准入门槛。苏州民营经济蓬勃发展，全市民营企业总户数、注册资本总额均居全省首位。民营经济对全市GDP、工业产值、固定资产投资、上缴税收等主要经济指标的贡献份额已提高到了1/3左右，吸纳的从业人员已占全市总量一半以上。2006年以来，苏州市民营经济更是呈现出迅猛发展的态势。

在市场化改革逐步推进的过程中，苏州市政府工作的重心是将政府职能由计划经济体制下的计划、指挥、调配、审批职能向市场经济体制下的调控、监督、服务、引导职能转变，使苏州市政府由主导型政府向服务型政府转变。2001—2007年，苏州市的行政审批制度共进行了三轮改革，总计减少审批事项1 050项，减少率达71.3%，各部门保留的行政许可事项90%以上进驻市行政服务中心，提高了审批效率和服务水平。

改革开放以来，苏州经济社会始终保持持续快速健康发展。苏州市人均地区生产总值1992年突破1 000美元，1996年突破2 000美元，2000年突破3 000美元，2003年突破5 000美元，2005年突破8 000美元，2007年达到12 500美元，达到了按世界银行标准划定的高收入国家的水平。改革开放以来，苏州坚持"立足于快、服从于好、着眼于新、致力于本"的原则，全面实践"两个率先"，形成了和谐发展、协调发展的特色。

20世纪80年代以来，苏州抓住乡镇企业异军突起和发展外向型经济两次大的机遇，经济总量跃居全国前列。进入21世纪以来，苏州牢牢坚持率先发展、科学发展、和谐发展不动摇，认真落实科教优先、富民优先、环保优先、节约优先，深入实施科教兴市与人才强市、创新驱动、城乡发展一体化、经济国际化、区域协调发展、可持续发展等战略，全面推进转型升级、科技创新、农业现代化、民生幸福等八项工程，推动经济社会持续健康发展。在加快推进"两个率先"的创新性实践中，张家港精神、"昆山之路"精神、园区经验等一大批宝贵精神财富，形成了以"创业创新创优、争先领先率先"为主要特点的新时期江苏精神，为推进"两个率先"不断注入新的强大动力。

苏州经济发展与文化繁荣相得益彰，工业化、城市化与古城保护有机更新、协同推进，农村与城市统筹发展，经济发展与社会治安综合治理水平同步提高，全面小康社会建设取得了阶段性成果，为下一阶段的高水平全面小康社会建设奠定了良好的基础。

第三章　高水平全面小康的苏州

党的十八大以来，面对复杂多变的国际局势和繁重艰巨的国内改革发展稳定任务，以习近平同志为总书记的新一届党中央把握大势，从容应对，在全世界面前描绘出中国梦的美好前景，并对全面建成小康社会、全面深化改革、全面推进依法治国、全面从严治党作出一系列具体部署。

2014年12月14日下午，正在江苏考察工作的中共中央总书记、国家主席、中央军委主席习近平，在听取江苏省委省政府工作汇报后，发表重要讲话：紧紧围绕率先全面建成小康社会、率先基本实现现代化的光荣使命，协调推进全面建成小康社会、全面深化改革、全面推进依法治国、全面从严治党，努力建设经济强、百姓富、环境美、社会文明程度高的新江苏。习近平总书记铿锵有力的声音饱含深情、充满期待，党中央再次赋予江苏"两个率先"的光荣使命和"为全国发展探路"的明确要求。

一、高水平全面小康的先行者

壮美的蓝图，恢宏的实践。习近平总书记的殷切希望和谆谆嘱托，激励着7 900万江苏人民在"两个率先"的新征程上，以奋发有为的精神书写新的辉煌篇章。在全国改革开放和现代化建设的大格局中，在中华民族迈向伟大复兴的新征程上，党中央对江苏的发展始终有着更高的期待。苏州作为"苏南模式"的样板城市，在创

新中不断发展，决胜高水平全面小康。

习近平总书记曾长期在华东地区工作，对江苏一直十分关心关注。2003年、2006年和2007年，他先后三次率浙江、上海党政代表团到江苏考察，大力倡导并积极推动长三角区域发展一体化。到中央工作后，习近平总书记屡屡在发展的关键时期给予江苏及时有力的指导。2009年，在应对国际金融危机最困难的时候，时任中共中央政治局常委、国家副主席的习近平来到连云港、宿迁、淮安、南京等地，深入农村、社区、企业、港口和开发区视察调研，勉励江苏干部群众"坚定信心、化危为机，不断攀登高峰"，同时对江苏不同区域发展提出希望，指出"像昆山这样的地方，包括苏州，现代化应该是一个可以去勾画的目标"。2012年7月，习近平同志到苏州出席第二届中非民间论坛开幕式，又勉励江苏和苏州勇立潮头，当好排头兵，做出新的创业史。

尤其令苏州干部群众振奋的是，在党的十八大之后召开的第一次全国"两会"期间，习近平总书记就亲临江苏代表团参加审议，殷切希望江苏"始终把已经取得的成绩看作是事业新的起跑线，按照率先全面建成小康社会、率先基本实现现代化的要求，不断开创各项工作新局面"，为江苏落实党的十八大作出的战略部署、推动新的发展，指明了前进方向，提供了强大动力。苏州紧紧围绕习近平总书记提出的深化产业结构调整、积极稳妥推进城镇化、扎实推进生态文明建设等各项要求，一项一项推进落实，转型发展取得积极进展。

在我国经济发展步入新常态的大背景下，在2014年中央经济工作会议刚刚结束后，习近平总书记又一次来到江苏调研视察。习近平总书记说，"从目前条件看，江苏可以率先实现全面建成小康社会目标"，"要在扎实做好全面建成小康社会各项工作的基础上，积极探索开启基本实现现代化新征程这篇大文章"。习近平总书记特别强调，"发展走在前面的地方应该先行探索"，"为全国发展探路是中央对江苏的一贯要求",并把"两个率先"作为江苏的"光荣使命"。

二、新时代新苏州

在已经过去的2019年,新时代下的苏州实践取得阶段性成效。

一是经济发展增实力。实现地区生产总值1.93万亿元,增长6%。一般公共预算收入2 221.8亿元,增长4.8%。社会消费品零售总额6 090亿元,增长6%。投资保持较快增长,完成固定资产投资4 920亿元,增长8%,其中工业投资1 200亿元,增长8.9%。工业经济稳中向好,规模以上工业总产值3.34万亿元,工业增加值率提高0.5个百分点;新兴产业产值占规模以上工业总产值比重达到53.4%,提高1个百分点;新一代信息技术、生物医药、纳米技术应用、人工智能四大先导产业产值占比达到21%,生物医药产业入选国家战略性新兴产业集群。深化制造业与互联网融合发展试点,新增省级工业互联网平台9个、特色基地2家,启动建设国家级工业互联网平台应用创新体验中心。服务业质效提升,实现增加值9 700亿元,增长7.5%。旅游总收入增长8%,文化产业营业收入增长5.9%。获评省级生产性服务业集聚示范区4家,新增服务业创新型示范企业33家、总部企业19家,数字经济规模突破2 000亿元,国家超级计算昆山中心建成运行,苏州市荣获"中国软件特色名城"称号。扎实推进供给侧结构性改革,关停低端落后及过剩产能企业(作坊)1 819家,"补短板"项目完成投资任务。制定和实施差别化用地、用能、信贷和排污政策,工业企业综合评价实现全覆盖。全面落实减税降费政策和惠企减费举措,减轻企业成本负担620亿元。

创新驱动发展战略深入实施。全社会研究与试验发展经费支出占地区生产总值比重达到 3.25%。认定国家高新技术企业 3 160 家、省民营科技企业 2 142 家、"瞪羚企业" 368 家。高新技术产业产值占规模以上工业总产值比重达到 48%。新增国家级企业技术中心和工业设计中心各 2 个。由盛虹集团牵头组建的先进功能纤维创新中心成为我省首个国家级制造业创新中心。新建 14 家市自主品牌大企业和领军企业先进技术研究院，5 家企业通过首批国家级"专精特新"企业认定。苏州大学附属第一医院获批设立国家血液系统疾病临床医学研究中心，成为江苏省地方首个国家临床医学研究中心。苏州市产业技术研究院、深时数字地球研究中心等加快建设，南京航空航天大学苏州研究院、赛迪研究院苏州分院、长三角先进材料研究院等一批重大研发机构相继设立。精心组织第 11 届苏州国际精英创业周等活动，新增高层次人才 2.4 万人、高技能人才 6.4 万人。中国（苏州）知识产权保护中心获批运行，万人有效发明专利拥有量达到 58.3 件。

二是改革开放增动力。政府机构改革任务如期完成，第二批 7 个经济发达镇改革通过省评估验收。昆山市、苏州工业园区入选江苏省社会主义现代化建设试点。"放管服"改革持续推进，营商环境不断优化，新增市场主体 43.2 万户，累计达到 188 万户。创新服务保障民营企业发展举措，建立服务企业沙龙、微信群联系、信息直报三项机制。全面实行"证照分离"改革，依申请类政务服务事项 95% 实现不见面审批，开通"12345"苏州企业服务专线。全面推行以"双随机、一公开"为基本手段的新型监管机制，实现"进一次门、查多项事"。优化提升市级政务云，加快推动政务数据整合共享。金融机构新增人民币贷款 3 522 亿元，贷款余额达到 3.01 万亿元，银行业贷款不良率为 0.65%。实施金融服务实体经济融资畅通工程，获批设立全国首家小微企业数字征信实验区，普惠型小微企业、民营企业贷款余额分别比 2020 年年初增长 33% 和

14%，苏州综合金融服务平台累计为企业解决融资需求超6 600亿元。新增上市企业21家，创历年新高，其中科创板上市企业6家，数量位居全国城市第3位。苏州市企业债券工作创新和风险防范成效明显，获国务院督查激励表彰。国资国企改革加快推进，新设混合所有制企业18家。

开放型经济量稳质优。积极应对中美经贸摩擦，对外贸易总体稳定，进出口总额达到3 141亿美元，国家级开放创新试点成效显著，跨境电商交易额、服务贸易进出口额分别增长10%和8%。做好第二届中国国际进口博览会有关工作，苏州市采购成交额等指标全省第一。新设外资项目994个，新引育具有地区总部特征或共享功能的外资企业30家，全市实际使用外资达到46.2亿美元。中国（江苏）自由贸易试验区苏州片区（以下简称江苏自贸区苏州片区）获批建设并实现良好开局，中德（太仓）创新合作加快推进。深化通关一体化改革，国际贸易"单一窗口"货物申报等主要业务应用率达到100%。以"一带一路"为重点，加快"走出去"步伐，全市完成境外中方协议投资额29亿美元。江苏（苏州）国际铁路物流中心口岸建设稳步推进，太仓港集装箱吞吐量达到515万标箱。

三是城乡建设增活力。扎实推进《苏州国土空间总体规划（2035）》编制工作，"多规合一"空间规划信息平台荣获中国地理信息产业优秀工程金奖。主动融入长三角一体化发展大局，制定实施苏州行动计划，启动建设长三角生态绿色一体化发展示范区。基础设施加快完善，沪通铁路长江大桥主跨顺利合龙，江苏南沿江城际铁路施工全面展开，太仓港疏港铁路专用线开工建设。苏同黎、南湖路快速化改造和太仓港集装箱四期码头、独墅湖第二通道、桐泾路北延等工程建设进展顺利，太仓岳鹿路对接上海工程建成通车。轨道交通3号线开通运营，5号线全线车站完成主体结构施工，6号线、S1线加快建设，7号线、8号线顺利开工。省"四好农村路"示范市建设成果得到巩固提升。大运河苏州段堤防加固工程扎实推进，望虞河西岸控制工程、东太湖综合整治后续工程全面完工。1 000千伏特高压淮上线苏通管廊工程建成投运。新增人防设施130万平方米。加快5G试点建设，建成5G基站5 461个。编制完成《苏州历史文化名城保护专项规划（2035）》，持续实施平江片区示范工程等古城保护项目，按期完成中心城区架空线整治年度任务，苏州市入选全国城镇老旧小区改造试点。

乡村振兴有力推进。农村土地"三权分置"改革深入实施，承包地确权登记颁证工作全面完成，吴中区入选全国农村集体产权制度改革试点典型，新增昆山市农村闲置宅基地盘活利用等3项国家试验试点。苏绣小镇典型经验在全国得到推广。乡村振兴建设引导基金规模达到90亿元，清产核资后农村集体总资产达到3 180亿元。"三资"监管平台和农村产权线上交易平台实现互联互通。农业现代化稳步推进，新增高标准农田9万亩①、现代农业园区4.2万亩、标准化改造池塘2.4万亩。新增7个农产品区域公用品牌，吴中"洞庭山碧螺春"产区获评中国特色农产品优势区。昆山市、吴江区成为国家农产品质量安全县。新增市级农业产业化联合体28家、共享农庄14个，培育新型职业农民3 073名。

四是生态环境增魅力。统筹打好蓝天、碧水、净土保卫战，环境质量持续好转。推进711项治气工程项目，完成燃煤锅炉整治、堆场扬尘治理、挥发性有机物综合治理等年度任务，空气质量优良天数比率为77.8%。实施"水十条"、太湖治理、阳澄湖生态优化行动等重点项目575个，完成4.5万亩太湖网围清拆和阳澄湖生态修复一期工程，国考省考断面水质优Ⅲ比例分别达到87.5%和

---

① 1亩约等于666.67平方米。

86%，分别提高18.8个百分点和10个百分点。苏州市水污染防治工作得到全国人大执法检查组的充分肯定，河湖长制工作入选全国主题教育攻坚克难案例。推进重点行业企业用地土壤污染状况调查，加快原苏化厂二期等污染地块土壤修复。深化"两减六治三提升"专项行动，削减非电行业煤炭消费总量478万吨，整治"散乱污"企业6 709家，完成72家化工企业关闭退出、1个化工集中区取消定位。清理取缔非法码头268家。深入实施垃圾处置重点工程，新增危险废物年焚烧处置能力9.8万吨，新增垃圾分类小区1 868个、行政村230个。实施生态环境机构监测监察执法垂直管理制度改革，严厉打击各类环境违法行为。

城乡面貌不断改善。全力保护修复长江生态，完成长江苏州段沿岸造林绿化8 071亩，市区新增及改造绿地350万平方米，全市陆地森林覆盖率达到30%。新增受保护湿地2.2万亩，吴江同里国家湿地公园通过试点验收。编制发布《苏州生态涵养发展实验区规划》。城乡河道水质继续改善。完成海绵城市试点区项目建设26个。扎实开展城中村、老旧小区和"两扫""两小"整治行动，市容市貌持续提升。加强美丽镇村建设，加大农村人居环境整治力度，优化提升被撤并镇的镇区67个，新建三星级康居乡村350个、康居特色村10个、省级特色田园乡村试点6个。

五是公共服务增能力。持续扩大教育服务供给，建成投用中小学学校、幼儿园80所，增加学位7.3万个，普通高中继续扩招。名师公益线上教育实现全市覆盖，入选国家智慧教育示范区建设项目。课后延时服务惠及21.6万名中小学生。加强校外培训机构长效治理，开展城镇小区配套幼儿园治理工作和无证幼儿园清理工作。成功承办全国第六届中小学艺术展演活动。深化名城名校融合发展战略，南京大学、西北工业大学在苏州新建校区，苏州大学未来校区、西交利物浦大学太仓校区、昆山杜克大学二期工程开工建设。职业教育卓越提升行动深入开展。深入实施健康苏州系列行动计划，加快医疗卫生资源补缺补短，苏州市第九人民医院建成投用，苏州大学附属第一医院二期、苏州市中医院二期等工程扎实推进，新建、改扩建基层医疗卫生机构20家，新增慢性病社区防治站105家。完善分级诊疗制度，新增医联体26个、专科专病联盟20个、远程医疗协作网4个，全科医生达到每万人4.18名。提高职工生育保险、大病保险及高血压、糖尿病患者等医保待遇，持续推进长期护理保险国家试点工作。启动基本医疗保险市级统筹，吴江医保全面融入苏州市区。苏州市与上海、浙江跨省异地就医门诊费用实现直接结算。大力发展文化事业，"文化苏州云"平台上线，苏州第二图书馆启用，346个行政村（社区）综合性文化服务中心实施标准化建设。成功举办首届中国苏州江南文化艺术·国际旅游节，苏剧《国鼎魂》摘得第十六届文华大奖。《苏州通史》《苏州志略》出版发行。新增国家文物保护单位2个，可园修复项目荣获联合国教科文组织亚太地区文化遗产保护奖。持续开展体育惠民行动，新增健身步道270千米，苏州市运河体育公园、苏州体育博物馆建成开放。

广泛开展中华人民共和国成立70周年庆祝活动，全市人民爱国热情空前高涨。深化文明城市长效管理，加强新时代文明实践中心建设，社会文明程度不断提高。创新基层社会治理，健全网格化联动机制，深化全科社工、智慧社区、协商共治、社区服务社会化等改革试点工作，城乡社区"三社联动"覆盖面超过70%。深入推进社会治安防控体系建设，扎实开展扫黑除恶专项斗争，严厉整治非法金融活动，持续开展打击违法犯罪专项行动，圆满完成各项重大活动安保任务，社会治安持续向好。妥善处置群众信访诉求，化解信访矛盾。大力支持驻苏部队建设，提高优抚对象抚恤和生活补助标准，强化退役军人服务中心建设，实现市及市以下服务保障体系全覆盖。姑苏区获评全国全面停止军队有偿服务工作先进单位。苏州市民族团结进步工作、民政工作获国务院表彰。深入实施安全生产全行业全领域大排查大整治行动，认真开展安全生产巡查，巩固提升"331"专项整治成果，安全生产事故起数和死亡人数分别下降17.1%和16.5%。

六是民生保障增合力。多措并举加大民生投入，城乡公共服务支出占一般公共预算支出比重达到78.7%。城乡居民人均可支配收入分别达到6.86万元和3.5万元，分别增长8%和8.1%。39项市级实事项目全部完成。加大力度推动就业创业，新增就业17.3万人，扶持成功创业2万人，培训城乡劳动者4.4万人，发放稳岗补贴4.7亿元。苏州籍高校毕业生就业率达98.7%，城镇登记失业率保持在2%以内。居民基础养老金标准稳步提高，最低生活保障标准提高到每人每月995元。优化升级临时救助政策，全面落实"单人保"政策，临时救助困难群众5 051户次。发放临时物价补贴2.4亿元，惠及困难群众28.2万人。推进区域性养老服务中心建设，新增养老机构床位1 072张、日间照料中心105家，吴中区获评全省首个国家智慧健康养老示范区。新建公共场所母乳哺育室112家。推进残疾人"幸福亮居"工程，为680户低保重度残疾人家庭实施无障碍改造。拓展公共法律服务，法律援助案件达到1.66万件。公益慈善事业蓬勃发展，全球首个红十字国际学院在苏州成立。建立房地产市场长效机制，出台调控政策并取得成效。增加保障性住房供给，开工建设棚户区改造安置住房3.2万套。新增缴存住房公积金职工78.1万人，覆盖面提高4.2个百分点。优化公交线网，新辟优化公交线路178条，其中省际公交线路7条，实现新能源公交内环高架内全覆盖。新建公共自行车站点300个、投放自行车2万辆。深入实施优质粮食工程，粮油产销存各环节监管进一步加强。深化食品药品安全放心行动，食品安全电子追溯体系建设有序推进。拙政园等景区实行分时预约，旅游市场秩序更加规范。加强价格监控，加大猪肉收储和供应力度，居民消费价格涨幅为3%。①

在决胜高水平全面建成小康社会之际，苏州创造了高速发展的小康奇迹。2019年，苏州经济总量达1.92万亿元，排名全国第六；城镇居民人均可支配收入6.86万元，仅次于北京和上海。苏州探索了全方位开放的发展路径，发展成为中国改革开放前沿阵地。与1978年相比，2019年苏州的GDP增长了600多倍。苏州以0.09%的国土面积，创造了全国2.1%的经济总量、2.4%的税收和7.7%的进出口总额。2018年年底，全市累计实际使用外资1 320亿美元，位居全国大中城市第三。苏州率先开启高质量发展现代化探索，农业农村现代化一直走在全国前列。

高水平全面建成小康社会和率先开启现代化新征程，苏州应如何布局？苏州坚持试点、试验、示范不动摇，立足率先、排头、先行不懈怠，牢牢守住生态、开放、创新不放松，并以此在更高坐标系中谋划苏州未来，凝心聚力推动"思想再解放、目标再攀高、开放再出发"，再创一个激情燃烧、干事创业的火红年代，把"现代国际大都市、美丽幸福新天堂"的发展目标早日变成现实！

据《中国城市全面建成小康社会监测报告2019》，苏州全面小康指数紧随深圳、杭州之后，位居全国第三。对照省级相关监测数据，苏州仍有差距，49项具体指标中有7项未达目标值。这些问题有三个特点：一是虽处"好不好"阶段，苏州却还要同时解决"有没有"的问题。城市快速扩张，民生资源存在一定缺口，这是苏州必须尽快补齐的短板。二是要解决从高速度发展标兵向高质量发展标杆的切换。三是要把领先优势变为示范价值，多探索规律

① 苏州市人民政府：《2020年政府工作报告》，http://www.suzhou.gov.cn/szsrmzf/zfgzbg/202002/63cf1cfead834713a16dbb0c38123930.shtml。

性、经验性内容，为其他地区现代化实践提供示范。

开放是苏州最大的发展底色，苏州提出五个"坚持"：坚持以开放推动创新发展，提升苏州科技创新策源功能；坚持以开放促进产业转型，提升苏州的高端产业引领功能；坚持以开放强化有效投入，提升苏州全球资源配置功能；坚持以开放优化营商环境，提升苏州对各类要素虹吸功能；坚持以开放塑造城市品质，提升苏州开放枢纽门户功能。争创中国（苏州）新时代对外开放示范区，将苏州建设成为我国面向世界、面向现代化的重要开放门户，能为上海建设卓越全球城市作出协同增强效应的国际化大都市，独具魅力且竞争能力卓越的全球标杆城市，更好服务国家对外开放大局。

改革开放以来，苏州形成了名闻天下的"张家港精神""昆山之路""园区经验"，并使之成为江苏建设发展的"三大法宝"。苏州的发展是改革开放40多年来中国经济社会变迁的生动写照，"三大法宝"是苏州党员干部在充分领会中央精神的前提下，创造性加以贯彻落实的典范，并由此形成了一股强大的精神力量和实践力量。当前，面对习近平总书记的深情嘱托，面对率先开启现代化新征程的新使命，面对多项国家战略叠加实施的历史机遇，面对新冠肺炎疫情对经济社会发展带来的前所未有的冲击，苏州迫切需要从新时代新思想中找寻方向、汲取力量，在实践中不断丰富"三大法宝"的时代内涵。

"三大法宝"之所以诞生在苏州，就是因为苏州人永远有一股不甘人后的进取精神。苏州从来不以一个地级市的标准来要求自己，而是站在更高的坐标系中，主动与国际一流城市、全国重点城市，尤其是与"万亿俱乐部"成员对标。2019年以来，全市深入开展对标找差活动，列出50多项差距短板、70多个赶超举措，并结合今年工作落实到每一个指标上。苏州提出2020年GDP过两万亿元、两年高企1万家、三年实际利用外资200亿美元等一系列发展新目标,就是要"跳一跳",以攀登更高的目标,就是要"逼一逼",以实现更好的结果。为此,在2020年年初召开的全市作风建设大会上创立改革创新"特别奖"、设立转变作风"曝光台"、建立营商环境"通报制",希望通过全年作风建设"三件事",把全市党员干部挑战最极限的热情、勇闯"无人区"的勇气充分激发出来,创造更多的"第一"和"唯一"。

如果把苏州比作一艘沿着改革开放航线劈波斩浪加速驶向现代化蓝海的巨轮,争先率先就是它特色鲜明的标识,改革创新就是它源源不断的动力,而新时代发展理念,则是它高高飘扬、猎猎作响的鲜艳旗帜。

在过去的40多年间,苏州人以大无畏的精神气概,高扬建设中国特色社会主义大旗,不忘初心,砥砺奋进,在中国改革开放之路上扬鞭奋蹄,创造了令人瞩目的"苏州奇迹",目前正在向建成高水平全面小康社会样板奋力冲刺。处于"两个一百年"奋斗目标交汇点上,一向敢为人先的苏州人再次拿出当年创造"三大法宝"的勇气,凝聚精气神,激情再出发,为建设现代化探路,体现了高度的发展自信!①

发展的根本支撑是精神!一切发展,归根结底都是一代代人在具体的历史场景下持续不断努力的结果。苏州之所以能在短短40多年里从一个"小苏州"成长为融"老苏州""新苏州""洋苏州"为一体的特大型城市,成为改革开放的标杆城市,成为全球创新创意创业资源集聚高地,靠的不是别的,靠的就是苏州人那敢为天下先的豪情、吃遍天下苦的韧劲、汇聚天下才的智慧。"张家港精神""昆山之路""园区经验"就是在这样的历史场景中拔节生长、与时俱进,长成了一棵惠及苏州千百万新老市民的参天大树。

---

① 双传学、孙庆、高坡、李仲勋:《苏州:历史交汇点上开放再出发——访省委常委、苏州市委书记蓝绍敏》,《新华日报》2020年5月11日。

凝聚精神伟力，激扬青春梦想！站在新时代新起点上谋新篇开新局，苏州拿出了具体方案，提供了现实路径，做出了先行探索，给全省乃至全国呈现了一个生动鲜活的、冲刺高水平全面建成小康社会的精彩案例，把"苏州精神""苏州气派""苏州自信"演绎成了一部气势恢宏的时代交响曲。

实践与成就：
开创"强富美高"新苏州

2014年12月，习近平总书记到江苏视察并发表重要讲话，提出了"努力建设经济强、百姓富、环境美、社会文明程度高的新江苏"的殷切期望。从此，"强富美高"成为江苏发展的新蓝图和新坐标，鼓舞人心，催人奋进。宏伟的蓝图融入百姓的梦想，美好的憧憬化作实干的行动。

党的十八大以来，苏州市委、市政府牢记习近平总书记殷殷嘱托，带领苏州一千多万干部群众把深入学习贯彻习近平新时代中国特色社会主义思想和习近平总书记对苏州工作的一系列重要指示作为统领一切工作的总纲，确立"高质量发展走在前列"的目标定位，明确经济发展、改革开放、城乡建设、文化建设、生态环境、人民生活"六个高质量"的实践路径，低调务实不张扬、撸起袖子加油干，同心同德，砥砺奋进，在八千多平方千米的苏州大地上奏响了"强富美高"建设的雄浑乐章，正一步一步把习近平总书记擘画的美好蓝图变成生动的现实图景。

习近平总书记曾对苏州提出"现代化应该是一个

可以去勾画的目标",在决胜高水平全面建成小康社会之际,苏州推动高质量发展走在前列,进一步厘清发展思路,增强责任感使命感,大胆探索、主动作为,为全省作出示范;对标找差、博采众长,奋力走在全省全国高质量发展前列。

第四章　推进稳增快转"经济强"成就显著

从传统的鱼米之乡到现代的制造强市，苏州走出了一条激荡人心的经济高水平发展道路，这一历程跨越了"农转工""内转外""量转质"三大阶段。苏州紧紧抓住每一次重大战略机遇，在发展中前进，在前进中突破，最终成为实力雄厚的经济强市。

一、开发新区　产业集聚

看，放眼苏州近 30 年的开发区（新区）建设，这是一串耀眼的名单：

苏州工业园区、苏州国家高新技术产业开发区、昆山经济技术开发区、张家港保税区、昆山高新技术产业开发区、常熟经济技术开发区、吴江经济技术开发区、苏州太湖国家旅游度假区、张家港经济技术开发区、太仓港经济技术开发区、吴中经济技术开发区、苏州浒墅关经济技术开发区、相城经济技术开发区、常熟高新技术产业开发区，它们是苏州的 14 家国家级开发区方队。

昆山旅游度假区、江苏省汾湖高新技术产业开发区、江苏省昆山花桥经济开发区，这是 3 家省级开发区。

苏州工业园综合保税区、昆山综合保税区、苏州高新区综合保税区、太仓港综合保税区、常熟综合保税区、吴江综合保税区、吴中综合保税区，这是苏州 7 家综合保税区。

张家港保税港区,它是苏州领先全国的保税港区。

经过20多年的开发建设,以苏州工业园区为代表的苏州开发区走在了全国开发区(高新区)的前列,开启了创新驱动、转型升级的新征程,面向未来打造中国开发区升级版。

苏州开发区牢牢把握开展国家开放创新综合试验、构建开放型经济新体制综合试点试验、扬子江城市群发展战略等重大机遇,以建设国内一流、国际知名的高科技产业园区为目标定位,致力于打造中国开发区升级版,加快建设更高水平开放合作、产业优化升级、国际化创新驱动、行政体制改革、城市综合治理五大示范平台,努力引领全国开发区转型升级和创新发展,引领苏南国家自主创新示范区核心区建设。

以苏州工业园区为例,它紧扣"创新四问",深入实施"创新产业引领、原创成果转化、标志品牌培育、创新生态营造"四大工程。一是突出人才首要地位。深入实施"金鸡湖双百人才计划""科技领军人才创业工程""人才安居工程",充分发挥"中组部人才工作联系点"示范作用,大力引进具有全球影响力的技术创新团队,集聚高端人才超5万人。二是放大载体集聚效应。深度发挥中国科学院苏州纳米技术与纳米仿生研究所、哈佛大学韦茨创新中心、西交利物浦大学、中国科技大学苏州研究院等大院大所和名校的优势,致力实现原创性成果突破。三是发挥企业主体作用。深入实施"科技企业扎根计划",创新完善科技金融服务体系,做大做强各类创投基金,推动企业科技创新,鼓励支持企业开展兼并、收购,力争通过3至5年努力,自主培育1至2家千亿级地标型企业、3至4家500亿级龙头型企业,集聚科技企业超6000家,努力实现既有"高原"又有"高峰"。四是优化宜居宜商环境。推动公共服务优质均衡发展,大力实施"生态优化行动计划",持续丰富城市功能内涵,营造了开放包容的创新文化氛围，抓牢公共安全和社会稳定工作，构筑了一流的创新创业"生态圈"和宜居宜业"生活圈"。①

苏州开发区始终坚持问题导向，找准改革"靶点"，发挥改革对发展的"深刺激、强刺激"作用。一是大力开展了先行先试探索。把开放创新综合试验作为全面深化改革的新机遇、主抓手，自主地、有选择地学习借鉴新加坡等国的成功经验，每年安排一批关键领域改革任务，加快推进国际贸易单一窗口、商业银行投贷联动、科技金融综合服务模式等重点改革项目，扎实开展国家专利导航示范区、国家检验检测高技术服务业集聚区等建设，争当开放与创新"双轮驱动"的探路人和先行者。二是纵深推进了"放管服"改革。推动技术和制度两个层面的创新，在信息化支撑、大部制保障、不见面审批、平台型监管、专业化服务等方面达到国际先进标准，着力营造法治化、国际化、便利化的营商环境。

辉煌的开发区（新区）建设成绩，是苏州的骄傲，是中国的骄傲。这样的成就，人民看到了，党中央看到了。

2019年9月1日，中国（江苏）自由贸易试验区苏州片区挂牌仪式暨建设动员大会在苏州工业园区举行，宣告了江苏自贸区苏州片区建设正式进入"进行时"。

从2019年8月26日国务院印发《关于6个新设自由贸易试验区总体方案的通知》，到批准设立中国（江苏）自由贸易试验区，在这不到一周的时间里，江苏自贸区苏州片区实现了"三个一"：一批改革创新举措落地；一批企业签约；一批企业领到了营业执照。

江苏自贸区，一半在苏州；江苏自贸区苏州片区，全部在苏州工业园区。随着苏州正式进入"自贸区时代"，打造"一区四高

---

① 孙宝平：《打造中国开发区升级版》，《苏州日报》2017年7月20日。

地"的发令枪已经打响。

对苏州工业园区而言,起跑就是奔跑,开局就要冲刺,探路、引领、突围是它的使命。苏州工业园区将探索更多可复制推广的制度创新成果,打造自贸区建设的"苏州样板",为苏州市、长三角地区、全国高质量发展提供强大的改革红利、开放红利、创新红利,以实际行动交出一份优秀的"答卷"。①

改革再探路,江苏自贸区苏州片区首批七项改革创新举措落地,一个涉及产业转型、物流贸易便利化水平提升和降低融资成本等的制度"大红包"惠及辖区企业。在江苏自贸区的发展蓝图上,江苏自贸区苏州片区以"三高"引发关注:一是实施范围全省占比高;二是功能定位和目标要求高;三是创新政策集成度高。

从实施范围看,江苏自贸区苏州片区共60.15平方千米,占江苏自贸区119.97平方千米的一半还多;从功能定位看,江苏自贸区苏州片区定位为"一区四高地",即建设世界一流高科技产业园区,打造全方位开放高地、国际化创新高地、高端化产业高地、现代化治理高地;从政策创新集成度来看,国务院批复的江苏总体方案包括六个方面,共20条、113项政策,苏州参与提出的政策诉求共88项,其中苏州市单独提出的具有突破性的改革措施共53项,最终被采用的有31项。这些根据苏州实际提出的改革措施将极大地改善苏州市投资营商环境,提升境外投资合作水平,推动苏州相关产业突破性发展。

苏州工业园区高端制造与国际贸易区、独墅湖科教创新区、金鸡湖商务区、阳澄湖半岛旅游度假区四大功能板块的核心区域均被纳入江苏自贸区苏州片区实施范围。苏州在构思江苏自贸区苏州片区具体实施地点时,把四个功能区的定位特色、产业基础和未来产

---

① 董捷:《起跑就是奔跑,突围就是使命》,《苏州日报》2020年1月16日。

业方向进行了梳理、结合，通盘考虑后才有了现在的范围，新推出的一些创新举措已经在相关板块先行先试。如保税检测、园区港增设海关监管作业场所已在高端制造与国际贸易区落地。江苏自贸区苏州片区获批短短几天，日均注册登记企业66家，同比增幅达26.9%，充分显示了广大投资者看好工业园区、看好江苏自贸区苏州片区、看好苏州的坚定信心。

江苏自贸区苏州片区都在工业园区，但江苏自贸区苏州片区不只是工业园区的自贸区。苏州不只思考了如何解决自身发展动能问题，更思考了如何与苏州市其他九个板块联动发展，进一步发挥好江苏自贸区苏州片区的示范、辐射、带动作用，为苏州市的开放型经济发展、实体经济创新发展和产业转型升级提供支撑、发挥引领作用。

苏州工业园区要为全国开发区、为长三角一体化发展和"一带一路"建设、为国家层面上解决面上共性问题探索更多路径，创造更多可复制、可推广的经验。

国际经贸竞争加剧，周边城市、自贸区、开发区之间竞争日趋白热化，给苏州发展带来了挑战。聚焦自身，作为江苏自贸区苏州片区实施地的苏州工业园区存在着土地资源、体制机制等瓶颈。面对新时期高质量发展的新要求，依靠存量变革和增量崛起已无法抵御种种冲击。于是，各种创新举措争先而出：其一，在全国首家试点打造保税检测集聚区，发挥综保区"保税+"平台功能，将区内保税政策与区外业务联动，加速推动检测检验产业集聚发展。其二，工业园区港增设海关监管作业场所。工业园区港作为目的港和起运港，与上海港、宁波港等一线港口互联互通、一体化运作，提升物流贸易便利化水平。其三，实行进口研发（测试）用未注册医疗器械分级管理，支持生物医药产业尤其是医疗器械企业创新发展。其四，建立"关助融"公共服务合作机制，完善进出口企业诚信体系,助力进出口企业提高信贷额度、降低融资成本。其五,围绕重点产业,为企业提供一站式的专利快速授权、快速确权、快速维权、运营管理服务。其六,实行市场准入本级事项"证照分离"改革全覆盖,破解"办照容易办证难""准入不准营"的问题。其七,建立市场主体容错纠错机制,对市场主体违法情节轻微并及时纠正、没有造成明显危害后果的首次违法行为,探索实施审慎处罚。

苏州市加快推动国家级开发区与江苏自贸区苏州片区联动发展和跨区合作,放大江苏自贸区苏州片区溢出效应,努力打造新时代对外开放示范区,14个国家级开发区获江苏自贸区苏州片区联动创新区授牌。苏州明确发展目标,形成自贸片区与开发区联动发展的体制机制,先行先试一批重大开放创新举措。全国自贸区改革试点经验在苏州市各联动创新区已基本实现"应推尽推",在已公布的160项改革试点经验中,江苏自贸区苏州片区联动创新区共在政策层面复制推广155条,其中139条试点经验已落地并取得明显成效,已初步形成各区"先行先试""复制推广""权限下放需求"三张清单。

苏州市加快复制推广,形成开发区和自贸片区的叠加优势,突出江苏自贸区苏州片区改革经验复制推广,激发自身改革创新活力,凝心聚力形成联动创新合力。江苏自贸区苏州片区的设立,为苏州转型创新带来了新变量,打开了苏州和工业园区新的成长空间,为高水平全面建成小康社会打开了广阔空间。

苏州市推动工业经济高质量发展,构建自主可控的现代产业体系,苏州市加大力度发展新一代信息技术、生物医药、人工智能、纳米技术应用等产业,建设多产业创新集聚区。

苏州尤其注重布局先导产业,促进各类创新资源集群集聚,形成梯次发展的产业结构和新的竞争优势,构建自主可控的先进制造业体系，建设具有国际竞争力的先进制造业基地和现代产业名城。先导产业在国民经济体系中具有重要的战略地位，该产业在全球处于高速成长阶段，新技术和新产品不断涌现并极大改变人类生活，代表着技术发展和产业结构演进的方向，将会在未来呈现爆发性增长，在各地区产业规划中应优先考虑布局和培育先导产业或产业群，使之成为地区经济增长的储备动能。

苏州市优化产业布局。各市区立足已有产业现状，夯实工业园区产业基础，聚焦全球产业发展趋势，紧盯未来发展前景广阔的新产业、新技术，加快发展，同时树立错位互补、融合互促的发展理念，出台发展规划，落实政策措施，布局一批先导产业。

苏州市促进多产业集聚发展。苏州市按照"一产业、一平台、一团队、一基金、一政策、一论坛、一双创基地"的要求合理配置创新资源，推动产业链、创新链、资金链和政策链深度融合，打造紧密合作的产业创新生态，加快搭建产业集聚平台，布局产业创新中心、制造业创新中心、知识产权运营中心等协同创新载体，积极引进国家级大科学装置，加大力度引进一批站在研发前沿、具有产业化操作经验和产业知识产权风险意识强的领军人才，积极引进企业急需的一线应用型人才，加强金融资源供给，构筑天使投资基金、创业投资基金、PE投资基金、并购投资基金、知识产权运营基金等多层次股权投资基金体系，支持创新产业发展母基金并设立面向多产业的专项投资资金，支持各地针对性出台产业发展政策，举办有国际影响力的论坛、会议，鼓励社会力量在集聚区内建立多产业"双创"基地。苏州市各类专项资金向产业重点项目、研发平台、科技成果转化、人才引育、知识产权保护等方面重点倾斜，根据产业发展阶段，制定有针对性的专项产业政策；安排专项资金对获评的创新集聚区予以奖励，重点支持一批产业重大项目加速落地和建设，加快产业孵化和成长。

苏州统筹规划产业发展和地理空间布局，促进多产业有效集聚并形成发展优势，鼓励各地建立多产业集聚区，保证各产业特色鲜明、规模优势明显、企业高度集聚、平台支撑全面、人才保障有力；推进区域协同，整合利用各地现有资源，促进地区间协作，推进各类检验检测平台、实验室共享互通，打通产业链上下游，充分运用专利信息、科技文献等大数据资源，把握重点产业发展趋势和薄弱环节，科学规划产业布局、强化补链强链，打造产业发展生态体系。

二、制造基地　科创高地

改革开放以来，苏州机械、纺织、食品、建材、冶金等六大支柱行业基本形成；进入20世纪90年代，新兴行业大量涌现，资金密集型和技术密集型行业产值占比不断上升；2000年以来，以电子行业为代表的高技术行业迅速崛起。目前，苏州拥有35个工业大类，涉及167个工业中类，489个工业小类，已经形成了以电子、化工、钢铁、电气机械、装备制造、纺织等产业为主导的现代工业体系。苏州建成了基础雄厚、体系完善、装备精良、配套齐全、技术先进、具有相当竞争力的现代工业体系，优化了产业结构，稳步发展了高端制造业。

改革开放以后，"三来一补"合作模式兴起，"苏州制造"的初期形态逐渐形成，苏州积极参与全球价值链分工，逐步成为"世界工厂"。从2011年起，"苏州制造""腾笼换鸟"，从"世界工厂"跃向创新高地，经济发展"量转质"，打造了具有国际竞争力的先进制造业基地和具有全球影响力的产业科技创新高地。苏州市推动信达生物等20家企业建设首批苏州市自主品牌大企业和领军企业先进技术研究院，2018年首批研究院所在企业研发投入比上年增长7.6%，占当年销售收入的6.1%，是规模以上工业企业研发投入占比的4.5倍以上。苏州市的国家企业技术中心、省级企业技术中心、市级企业技术中心分别有26家、479家、1 290家。

作为全国第二大工业城市，苏州市近年来面临着资源消耗加剧、发展空间有限等瓶颈。为突破这些瓶颈，苏州市以全要素生产率提高为导向，建立了"亩产论英雄"与"创新论英雄"相结合的工业企业资源集约利用综合评价机制，启动了工业企业资源集约利用工作，在全国首创大数据平台，并在全省率先出台差别化用地、用能、信贷政策。A类、B类工业企业享受税收减免的红利，对D类企业加收电费以倒逼其转型。

苏州市《2019年政府工作报告》明确指出，要用好工业企业资源集约利用平台，全面落实资源要素差别化政策，坚决淘汰低端落后及过剩产能。2018年，苏州市对50 016家工业企业进行了综合评价，结果显示：A类企业7 380家，亩均税收47.47万元；B类企业20 861家，亩均税收10.67万元；C类企业17 259家，亩均税收3.34万元；D类企业3 796家，亩均税收1.46万元。在参评企业中，A类企业和B类企业占总数一半以上，贡献了苏州市95%的工业税收。苏州市首次发布工业企业"亩产英雄百强榜"。上榜的100家企业，是综合亩均税收、亩均销售等各项评分后，从A类企业中评出的佼佼者。在百强榜中，昆山市和苏州工业园区以33家企业的数量，并列第一。

在高水平全面建成小康社会的进程中，在新一轮科技革命和产业变革的背景下，苏州发展动能由要素驱动转向创新驱动，大力发展先进制造业集群和培育创新型、地标型企业集群，引导产业、行业、企业迈向全球产业链价值链中高端。2018年，苏州工业经济总量再上新台阶，规模以上工业总产值突破3.3万亿元，比上年增长6.1%；苏州市拥有规模以上工业企业9 851家。党的十八大以来，苏州新型工业化道路不断完善，工业化和信息化对苏州经济发展的影响越来越大。苏州市凝心聚力坚持新发展理念，继续以智能制造为主攻方向，新时代高质量发展走在全省全国前列。

苏州市以产业集群为突破领域，推动制造业高端发展；加快布局新一代信息技术、生物医药、纳米技术应用和人工智能四大先导产业，命名了一批市级先导产业创新集聚区；打造高端装备产业集群、新型显示产业集群、高端纺织产业集群等10个千亿级先进制造业集群，纳米新材料产业集群、高端纺织产业集群全力冲刺国家先进制造业集群决赛；抢抓氢能源产业发展机遇，全力争创燃料电池汽车试点示范城市。

核心技术突破是企业创新的重点环节。苏州市相关企业成功创建国家先进功能纤维创新中心，该中心是江苏省第一个、全国唯一一个由民营企业发起并建设的国家级制造业创新中心。围绕工业"四基"领域，亨通光电超低损耗光纤等9个项目列入国家工业强基工程，在超大容量交换芯片、氮化镓功率芯片、机器人轴承等多个技术领域取得突破。在决胜高水平全面建成小康社会之际，苏州市拥有国家级"专精特新""小巨人"企业5家、省级科技"小巨人"企业38家、省级"专精特新"产品61个、省隐形冠军企业9家，数量均位列江苏省第一。

苏州市以自主可控为主要目标，推动制造业创新发展。大力推进国家先进功能纤维创新中心建设，加快先进功能纤维领域关键技术突破。实施工业强基工程，力争列入工信部工业强基工程项目累计达10项。实施高端装备创新工程，新增省首台（套）重大装备20项。认定一批"专精特新"示范企业和培育企业，再推进建设10家左右大企业与领军企业先进技术研究院，全力培育创新高峰企业。

作为苏南国家自主创新示范区的核心区，苏州加快转变经济发展方式，力推"苏州制造"迈向"苏州智造"。税务部门落实各类税收优惠政策，发挥政策激励导向功能，积极推动科技产业投入和高新技术企业发展壮大，对企业创新的激励作用明显。

税收减免激发了企业科技创新的动能，不断研发新技术、新产品、新工艺以增强核心竞争力的企业往往更易抢到政策红包，从而形成良性循环。

税收优惠"甘霖"不仅为高端制造业"大鳄"注入了后劲，也为刚刚起步的创客们带去了实惠。在各项政策利好的扶持下，一大批科技型中小企业如雨后春笋般崛起，逐渐成为一支引领苏州产业创新发展、转型升级的不可忽视的力量。

苏州的智能制造推动了"智能+工业"深度融合。"工业互联网看苏州"品牌越来越响亮，苏州市从平台、技术支撑服务、典型应用三个层面全力提升苏州市工业互联网发展水平，国家十大工业互联网双跨平台已有5家落户苏州。截至2019年9月，苏州市已建成5G基站2 952个，并围绕智慧城市、智能制造、智能车联网等领域探索场景应用，构建5G产业生态。

在决胜高水平全面建成小康社会之际，苏州市实施智能制造"十百千万"工程，在苏州市重点培育20家示范智能工厂和500个示范智能车间，推动3 000家企业装备升级，推广应用20 000台工业机器人。抓紧建设智能制造融合发展中心，力争使之建设成为集国家级工业互联网平台应用创新体验中心和智能制造展示载体、体验载体、服务载体为一体的示范平台并争创国家级（智能网联汽车）先导区。大力发展工业互联网，新增国家、省级工业互联网平台3个。

江苏自贸区苏州片区将被打造为"一区四高地"，即建设世界一流高科技产业园区，打造全方位开放高地、国际化创新高地、高端化产业高地、现代化治理高地，体现中新合作、产业升级、开放创新三大鲜明特色。在中新合作方面，苏州将更加全面充分借鉴新加坡经验，率先落实中新自贸升级议定书成果，更高标准对接国际规则，形成特有优势。在产业升级方面，苏州将着眼江苏自贸区苏州片区产业发展基础，突出自主可控，切实完善先进制造业提质增效的制度设计，着力推动先进制造业集群、现代服务业集群"两群融合"，打造具有国际竞争力的先进产业集群。在开放创新方面，苏州将传承苏州开放基础扎实、创新底蕴深厚的良好基因，更大力度汇聚国际创新资源要素，完善本土创新与离岸创新融合互动，推进更高水平开放与更高层次创新协调发展，打造区域创新中心。

2020年3月6日，苏州工业园区举行"建设世界一流高科技园区，打造新时代改革开放新高地"誓师大会。习近平总书记在2014年视察江苏时，明确要求苏州工业园区在开放创新、综合改革方面发挥试验、示范作用。多年来，苏州工业园区勇担探路尖兵的历史重任，创造了许多令世人瞩目的全国"唯一"和全国"第一"。

在决胜高水平全面建成小康社会之际，苏州工业园区引领开放再出发，将其落实到新的目标追求上。一是勇当高质量发展的标杆。"争第一、创唯一"是园区改革发展永恒的主题，勇当引领全国开发区高质量发展的标杆，跑出符合新发展理念的"好速度"。二是勇当全方位开放的标杆。全力打造链接全球的全方位开放高地。三是勇当国际化创新的标杆。继续在高新技术企业、"重点人才计划"、全社会研发投入占GDP比重、上市企业等方面持续用力、久久为功。四是勇当系统性改革的标杆。在"首创""唯一"上下功夫，始终以问题导向倒逼改革，以恭谦之心学习改革，以系统思维集成改革，永不停步地坚持改革，挑战极限地加强改革，始终在园区建设、体制机制、发展模式等方面走在前列。

苏州工业园区引领开放再出发，将其落实到新的机制再造上。高效运行的管理模式再创新，放开手脚机制创新，最大限度地回归招商引资、产业集聚等主责主业；主动争取机制创新，为全省、全国开发区建设提供更多探索成果、实践范例。苏州工业园区力争到2035年，集聚一大批全球顶尖的研究机构、世界一流的创新人才，拥有一批引领前沿的新兴产业、国际知名的创新品牌，全面建成世界一流高科技园区，成为具有全球竞争力和影响力的创新中心和现代化城区。①

人才是创新的根基，是创新的核心要素。习近平总书记的重要论述，深刻揭示了发展、创新、人才之间的内在逻辑。今日苏州，千年古城肌体里蕴含着的创新基因正不断演化为一个个人才项目的蓬勃生机，转化为关键核心技术的攻坚突破、前瞻性先导产业的积极布局。对这座城市而言，人才的重要性比以往任何时候都突出，对人才的需求也比以往任何时候都迫切。新时代，新起点，苏州正着力用好人才第一资源，激发创新第一动力，全力推动高质量发展走在最前列。

苏州引才的高端效应正加速迸发。据统计，2019年苏州高层次人才总量22.3万人，苏州市拥有国家级人才工程入选者250人，省"双创计划"人才873人，姑苏领军人才1 206人。2019年，苏州市级以上领军人才创办企业达1 017家，其中6家企业成功上市、28家企业在"新三板"挂牌，60%的企业已入选国家高新技术企业，形成了引进高层次人才、创办高科技企业、发展高新技术产业的链式效应。高层次人才对苏州市产业转型升级、创新发展的推动作用持续显现。

苏州引才的品牌塑造正进一步深化。从2009年起，苏州率先在全省打造海外高层次人才引智平台，以人才、项目、技术、资本、载体的高效互动和精准对接来有力助推产业转型升级和城市创

---

① 赵焱：《唱响引领开放再出发壮阔激昂主旋律 以洪水般力度爆发式成长交出园区答卷》，《苏州日报》2020年3月7日。

新发展。十年磨一剑,已连续举办十届的苏州国际精英创业周累计为苏州吸纳落户项目 3 785 个,累计注册资本超过 296 亿元,年销售总额突破 56 亿元,共引进、培养国家级人才工程入选者 112 人,江苏省"双创计划"人才 201 人,成为苏州市吸引海外高层次人才的响亮品牌。

苏州引才的海外触角正进一步延伸。苏州持续拓展国际高端人才寻访渠道,依托全球 37 家海外人才合作组织,发挥好 11 个海外人才工作联络站的引才功能,定向联络海外精英人才。对协办"赢在苏州"国际创客大赛的海外合作组织,进一步加强绩效考核力度,突出参赛项目数和人数,以结果为导向提高引才质效。积极探索海外离岸创新创业孵化体系建设,推动建成 10 家国际创客育成中心,通过打造离岸孵化器群,形成规模效应,打通更便捷的全球创新资源利用通道。

引才、聚才,各类人才的纷至沓来为苏州创新注入了源源不断的动力和活力。苏州人才政策引导助推企业培育具有前瞻性、引领性,带来突破产业技术瓶颈的高科技项目,并围绕相关产业领域核心技术上下游布局,形成了一批先导产业。

栽好梧桐树,引来金凤凰。通过创新培育发展新动能,最要紧的就是不断创造良好的创新生态。苏州,致力于构建更加完善的人才政策体系,从厚植创新创业人才优势、加速科技研发和成果转化等方面,加快构建一流创新生态,着力提升科技创新能力,建设具有国际影响力的创新创业名城和高水平创新型城市。

苏州特别注重环境留才,不断完善、优化、创新生态系统,坚持把构建优异的创新创业生态系统作为重中之重,着力满足人才发展需求。

一是突出关键平台载体支撑。苏州众多的开发区、高新区,成为集聚和使用人才的主阵地。同时,加大投入建成独墅湖科教创新区、苏州科技城等综合创新区,引进西交利物浦大学、杜克大学等一批世界名校,引进中国科学院苏州纳米技术与纳米仿生研究所、中国科学院苏州生物医学工程技术研究所等重大创新载体,建成107家省级以上科技孵化器,建设了牛津大学-苏州研究中心、苏州工业园区洛加大先进技术研究院等一批高质量科研和成果转化平台,在部分优势产业上形成了较为完整的"创新链"。

二是突出科技金融深度融合。苏州整合银行、保险公司、小额贷款公司、担保公司等金融资源,打造"一库一池一平台"(即科技型中小微企业数据库、科技金融政策资金池、科技金融超市服务平台)的科技金融苏州模式,着力解决企业发展难题。

三是突出科技服务水平升级。苏州建成自主创新广场、高层次人才一站式服务中心,成立苏州市领军人才联合会,出台《苏州市高层次人才享受生活待遇暂行办法》,围绕创新创业、生活居住等需求,提供精准服务,为人才企业发展解决后顾之忧。优良的创新创业环境,换来的是人才企业的信任和扎根。

创新,是一座城市的核心竞争力。2018年11月,福布斯中国发布"创新力最强的30个城市"榜单,苏州紧跟北京、深圳之后,排名第三,成为最大的"黑马"。

于苏州而言,改革开放以来,科技事业取得长足进步,区域创新能力不断提升,积累了比较厚实的创新基础。但面对科技发展的日新月异,面对区域创新的激烈竞争,面对高质量发展这一新时代的鲜明主题,苏州更需提高站位、找准定位、认清方位、巩固地位,努力构建"三个第一"战略优势,推动高质量发展走在最前列。

苏州正按照机制市场化、视野国际化、资源高端化、作用融合化、发展集群化的导向,坚持运用系统化思维,把握"三提升",抓牢"五个+",重点攻关、率先突破,加快实施创新驱动发展战

略，为争做"强富美高"新江苏建设先行军排头兵注入磅礴的创新动力。

把握"三提升"，其一是以引领产业高端攀升提升发展动力。坚持有所为有所不为，立足苏州优势产业和有发展潜力的前瞻性领域，建设高端载体、引育高端人才、培育高端企业、抢占高端产业，以高端要素供给引领产业攀升为突破口提升发展能级，有效助推高质量发展。其二是以优化创新创业环境提升人才引力。功以才成，业由才广。苏州把引育人才工作放在创新和发展的突出位置，充分认识人才在撬动其他资源中的首要作用、在推动发展中的决定性作用，加大高层次创新创业人才的培养力度和引进力度，加强青年人才和高技能人才的储备和开发，以人才衡量科技创新，以创新项目培养人才。其三是以深化科技体制改革提升创新能力。苏州正着力破除体制机制障碍，统筹协调项目、资本、人才、政策、载体等多种要素集成推动科技创新，构建更开放、更多元的创新生态，组织调动更广泛的创新创业资源和全社会的创新创业积极性，着力营造浓厚的创新创业氛围。

抓牢"五个+"，其一是抓牢"多源资本+创新主体"，用市场化的手段打通创新的所有环节；其二是抓牢"本地平台+全球布局"，构建接轨国际的开放创新网络；其三是抓牢"高端人才+制度优化"，加快打造一流创新创业人才高地；其四是抓牢"新型研发机构+龙头企业"，打造紧密型的创新联合体；其五是抓牢"重点行业+创新地标"，培育现代产业集群和创新企业集群。

苏州瞄准科技前沿和国际水准，面向全球大力培养集聚顶尖人才（团队），采用一人（团队）一策、一事一议的办法，量身定制人才及项目支持政策，充分赋予顶尖人才创新创业自主权，打造人才高峰；聚焦有潜力、可突破、能引领的重点领域，集聚姑苏重大创新团队20个，累计引进高层次领军人才5 000名。

苏州在继续引进创业人才的同时，更大力度集聚企业创新人才，不断提升产才融合度；落实企业引才奖励，鼓励有条件的行业龙头企业整合高端创新资源，建立应用开发、创业孵化、风险投资等平台载体，带动产业链人才创新创业；加快实施区域重点产业人才专项，按照"一区一重点"的理念，引导各市（区）加快形成依托产业集聚人才、通过人才引进提升产业竞争力的良性循环，促进人才链、创新链与产业链的深度融合，形成有鲜明苏州特色的产业人才标签。

苏州持续强化苏州国际精英创业周产业引才导向，进一步用好用活创新创业大赛、基金会、海外合作组织、创投企业、新型研发机构等各类市场化引才力量，拓展招才引智渠道，提高引才的精准性和靶向性；发挥以才荐才、以才引才的正向效应，探索人才"举荐制"，形成人才群体参与推动人才发展的良性机制。

苏州，一片创新创业的沃土，正敞开胸怀广纳人才，成就人才企业的梦想，也成就这座城市的非凡。

 三、新兴产业　服务贸易

在决胜高水平全面建成小康社会之际，苏州新兴产业发展孕育着新的发展动能，正开始新一轮布局。2018年，苏州市新兴产业单位有2 842家，战略性新兴产业产值达1.76万亿元，占规模以上工业总产值的比重达52.4%。其中，新能源产业营业收入为1 087.71亿元，新材料产业营业收入为5 132.31亿元，生物技术和新医药产业营业收入为839.15亿元，智能电网和物联网产业营业收入为1 708.83亿元，节能环保产业营业收入为1 275.62亿元，新型平板显示产业营业收入为2 921.49亿元，高端装备制造产业营业收入为3 868.80亿元，软件和集成电路产业营业收入为833.23亿元。

工业化对于中国现代化进程的重要性不言而喻。对苏州工业来说，转型升级是必须迈出的一步，哪怕前方路上有再多的坎坷和荆棘。在成本压力的倒逼之下，苏州工业的出路只有两条：一是提升传统产业，二是发展新兴产业。对于电子信息、装备制造、纺织服装、冶金、轻工业和石油化工六大传统支柱产业，苏州通过科技创新、品牌建设、加快淘汰落后工艺和设备等途径，努力使其实现从"微笑曲线"谷底向两头攀升。新兴产业以超常速度成为推动苏州发展的重要推动力，苏州市出台了新能源、新材料、医药及生物技术产业提升发展计划和服务外包跨越发展计划，启动了新能源、医药及生物技术、智能电网、新型平板显示等产业跨越发展工程。

在转型升级的大背景下，战略性新兴产业成为苏州重要的经济增长极，逐步形成经济增长的新动力。苏州新兴产业主体地位突出，成为经济增长的强推力，成为效益新增长点。新兴产业投资增势良好，成为经济结构调整的新动力。具有技术先导型、市场开拓型、高端先进型的投资优化提升了行业结构，其增速远远高于全社会投资增速和工业投资增速。苏州市新兴产业项目占据重大项目的半壁江山；新兴民营经济发展活跃，成为新兴产业发展的生力军；新兴产业创新水平提高，成为行业创新能力的示范者；苏州新兴产业企业以技术为生存之本，不断提高创新水平。

2019年，中华人民共和国国家发展和改革委员会（以下简称国家发展改革委）下发《关于加快推进战略性新兴产业产业集群建设有关工作的通知》，公布第一批66个国家级战略性新兴产业集群名单，江苏省有3个产业集群入选。其中，苏州市生物医药产业集群入选，且在生物医药领域位居前列。

苏州生物医药产业起步早、基础扎实，目前全市共有生物医药企业3 000余家，信达生物、基石、亚盛、博瑞、东曜、泽璟生物、康宁杰瑞等一批生物医药企业陆续在港交所和科创板上市。2019

年，苏州生物医药经济总量超1 700亿元，其中医药工业产值约1 450亿元，占全省医药工业产值的近三分之一。

任何一座标杆城市的诞生，都离不开一个战略性、引领性支柱产业的拔地而起。30年前，苏州踏准了信息技术革命的浪潮，把电子信息产业打造成了第一支柱产业。30年后，苏州把生物医药确定为"一号产业"，响亮提出倾力打造世界级产业地标的口号。苏州生物医药产业规模主要目标：到2020年，苏州市生物医药产业链条进一步完善，主营业务收入高速增长，产值规模突破2 000亿元；到2022年，苏州市生物医药产值规模突破2 800亿元，成为中国获批产品最多、产业链最完整、研发合作模式最新的生物医药产业集群；到2030年，力争集聚生物医药企业超一万家，产业规模突破一万亿元，支撑苏州未来10年、20年乃至更长时期的可持续发展。

苏州市前瞻布局，高点定位，把生物医药产业列为苏州的先导产业之一，先后出台《关于加快推进苏州市生物医药产业集聚发展的指导意见》《关于加快推进苏州市生物医药产业高质量发展的若干措施》等产业政策，按照"1+N"发展模式成立苏州市推进生物医药产业集聚发展领导小组，从创新环境、人才引进、科技投入等方位和角度大力支持生物医药产业，形成了上中下游产业链布局合理、产品有效供给、抱团实力强的战略性新兴产业集群。

2020年7月，苏州共有10家企业登陆科创板上市交易，累计融资106.87亿元，股价较发行价平均涨幅达156.43%。从地域分布来看，苏州工业园区科创板企业数量最多（5家），苏州高新区次之（2家），其余3家分布于昆山、张家港和相城区；从行业分布来看，主要集中在专用设备制造行业（4家）、医药制造行业（2家）、软件和信息技术行业（2家）。

苏州正在探索"揭榜挂帅"项目组织实施新机制。该机制聚焦苏州先导产业和战略性新兴产业的重点领域和关键核心技术，将

"政府引导、企业主体、市场配置、上下联动"相结合,张榜发布重大创新项目需求和"卡脖子"技术难点堵点,通过"揭榜挂帅"广求天下科技英才到姑苏共铸自主创新利剑;力争每年"揭榜挂帅"实施重大创新项目 30 项左右,通过 3 到 5 年时间突破 100 项以上制约产业发展的关键核心技术,培育一批拥有自主知识产权的创新型重大产品,有力增强苏州市龙头骨干企业的自主创新能力,支撑全市产业转型升级和高质量发展。

首批"干将铸剑榜"围绕苏州市重大创新载体和企业重大技术布局,重点遴选出新一代信息技术、生物医药、智能制造、新能源节能环保、高端装备等领域的攻关难题和人才需求,涉及项目 33 项,总投入 114.6 亿元,悬榜金额 81.25 亿元左右。

随着苏州市深化服务贸易创新发展,一份关于"苏州服务"未来发展的"路线图"跃然纸上。苏州市依托在制造业、开放型经济、中国新加坡合作、海峡两岸融合等方面的优势,推动在服务贸易管理体制、开放路径、促进机制、政策体系、监管力度、发展模式等方面先行先试,形成了一批具有苏州特色的创新举措,推动形成全面开放新格局。预期到 2020 年年底,苏州市直报统计服务贸易额将达到 300 亿美元,其中新兴服务产业出口占比达到 50%,科技研发类服务贸易额占服务贸易总额比重达到 25%;建成 20 个服务贸易公共服务平台、10 个特色服务出口基地、250 个重点服务进出口企业。

苏州市的运输、金融、服务外包、知识产权、国际维修和维护、文化、旅游这 7 大重点行业发展迅速。以国际维修和维护这一行业为例,苏州市建立了全国首个跨区域监管示范区,开发了全国首个全球维修再制造检验监管信息化系统,2017 年国际维修和维护这一行业的整体贸易额相比 2015 年增长了 3.5 倍,行业竞争力得到快速提升,稳居全国第一梯队。

苏州市深入推进教育对外开放创新发展，构建人文交流机制，通过推进友好城市、友好学校教育深度交流，积极组织学生赴境外参加主题式修学旅行和浸润式插班学习等方式，打造苏州教育名片；着重教育品质提升，推进对外开放双向发展，建立本土化与国际化深度融合的国际课程体系，鼓励高等学校和职业院校配合企业走出去，推进境外办学；着眼人才培养战略，建立人才储备长效机制，支持高等院校和职业院校扩大招收境外留学生，加大品牌专业和品牌课程建设力度，全力打造"留学苏州"品牌。

苏州市推进医疗卫生国际化发展，进一步加大医疗学术、学科领域的对外交流，推动和海外高校医学院、医疗机构的共建；依托苏州市海外人才联络站，积极引进医疗卫生高层次人才、项目、技术和先进管理经验；推进落实国家相关改革举措，支持外国医师来苏州短期行医，支持面向境外消费者的中医药服务贸易。

苏州市促进会展业国际化发展，支持举办国际化展会项目，支持会展行业开展国际、国内的宣传推广及交流活动；优化国际会展的发展环境，对会展相关的进出境展品、艺术品等特殊物品在有效监管的前提下优化服务，完善邮递、跨境电子商务通关服务，进一步完善便利外国专业买家及相关企业的参展参会措施政策。

苏州市服务贸易取得明显增长。以2016年的数据为例，苏州市实现服务贸易总额141.16亿美元，同比增长15%，比2015年增加13.2个百分点，其中出口63.13亿美元，同比增长14.8%，进口78.03亿美元，同比增长15.1%。从七大重点行业来看，国际维护和维修服务贸易总额同比增长304.5%，旅游服务贸易总额同比增长25%，服务外包离岸执行额同比增长6.74%，文化服务贸易总额同比增长5.9%，知识产权服务贸易总额同比下降2.8%，运输服务贸易总额同比下降8.4%，金融服务贸易总额同比下降21.8%。

苏州服务业"双向开放"成绩喜人。一是服务业招商引资再创佳绩。苏州市赴日本、韩国开展制造业和现代服务业招商活动，与日本和韩国的30多家知名跨国公司达成合作意向。组织开展"融合创新　合作共赢——苏州·跨国公司恳谈会"活动，苏州市主要领导率各市、区政府及相关部门负责人赴沪与100多位跨国公司区域总部高层，美国、日本、新加坡等国驻沪领馆高官务实对话、共谋发展。现代服务业新设项目、注册外资分别占服务业的35%和38%。二是服务业对外投资快速增长。苏州市积极实施"走出去"战略，组织企业参加印度、哈萨克斯坦、澳大利亚、荷兰、英国、"一带一路"沿线国家推介会以及东盟外交官代表团座谈会，推动企业以商业存在的方式投资境外提供服务。苏州市新增服务业对外投资项目229个，服务业中方境外实际投资额25亿美元，同比分别增长25%和42%。2016年完成对外承包工程营业额11.57亿美元，同比增长11.2%。

苏州市服务贸易特色主体培育成效明显。一是总部经济发展再上新台阶。苏州市新增31家总部企业，其中综合型总部企业28家，职能型总部企业3家，总部企业累计达114家；新引进和形成的具有地区总部特征或共享功能的外资企业23个，累计达250多家。二是创新型企业和品牌企业培育工作扎实推进。苏州市组织开展了服务业创新型示范企业的认定工作，认定江苏绿岩生态技术股份有限公司等30家企业为第二批苏州市服务业创新型示范企业。至此，苏州市累计认定的服务业创新型示范企业达75家，涵盖金融服务、科技服务、软件和信息服务、创意设计、人力资源等多个领域，其中技术创新的企业有12家，商业模式创新的企业有16家，品牌创新的企业有2家。江苏国泰国际集团有限公司等15家企业入围中国服务业企业500强。

苏州市根据服务贸易创新发展试点八大任务的要求，在扩大开放、贸易便利化、强化金融服务、开展事中事后监管、发展模式创新5方面推出了38项改革创新，取得了丰硕成果。

第一，简化外资准入管理。绝大部分投资准入事项实现无纸化电子备案，程序更简便、办理更高效，投资便利化程度进一步与国际接轨。

第二，改革境外投资管理体制。进一步确立了企业境外投资主体地位，实行备案为主、核准为辅的境外投资管理模式，优化境外投资管理流程，实现境外投资工作从以审批为主向以投资促进为主的转变。

第三，建立"走出去"服务体系。一是搭建国际化人才培育、国际商事法律培训平台。组织企业参加跨国企业集团外汇和人民币资金集中运营管理培训班、"一带一路"建设法律实务研修班、香港法律服务论坛、全省对外承包工程高级管理人员培训班等活动。二是搭建企业家互助服务平台。举办苏州市"走出去"企业家交流会，分享对外投资合作的经验和资讯，实现资源共享和抱团"走出去"。三是建立了苏州市知识产权海外预警平台，为企业国际参展、国际贸易以及知识产权纠纷提供帮助。四是加强了文化"走出去"项目组织。青春版《牡丹亭》先后赴德国柏林、英国伦敦等地巡演，苏州评弹赴美国参加首届国际爱乐节开幕式演出，芭蕾舞剧《胡桃夹子》赴卡塔尔参加"中国-卡塔尔文化年"演出；苏州博物馆文创产品展赴意大利、苏州碑刻技艺展赴英国、中国昆曲文化图片展赴拉脱维亚、"精彩江苏——苏州国画院中国画作品展"赴德国展示和展出。

苏州市在贸易便利化方面有更多创新。一是持续推进加工贸易转型升级。全面实现加工贸易无纸化报核、联网企业无纸化报核、电子化手册无报关单报核，成功开展全球维修业务试点，成功开展加工贸易工单核销试点，并完成一周期核销。二是构建全球维修产业监管制度。通过对全球维修产品采取"全数核查、全过程监控、全数复出口"的"三全"监管方式，努力构建"六个一"全球维修检验监管新机制，"六个一"即创建一个全过程监管机制、建立一套企业维修管理制度、制订一套企业维修流程、开发一个信息化管理系统、探索一套对企业和产品差别化管理模式、构建一个质量共治合作机制。苏州地区开展全球维修和再制造的企业已达到20家以上。开展全球维修业务，低成本、高效率地解决海外市场的售后服务问题，吸引了跨国企业的产能转移，极大地提高了苏州企业的国际竞争力。三是率先开展检验检疫无纸化综合改革。通过该系统贯通申报数据化、派单随机化、流转网络化、操作移动化、记录电子化、放行自动化、档案数字化七个关键环节，依托"双网双+"手段，综合集成监管场地和装备建设、模式和手段创新、检测技术革新等内容，在苏州部署建设了检验检疫全程无纸化综合改革样板。四是推进了太仓港"单一窗口"建设。太仓港为江苏首家国际贸易"单一窗口"运行口岸。太仓港"单一窗口"一期功能基本完备，实现海关船舶结关无纸化、检验检疫船舶无纸化和水运系统对接改造，取消多头客户端，全面实现通关申报和结果反馈全互联网模式。

在金融服务方面，苏州建立了综合金融服务平台和地方企业征信系统。苏州地方企业征信系统共对接18个政府部门和3个公共事业单位，累计征集企业授权约十万户，累计采集数据近4 000万条。该征信平台的授权模式和运营模式在全国属创新之举。

苏州在服务贸易发展模式创新方面，取得了阶段性成果。

一是推动多式联运发展。由苏钢集团牵头、联合苏州高新区综合保税区、太仓港港务集团、苏州铁路西站申报的"苏南公铁水集装箱多式联运示范项目"入选江苏省多式联运示范工程项目，由江苏省推荐到国家交通部，成为国家级多式联运示范工程项目候选。

"苏满欧"国际铁路货运班列经过 3 年运作，形成了集中欧、中亚、中俄进出口班列为一体的国际铁路货运班列平台。二是加快港口转型升级。推进苏州港（太仓港区、常熟港区、张家港港区）向现代化综合服务型港、集装箱干线港、江海联运中转枢纽港转型发展。三是推进虚拟口岸建设。苏州物流中心虚拟空港项目，依托苏州工业园区综合保税区，搭建虚拟海陆空港物流平台，接入了全球 SITA 系统，实现了苏州货站与航空公司航班信息数据交换，为近 2 000 家企业代理了空陆联运进口业务，为 200 余家企业代理开通了陆空联运出口业务，成功对接和打通上海浦东、上海虹桥、南京禄口、杭州萧山以及苏南硕放的货运通道。四是推进智慧物流发展。五是推进跨境电商与国际物流对接。六是搭建知识产权运营交易平台。七是建立苏州知识产权服务业集聚区，并获国家知识产权局批准，成为全国知识产权服务业集聚示范创建区。八是深化人民币跨境业务创新。跨境人民币创新业务试点扩面共享。苏州工业园区跨境人民币创新试点扩大至全苏州市。九是推动苏州设立跨国公司跨境财务结算中心。十是大力开展外汇资金集中运营。十一是搭建文化贸易发展新平台。

在高水平全面建成小康社会的过程中，苏州的服务贸易突出"四个优先"：一是出口优先。优先发展出口，提高了苏州服务的国际竞争力，减少了服务进出口逆差。二是重点企业优先。培育了本土服务贸易企业，到"十三五"末，苏州市服务贸易年出口额 1 亿美元以上的本土企业达到 30 家以上。三是品牌优先。将服务贸易出口品牌建设纳入苏州市外贸品牌培育体系。"十三五"末，苏州市级服务贸易出口品牌达到 50 家以上。四是生产性服务业优先。依据苏州庞大的制造业基础，优先发展生产性服务行业的国际贸易，助推苏州市生产性服务业的国际化，加快建设具有国际影响力的先进制造业基地。

苏州的服务贸易优化了"四种环境"：一是优化了贸易环境。破除了综合保税区来料加工和国际转口、物流、分销、仓储等服务贸易发展的体制机制障碍，在苏州的综合保税区试点实施内外贸一体化改革；针对服务贸易相关货物产品特色，开展以生物医药研发为代表的服务贸易通关相关模式的研究和创新；探索海关接受软件、带料加工贸易等服务贸易报关，建立和完善特定种类的服务贸易报关方式；积极申报国家全球维修示范城市，争取不区分自产产品和非自产产品的覆盖面更广的全球维修。二是优化了投资环境。在试点重点行业以及苏州具有优势的服务业合作领域，积极对上争取改革试点和政策，尤其要争取取消或降低投资者资质要求、股比限制、经营范围限制；推进江苏国际知识产权运营交易中心的建设运营。三是优化了金融环境。积极争取"一行三会"金融创新政策在苏先行先试，营造有利于跨国公司跨境财务结算中心生存发展的环境，扩大跨国公司外汇资金集中运营和人民币双向资金池业务试点，创建有利于离岸转口贸易稳定和可预期发展的制度环境；推动大宗现货市场向有国际交易商参与的国际化报价、交易、结算、交割转型，尝试开展中远期期货交易。四是优化了政策环境。出台了苏州市级服务贸易创新发展试点政策，梳理阻碍服务贸易发展的体制机制障碍，形成一整套创新的政策诉求，不断推进相关改革，积极向上争取政策。

苏州的服务贸易聚焦了"四个环节"：一是聚焦了行业重点。立足苏州服务贸易发展现状和国际服务贸易发展趋势，重点推进了运输、金融、知识产权、服务外包、国际维修和维护、文化和旅游这七个行业的发展，落实具体行动计划，完成既定的增长目标。二是聚焦了自贸市场。我国已与多个国家和地区签署了自由贸易协定，这些协定除了包括货物贸易领域的开放措施，也涵盖了服务贸易领域的便利和开放措施。苏州抢抓机遇，大力拓展了自贸市场的服务贸易业务。三是聚焦了总部经济。跨境财务结算中心是总部经济中的高端形态,在税收、人才、高端就业等方面对地方经济贡献很大,应予以重点发展。苏州借助服务贸易创新发展试点机遇,充分用好财税等方面的试点政策,依托中心商贸区、开发区等载体,大力培育跨境财务结算中心,形成了新突破。四是聚焦了模式创新。苏州注重推动货物贸易转向服务贸易、传统服务产品演变为电子服务产品、有形货物产品提供多功能服务,大力发展基于网络的第三方服务模式。

四、民营经济 藏富于民

改革开放 40 多年来,苏州民营经济从无到有,不断发展壮大,成为苏州经济发展的重要支撑、创新创业的主体力量、吸纳就业的主要渠道和创造社会财富的主要来源。民营企业是苏州高质量发展不可替代的重要力量,民营企业家是苏州高质量发展不可或缺的宝贵财富。

20 世纪 80 年代,苏州民营企业快速发展,建立了现代企业制度,进行了产业升级。民营企业已经成为苏州市经济发展的重要支撑。苏州市善于从企业视角去想问题、办事情、定政策,强化工业经济运行监测,破解企业生产经营中的"堵点""痛点",先后牵头起草出台若干政策,支持推动民营企业做优做强,为企业提供好金融、知识产权、法务财税等全链条服务。

2019 年,苏州市民营经济主体近 165 万户,数量居江苏省首位。其中,私营企业近 63 万户、个体工商户约 101.5 万户。苏州市民营企业吸纳就业人数超 600 万人,规模以上民营工业企业总产值占比 34.9%,有 19 家企业入围"2018 中国民营企业 500 强"。科创板受理企业达到 12 家,占全国的 8%,其中已成功上市的有

4家。

  苏州市相关部门甘当民营经济发展的"店小二",脑子快、腿脚勤,对经济运行中遇到的问题及时研究解决,提供更加精细化、精准化的服务,帮助苏州民营经济打开高质量发展的新空间。苏州市相关部门强化工业经济运行监测,关注重点企业订单等先导指标变动情况及贸易摩擦影响,及时采取针对性措施;全力贯彻支持工业企业提升创新能力、进一步扩大内需市场的若干政策,落实好支持企业新增国内销售奖励;全力抓好工业投资工作,推动重点项目加快建设;加快建设企业服务云平台,实现跨部门联动,及时汇集发布法律法规、创新创业、财税金融等各类政策和服务信息,实现一站式服务。

  新时代是民营经济乘风破浪的最好时代,也是民营企业家建功立业的最好时代。民营企业就业灵活,能够为劳动者提供多样的岗位,藏富于民。民营企业,特别是民营企业中的苏州电子信息企业,紧紧抓住了新一轮科技革命和产业变革经济浪潮,推动技术升级,实现了跨越式发展。苏州各级各部门把习近平总书记关于民营经济的重要讲话精神作为根本遵循,践行新发展理念,坚持问题导向,强化系统思维,进一步构建亲清新型政商关系,营造更加优越的发展环境,全力推动民营经济高质量发展。

  苏州市委、市政府支持民营企业发展壮大,切实帮助民营经济解决发展中的困难,让民营经济创新源泉充分涌流、创造活力充分迸发。推动民营经济高质量发展,需要不断改善民营经济发展环境,充分激发民营经济的强大活力。

  新时代新征程,苏州民营经济发展迎来一系列机遇。如何营造更优环境,让民营企业阔步向前?苏州市培育民营经济高质量发展"沃土",从营造公平竞争环境、推动政策有效落地、优化政务服务、构建亲清新型政商关系等方面入手,精准施策,持续发力。在不断提升审批效率，推动服务前移、流程优化等基础上，针对扩大开放民间投资领域，加大政府采购支持民营企业力度，建立民营企业重大危机预警处置机制、民营企业家市外纠纷及涉诉应急协调机制、民营企业应对国际贸易摩擦工作服务机制等多个机制，强化顶层设计。

苏州市努力为民营企业发展创造公平竞争的发展环境，提供有力的法治保障，提高民营企业家维护自身合法权益的意识和能力；依法保护知识产权，加强企业诚信管理，严厉打击涉企犯罪行为，保护企业和企业家合法权益；加大对破坏市场秩序、不正当竞争等违法行为的打击力度，引导民营企业家在经营活动中遵纪守法、诚实守信、公平竞争、恪尽责任，弘扬优秀企业家精神。

苏州市扶持民营企业加大对外投资，相关部门适当加快审批速度，让民营企业及时把握发展机会，大胆"走出去"拓展国际市场。苏州市政府在跨国交流、国际法律援助等方面给民营企业提供帮助，避免让它们在对外贸易中势单力孤、信息不畅。

由于中小民营企业综合实力较弱、抗风险能力较差、信用评级机制不完善、缺乏足够抵押物等，中小民营企业直接融资和间接融资的难度都很大。中小民营企业在转型升级过程中，在研发创新、成果转化、技术改造、形成规模效应等方面，都需要大量的资金予以支撑。苏州市善于综合运用多种政策工具，提高金融服务水平，加大资金保障力度，引导金融机构将更多资金投向实体经济，通过贴息、风险补偿、信用保证基金、政银合作产品等方式，切实降低民营企业的融资成本。

破解民营经济高质量发展中遇到的困难和阻碍，加快实现由要素投入向创新驱动转换是核心因素。苏州加快构建创新服务体系，研究制定助推科技服务业发展的实施意见；完善覆盖民营科技企业初创、成长、发展等不同阶段的政策支持体系，搭建政府部门、高等院校、科研单位与民营企业共同参与的产学研转化平台，推动政产学研协同创新；鼓励和支持民营企业建设高水平研发机构，推动创新要素向企业集聚；加大对创新的支持引导力度，扩大科技专项资金规模，加大对高新技术企业培育库入库企业研发投入的后补助扶持力度，完善科技金融联动发展机制。

苏州市尊重知识，呵护人才，提升民企核心竞争力。人才是第一资源。呵护人才成长，尊重智力创造，是民营企业不断开拓创新、应对风险挑战的核心竞争力。苏州市加大对知识产权侵权行为的惩罚力度，加强《中华人民共和国专利法》普法宣传并提供法律援助，引导企业合作完成高价值专利项目，引导优质代理机构深入企业普及知识产权知识，开展专利挖掘。

苏州市民营企业对营商环境总体评价较高，对准入审批、基础设施支持和办事效率等，各民营企业均给予好评，这成为苏州营商环境的优势和强项。苏州继续探索知识产权融资，金融机构通过政府科技服务平台，综合企业的知识产权质量和数量评估，给予一定额度的专利贷款，使得知识产权货币化，既解决了部分民营企业的融资难题，又推动了民营企业创新升级。苏州把引育人才工作放在创新和发展的突出位置，充分认识人才在撬动其他资源中的首要作用、在推动发展中的决定性作用。一是在"高"上下功夫，瞄准科技前沿和国际水准，面向全球大力培养集聚顶尖人才（团队），量身定制人才及项目支持政策，充分赋予顶尖人才创新创业自主权；二是在"特"上做文章，更大力度集聚企业创新人才，不断提升产才融合度，引导各市、区加快形成依托产业集聚人才、通过人才引进提升产业竞争力的良性循环，促进人才链、创新链与产业链的深度融合，形成有鲜明苏州特色的产业人才标签；三是在"精"上求突破，强化苏州国际精英创业周产业引才导向，用好用活各类市场化引才力量，拓展招才引智渠道，提高引才的精准性和靶向性，让各类人才的纷至沓来，为苏州民营经济创新注入源源不断的动力和活力。

苏州市民营企业的发展环境稳定向好。国家统计局苏州调查队日前对苏州市59家民营企业进行的问卷调查结果显示，55.9%的民营企业认为民营企业的地位和作用较以往明显提升或有所提升。2019年起，小规模纳税人增值税免税额从每月3万元提高到每月10万元，据测算，这项优惠政策将惠及苏州市46万户小规模纳税人。同时，超过40万纳税人可享受小型微利企业所得税的优惠政策，优惠面达98%。税务部门通过普及电子发票、扩大取消增值税发票、认证纳税人范围、精简报送资料等一揽子便利举措，确保减税降费政策落地见效。根据国家统计局苏州调查队开展的问卷调查结果显示，在企业已享受的各项减税降费措施中，享受增值税实质性减税的企业占比最高，达69.5%；其次是享受降低社保缴费费率，占33.9%；再次是享受研发费用加计扣除比例提高，占32.2%。减税降费明显提升了民营企业的效益，民营企业对发展前景保持较强信心。

第五章 持续改善民生"百姓富"成果丰硕

让苏州"百姓富",是苏州经济发展的目的。苏州市委、市政府始终把民生幸福作为发展的根本目的,持续加大民生投入,增强广大市民的获得感。苏州市城乡居民可支配收入增速连续多年超过GDP增速。站在新的起点上,苏州加快共建共享推进"百姓富",把增进民生福祉、促进人的全面发展作为发展的出发点和落脚点。按照人人参与、人人尽力、人人享有的要求,办好民生实事,注重机会公平,保障基本民生,带领苏州市人民共同实现高水平全面建成小康社会这一目标。

苏州正朝着民之所盼、民之所望积极施政,谋民生之利,解民生之忧,造民生之福。相信只要坚持改革奋进,共建共享,定能收获更有温度、更具质感的"百姓富"。

 一、就业多样 收入领先

就业是民生之本、小康之基、富民之源。苏州市高度重视就业工作,主动对接新形势,推动新发展,坚持制度创新、载体创新、内容创新,把保持工作的连续性与增强工作的创新性相结合,把改进服务手段与完善服务措施相统一,更高标准促进全社会充分就业,更高层次推动全民创业。苏州市就业规模持续扩大,就业结构不断优化,有效促进了经济平稳较快发展和社会和谐稳定。

苏州坚持"民生为本、人才优先",拿最硬的担当稳就业,推最实的举措惠民生,花最大的心思聚人才,以最新的理念促和谐,用最浓的情感优服务。苏州市坚持把"稳就业"作为各项工作的首要目标,坚持以"稳岗位、提技能、强监测、降费率、优服务"为主线,保持苏州市就业形势基本稳定。

在苏州市的积极重视和努力下,苏州就业局势持续保持稳定态势。一是积极就业政策体系基本建立。苏州市相继出台了一系列就业扶持政策,形成了税费减免、资金信贷、职业培训、就业援助等一整套较为完善的就业扶持政策体系,有效实现了经济发展与就业工作的良性互动。二是城乡就业一体化格局初步形成。以促进城乡劳动者平等就业、素质就业、稳定就业为导向,把农村劳动力转移就业同城镇就业同步规划管理,全面加快建设城乡一体的公共就业服务体系。率先探索建立城乡统一的社会就业失业登记制度,将本市户籍的城乡所有劳动力统一纳入失业率统计范围,真正实现对城乡劳动者就业、失业状况的动态跟踪管理。三是困难群体帮扶机制逐步完善。充分关注城乡就业困难人员、被征地农民和高校毕业生等重点人群就业问题,通过实施就业再就业扶持政策、建立健全就业援助长效机制等举措不断提高就业帮扶的针对性和有效性,健全完善了困难群体就业申报帮扶制度。四是创业带动就业效应日益显现。成功入选"全国创业先进城市"的苏州,充分发挥先行先试和示范作用,深入实施创业带动就业战略,典型引路,以点带面,使创业氛围日益浓厚,创业环境持续优化,创业实体稳步攀升。五是基层充分就业创建成效卓越。在全省率先开展充分就业(村)创建工作,苏州市创建充分就业示范社区达标率98%,充分就业(转移)行政村达标率96.4%,共有市级充分就业社区748个(其中省级424家),充分就业(转移)行政村1 054个。健全完善了市、县级市(区)、镇(街道)、行政村(社区)四级就业和社会保障服务网络，城乡公共服务平台有效对接，城乡公共服务入村到户，100%实现人力资源社会保障平台"村村通"。全面加强人力资源社会保障公共服务队伍建设，苏州市社区（村）劳动保障协理员专职化率达到100%，持三级证书协理员占比33%以上。

2019年，第十一届苏州国际精英创业周新落户项目1 036个，同比增长9.1%，创历史新高。苏州市人才总量达到292.5万人，其中高层次人才预计达到26.9万人，海外留学回国人员预计达4.8万人。高技能人才6.4万人，比2018年翻了一番，总量居江苏省第一。

苏州市全面落实就业优先政策，苏州籍高校毕业生就业率保持在98%以上；制定实施职业技能提升三年行动计划，在全省率先制定实施《公共就业创业培训机构服务规范》地方标准，4.4万人参加城乡劳动者技能培训；提档升级"富民创业担保贷款"，完善"创E贷"平台功能，共发放贷款超5亿元。

苏州市连续11年将"提供应届高校毕业生就业岗位10万个"列入政府实事项目。苏州市支持高校毕业生到基层就业，并给予专项就业补贴，同时扩大见习对象范围，将见习起始时间提前到毕业前6个月，已初步形成省、市、县（区）三级联动的工作模式和基地岗位"量多质优"的发展格局。苏州市共有高校毕业生就业见习基地729家，此外，苏州市全面落实困难家庭高校毕业生一次性临时生活补贴政策，对符合条件的困难家庭高校毕业生发放一次性临时生活补贴1 000元/人，为低保家庭、低保边缘重病困难对象家庭以及特困职工救助家庭的毕业生纾困解难。

为帮助残疾人解决就业困难，搭建残疾人与用人单位之间的对接平台，苏州市还定期举办残疾人就业专场招聘会，招聘活动由苏州市残疾人就业管理服务中心和苏州市劳动就业管理服务中心具体承办。招聘会单位经常提供如保安、保洁、水电维修工、信息录入员、呼叫中心专员、文员、收银员、绘图员、平面设计等适合残疾人的用工岗位。其中，多家企业提供了多个"零门槛"岗位，没有学历和年龄限制，只要在就业年龄段内的残疾人求职者均可应聘，要求相对较低；此外还有一些单位会提供中、高端岗位，为具备一定学历、技能的残疾人提供了更多、更好的选择。为了帮助残疾人求职者明确职业定位，苏州市相关部门在招聘现场提供政策法规、职业能力评估、就业指导、职业免费培训等咨询服务。根据每一个残疾人求职者的不同特点提供咨询意见，残疾人市民可以根据自己的情况得到"量身定做"式的服务。招聘会结束后，相关部门还会从职业能力测评、基础技能提升培训、岗位实训等方面，针对残疾人创就业进行全方位的服务，推动实现残疾人的高质量就业。

苏州市积极落实《国务院关于做好当前和今后一段时间就业创业工作的意见》，先后发布了一系列就业创业创新政策，同时，切实加强就业创业服务指导，力促社会就业创业。2018年年底，在"中国·苏州"大学生创业创新大赛总决赛上，《苏州市就业创业政策口袋书》发布。该书为方便社会各界迅速全面了解苏州市就业创业政策编发，内容包括就业创业政策6大类77项，公共就业创业服务5方面41项，政策服务合计7大类118项。

苏州在积极打造"就业高质"型城市过程中，充分发挥新形势下职业指导"制度化、专业化、社会化、精细化"服务功能，在努力帮助城乡各类就业群体树立正确择业观的同时，积极帮助他们做好职业生涯规划，有效提升求职就业能力，达到人力资源合理配置，从而实现更高质量就业目标。

第一，建立"一带一"职业指导制度，实现全程化职业帮扶。苏州市率先建立"一带一"职业指导制度，由社区指导师面向有职业需求的劳动者，从其个性化职业生涯发展实际出发，提供精细化职业指导服务，以帮助服务对象提升就业能力并使其明确职业定位和职业发展路径，从而实现更加充分、更有质量的职业理想。"一带一"职业指导制度体现三个"新"：一是为服务对象建立"新"档。职业指导师为每位前来咨询的人登记注册，设立工作台账，建立并规范保存咨询档案。二是指导环节体现"新"规。对职业指导过程中的"建立关系、收集分析资料、制定实施方案、跟踪回访"四个环节制定了详细的工作规程，强调职业指导的针对性、专业性以及与服务对象的互动交流。三是指导成效体现"新"气象。建立指导效果评估机制和失败原因分析处理机制，通过问卷调查和跟踪回访等方式，量化职业指导成效，总结经验教训，为职业指导的后期发展、个案处理提供必要的借鉴经验。

第二，开发"面对面"职业测评系统，开展个性化职业规划。苏州市劳动就业管理服务中心与中国劳动保障科学研究院合作开发了职业能力测评系统，立足于个人职业能力的操作技能、心智技能和心理特质三大层面，设置了39个维度，覆盖了个人性向或潜在职业能力，是全方位考察个体职业能力水平的系统测试工具，目前已正式投入使用。此外，苏州各地也积极运用职业测评软件，并延伸到乡镇和高校。如太仓市开发了职业测评软件，开通了在线测评功能，已在高校、中专院校投入使用。张家港锦丰镇在开展求职者与企业匹配的"就业工厂"活动中开发职业测评软件，供辖区各社区协管员使用，从而更有效地开展职业指导工作。

第三，成立"一对一"职业指导工作室，搭建专业化服务平台。苏州市劳动就业管理服务中心在苏州市人力资源市场成立了职业指导工作室，设有"一对一"职业指导工作室5间，可以同时容纳60人进行团体咨询的职业指导教室1间，成立了可供多人同时使用的职业能力测评室。该工作室利用标准化职业能力测评工具，开展"咨访面对面、沟通一对一"活动，根据其个人特点及测评报告结果，帮助服务对象提升就业能力、明确职业定位和职业发展路径。此外，积极壮大职业指导师队伍，逐步建立起公共服务机构、教育机构（高校）、社区与社会（社会公益组织、企业组织等）以及志愿人士共同组成，社会广泛参与的职业指导工作机制。苏州市劳动就业管理服务中心、姑苏区和高新区就有通过中华人民共和国人力资源和社会保障部（以下简称国家人社部）考核的各类职业指导人员近百人。

第四，提供"分层次"职业指导教育，增强灵活化求职能力。在就业服务转型升级的新形势下，苏州市针对不同人群积极发挥职业指导作用，努力提升就业质量。如在面向高校毕业生开展职业指导时，通过大学生就业直通车、创业大讲堂等形式，帮助大学生树立积极的就业观念，正确选择就业、创业、升学等发展方向，提供政策和信息咨询指导，帮助他们选择更加适合自己发展的职业生涯。在面向就业困难群体开展职业指导的时候，通过"一对一"就业援助研究制定个性化职业指导方案，帮助他们树立积极的就业意识和生活理念，并顺利走上工作岗位。在面向企业等用人单位职业指导时，采取定期发布苏州市用工需求调查分析、面对面上门指导等形式，帮助企业分析招用工难问题及对策，并指导企业通过提高员工工资待遇、保障员工权益、改善生产条件、提供技能培训机会等多种途径努力留住人才。

苏州发展是为了人民，发展要依靠人民，发展的成果要让人民群众共享。苏州切实做到了经济发展与城乡居民收入增长同步。苏州的经济社会发展得到广大人民群众认可，人民收入满意度和生活幸福感不断提高。

以现有数据来看，2015年起，作为江苏发展的排头兵，苏州与全国20个重点城市相比较，苏州农民收入在全国重点城市居首，城乡居民收入差距较小。在工业总产值、GDP排名靠前的同时，苏州城乡居民收入的位次与之相匹配，增加了经济硬指标的含金量。

尤其是农民以 21 578 元的人均纯收入，排名居首，城乡居民收入比由上年的 1.94∶1 缩小至 1.9∶1。江苏是全国城乡居民收入比最小的省份之一，其城乡居民收入比为 2.39∶1。显然，已实施 5 年多城乡一体化发展综合配套改革的苏州，在缩小城乡居民收入差距方面走在全国前列。

苏州农民收入增长情况中，占收入大头的工资、经营性收入稳增，转移性收入、财产性收入快增，分别增长 19.7%、18.3%，明显高于 11.2% 的纯收入增速，农民收入结构进一步优化。

据苏州市统计局资料，2018 年，苏州紧紧围绕"六个高质量"目标，着力深化改革开放，着力培育新动能，高质量发展取得新成效，人民生活水平迈上新台阶。据城乡住户一体化调查资料显示，2018 年苏州居民人均可支配收入 55 476 元，比上年增长 8.3%。从可支配收入构成来看，人均工资性收入 34 949 元，同比增长 7.6%，占可支配收入的 63%，是居民收入增长的主要动力；人均经营净收入 5 275 元，同比增长 5.9%；人均财产净收入 9 028 元，同比增长 13.5%；人均转移净收入 6 224 元，同比增长 7.6%。

2018 年，苏州紧扣"五个振兴"，扎实推进乡村发展，使农村居民生活水平迈上新台阶，农民收入全面增长。其一，人均可支配收入突破 30 000 元大关，继续保持全省首位。据江苏省城乡住户一体化调查资料显示，2018 年苏州农村居民人均可支配收入 32 420 元，比全省平均水平高 11 575 元，同比增长 8.1%，继续保持全省第一。其二，人均可支配收入增速持续快于城镇，城乡收入比进一步缩小。按常住地划分，2018 年苏州农村居民人均可支配收入同比增长 8.1%，比城镇居民高 0.1 个百分点。城乡收入比由 2017 年的 1.962∶1 下降到 1.958∶1。其三，工资性收入、经营净收入增长势头良好。从收入结构上看，2018 年苏州农村居民人均工资性收入 19 212 元，同比增长 8.4%，增速比去年提高 0.1 个百分点，比城镇居民人均工资性收入增速高1.4个百分点；人均经营净收入6 037元，同比增长6.8%，比城镇居民人均经营净收入增速高1.1个百分点。其四，转移净收入增速居首，占比逐年提升。2018年，苏州农村居民人均转移净收入3 798元，同比增长12.2%。随着转移支付力度的不断加大，农村生活水平的不断提升，苏州农村居民离退休金、养老金、各项惠农补贴、老人赡养收入等逐年上涨，转移净收入占农村居民可支配收入的比重逐步提高。

二、信息惠民　出行便捷

苏州市于2011年启动"智慧苏州"规划，重点实施"369计划"。经过数年的建设，苏州市信息基础设施承载能力明显提升，信息化对社会事业促进作用显著增强，信息产业成为经济增长的重要引擎，涵盖智慧教育、医疗等众多民生领域。苏州市数字传输主干网容量和传输速率位列全省首位。

信息惠民，园区先行。2013年，苏州工业园区以高分成功入选首批国家智慧城市试点名单，园区城市建设管理和服务信息化水平迈入了新阶段，"智慧园区、非凡城市"建设进入新征程。苏州工业园区以"智融服务、慧聚创新"为主线，适应"新产业、新技术、新业态、新模式"的发展趋势，积极完成智慧城市顶层架构设计，全面建成"三网、三库、三通、九枢纽"的智慧城市应用架构，形成"基础设施畅达易用、城市管理协同高效、公众服务整合创新、智慧产业快速发展"的智慧城市运营体系，创新"以信息化推进新型工业化、以信息化推进城市化、以信息化推进现代化"的智慧城市发展模式，实现"四区一城"（"宽带园区""协同园区""宜居园区""亲民园区"和"云彩新城"）的智慧城市框架体系。

坚持"适度超前"战略，打造"宽带园区"。电信、广电等宽带信息网络、高清数字电视网络已覆盖苏州工业园区全区，光纤入户、城市光网建设全面展开；户外 Wi-Fi 覆盖在江苏省成功率先试点，实现全区主要商务楼宇、公共场所 Wi-Fi 免费接入，形成了覆盖广泛、高速便捷的基础网络环境。苏州工业园区继续坚持"适度超前"战略，响应国家"宽带中国"战略，进一步加强无线园区、光网园区、下一代广播电视网等建设，积极开展三网融合试点，不断提升网络基础设施服务能力，打造"宽带园区"，建成高速、融合的智慧城市网络基础设施。

坚持"顶层设计"理念，打造"协同园区"。苏州工业园区已建成覆盖全区的电子政务专网和全国首个电子政务专有云；建成近百个业务系统，不断完善法人、地理、人口等基础信息数据库，并与各系统实现共享互通；建成地理信息公共服务平台、数字城管平台、食品安全监管平台、政企沟通平台、社区综合管理平台等一大批公共信息平台。下一阶段，苏州工业园区将继续坚持"顶层设计"理念，完成综合集成的政务、教育、健康、社保、科技、人才、金融等九大信息枢纽；建成一站式的"政务通、企业通、生活通"综合应用平台，实现智慧城市各类信息、服务的整合共享、高效协同，打造"协同园区"，形成以"三通九枢纽"为核心的智慧城市应用架构，实现跨部门、跨网络、跨操作系统、跨数据库的数据和业务的高效协同。

突出"GIS 应用"特色，打造"宜居园区"。苏州工业园区已基本建立以地理信息公共服务平台（GIS）为核心的城市建设全生命周期智能化管理，坚持 18 年动态更新，建成 650 多个图层，对接 43 个系统，为 16 个部门提供服务，年点击量超过 5 800 万次。苏州工业园区以地理信息公共平台为基础，围绕智慧城市建设和管理各方面需求，强化地理信息综合利用，建成智能精准的国土、规划、建设、管理、环保、水务等一系列信息化应用系统和智慧城市建管体系，促进城市资源的优化配置和高效利用，逐步形成全面感知、广泛互联、高度智能的立体化城市建设和管理体系，打造"宜居园区"。

强化"亲商惠民"意识，打造"亲民园区"。苏州工业园区已在苏州市率先启用智能公交系统，实现公交线路、公交站点全面电子化、智能化；建成基于自适应控制的智能交通管控系统，覆盖两纵两横交通干道，每日实时采集监控路口、车辆等信息，实现了交通管控智能化，提高了道路通行效率；建成"大城管"模式的数字城管系统，实现了城市管理的"高效率、精细化"；启用基于"物联网"技术的智慧环保系统，设立数百个监控点，实现了污染源在线监测及环境质量预警监测；建成了以居民健康档案为核心的区域卫生信息平台，覆盖全区医院和社区卫生服务站，建成了基本医疗云，实现了"我的健康我管理"；不断提升劳动社保信息化服务水平，实现了"应网尽网"，为数十万人员提供在线服务；全区科技、教育、文化、人才等领域信息化建设不断加强；社区服务、视频监控、肉菜流通追溯体系等信息化项目也不断建成投运。

推进"云彩计划"落实，打造"云彩新城"。苏州工业园区在2012年11月提出了云计算产业发展计划——"云彩计划"，在国家智慧城市创建期间，苏州工业园区全力推进"云彩计划"落实，围绕智慧城市需求大力发展融合通信、电子商务、物联网、云计算等新兴信息产业，建成了云计算硬件、服务、平台三大集群；通过政策和资金引导，探索"智慧城市实验室"等模式，鼓励社会力量共同参与智慧城市建设，打造了国内领先的"云彩新城"。

苏州市民政信息化建设也涌现众多亮点。在全省首创低保家庭收入核对系统，实现各市（区）联网运行；信息化虚拟养老服务平台覆盖苏州市镇（街道），服务覆盖54万人；启动建设"苏州智慧城市公共地名地址数据中心"，被确定为首批全国地名地址库试点示范创建地区；苏州市民政视频会议系统、OA办公系统延伸覆盖全市各直属单位；老年数据中心、未成年人保护工作平台、社区综合服务管理信息平台等项目均在有序推进中。此外，张家港、吴江、常熟等地均建有或在建民政综合信息平台，其他市、区也建有社区、养老或其他业务平台，部分直属单位还建有自身业务系统，在采集基础数据、优化业务流程、畅通上情下达、开展便民服务等方面较好地发挥了作用。

苏州市推进信息化与民政事业深入融合发展。各级财政资金支持民政信息化建设，将信息化建设经费纳入预算，统一管理和集约使用。基层线路、网络设备、视频会议终端配置到位，配备专门的信息技术管理员负责数据录入、技术保障和信息管理工作，使数据采集准确完备。业务基础数据采集和历史数据录入，激发了民政工作者和全体市民使用省民政厅业务平台系统的积极性和主动性。将平台应用情况纳入基层服务机构等级评定考核，定期对各地、各条线数据采集质量和进展情况进行通报，并作为年底评先依据。与省厅平台及时对接，以省厅平台推广为契机，梳理整合现有系统，实现数据落地。社区和养老信息平台建设稳步推进，苏州市城乡社区综合服务管理信息平台、苏州市养老数据资源中心及应用服务平台建设完成。社区信息平台整合社区现有条线业务系统，优化社区现有信息化工作模式，逐步建立起"一次采集、多方共享"的数据共享机制和"一站受理，一网协同"的业务受理模式。养老信息平台整合现有机构、社区及居家养老信息系统，并与人社、卫生、公安等部门互通，实现养老数据资源的交换和共享，通过积分交换机制，引导社会力量参与养老服务。实现了与苏州市"网上政务服务超市"及"互联网+城市服务"对接，满足了"信息惠民"和"智慧城市"的建设要求。

在苏州市的统筹下，苏州市各县市的智慧城市建设领先全国。

2018年，常熟市荣获由中国智慧城市论坛颁发的"2017中国智慧城市示范城市"称号。在此之前，常熟市先后荣获"2010—2014中国智慧城市发展5周年贡献单位""十二五中国县级智慧城市领军城市"等称号，获得了"2016中国智慧城市优秀案例奖""中欧绿色和智慧城市奖"等荣誉。

"智慧常熟"建设所取得的成绩，可以作为带动全国智慧城市发展的示范案例。常熟较早地开展研究，形成了智慧城市整体概念，于2013年发布《智慧常熟战略发展规划》。该规划站在建设广义智慧城市的角度，坚持"起点高、能落地、易操作、可拓展"的原则，形成了民生服务、协调发展、产业提升、城乡一体化4个层面18项具体工程的总体布局。始终依托互联网，充分运用大数据、云计算、物联网和人工智能等新一代技术等手段，形成了"互联网+"的实施策略，全面推进在智慧城市各领域的建设及应用。常熟市按照党的十九大明确的建设智慧社会的要求和五大发展新理念，结合已有规划，与时俱进，深化了智慧城市建设。常熟市突出公共服务和社会服务的精细化，推进信息基础设施更新换代，公共资源开放共享，推进城市大脑、智慧交通、智慧医疗、智慧养老等项目建设，发展政务服务和民生服务的智慧应用，提高城市运行效率和公共服务水平，让市民和企业有了更多的获得感，全面落实"五位一体"战略布局。

在深圳举行的第21届中国国际高新技术成果交易会上，在智慧城市组委会、国际数据集团（IDG）主办的2019亚太智慧城市评选活动中，张家港市凭借在新型智慧城市建设应用上的丰硕成果，荣获"2019中国领军智慧城市"荣誉称号。全国只有19座城市获得该称号，张家港是江苏省唯一获奖的县级市。张家港市启动新型智慧城市建设工作以来，抢抓机遇、积极部署，以"打造中国智慧城市的县域标杆"为总体目标，打造了"一座平台支撑、一体数据打通、一网联动运行、一套体系运营"四大创新亮点，统筹推进新型智慧城市建设。

张家港市已经实现了以大数据为支撑的社会精准治理和政务服务。政务大数据在政务服务、社会治理、医疗保障等多个领域取得了创新实践，已支撑 23 个部门 38 项共享创新应用，入库数据总量 5.05 亿元。"智慧张家港"的实施范围覆盖全市，惠及 165 万市民，包括 93 万户籍人口和 72 万外来人口，率先在政务服务、社会治理、医疗保障等领域重点实施。

为了提高市民出行的便捷程度，苏州市每年把新辟、优化调整公交线路，购置新型能源公交车作为苏州市政府实事项目的交通便民服务内容。以 2019 年度为例，苏州市围绕市政府交通实事项目目标，以"公交四化"为总指引，共新辟、优化调整公交线路 74 条，其中新辟 22 条，优化调整 52 条。到 2019 年年底，市区公交线路平均长度 18.5 千米，为历年来最低；支线、微线占比 51%，同比上升 11%，线网结构进一步优化。对接重大项目、完善公交配套服务功能是 2019 年度苏州市区公交线路优化的又一重点，其中对接学校是重要切入点。苏州交通运输部门坚持公交的公益属性，主动对接教育等相关单位，新辟调整 6 条线路。2019 年，在完善功能、服务居民公交出行的同时，苏州市区公交线网进一步加密，线网里程增加 79.45 千米，同比增长 1.06%，填补盲区 87 千米。

推动常规公交和轨道交通两网融合，进一步发挥公共交通系统的整体效应，是苏州市区公交线路优化的方向。配合 2019 年年底苏州轨交 3 号线的开通运营，苏州交通运输部门全力推进《苏州轨道三号线开通后公交线网优化规划》《苏州市轨道交通三号线与地面交通衔接换乘规划》落地，并组织实施轨道交通 3 号线公交衔接方案。在增强常规公交与轨道交通 3 号线接驳功能的同时，客管部门还实施了 25 个公交中途站优化方案。相关负责人介绍，随着城市发展，道路交通情况发生变化，出现了部分公交中途站与当前环境不适应的情况，需要与时俱进地进行优化调整。

随着2019年980辆纯电动公交车的购置与运营，苏州绿色公交建设持续推进，助力城市污染防治攻坚战。新能源公交车的运营，带来了显著的节能减排效益。一方面，由于电动机的效率远高于内燃发动机，加上现代电力系统的综合发电效率相比过去有了较大提高，使得电动汽车的总体能耗要显著低于传统燃油汽车。另一方面，电动车除了通过"以电代油"获得的直接节能减排效益，还可利用其充电需求的可引导性，发挥分布式储能作用，有效提高电力系统接纳可再生能源的能力与常规电源的运行效率，从而取得间接节能减排效益。2020年，苏州市围绕G524（相城段）、G312（工业园区段）布局和安装一批智能网联路侧单元，实现车路协同的规模级示范应用，G524常熟段实现路段基础设施基本信息建设、管理、养护等数字化；加快苏州"丰"字形铁路网前期工作，加密城市轨道交通网，修编全市铁路枢纽总图，强化衔接形成互联互通，建立分圈层交通发展模式，形成45分钟市域交通圈，60分钟区域交通圈；城市绿色货运配送示范工程完成创建，形成示范性的"苏式配送"发展模式；构建高水平、高品质的毗邻公交服务体系，助力长三角一体化发展；建设海关监管场所，配套综合服务中心竣工，开工建设联检服务大楼，落实江苏（苏州）国际铁路物流中心二期战略合作协议各项工作，力争开工建设铁水联运集装箱码头；推进苏州港太仓港区集装箱四期示范工程建设，争取2021年建成投运；年内实现主城区（中环高架内）公交线路新能源公交车全覆盖。

2020年7月1日，沪苏通铁路一期正式通车，苏州下辖的张家港、常熟、太仓跨入"轨道上的长三角"，接入全国铁路网络。加上此前已有高铁经停的昆山，至此，苏州下辖县级市全部通高铁，并建有高铁车站。从沪通铁路，到通沪铁路，再到最终确定的沪苏通铁路，这条铁路的更名"小插曲"，耐人寻味。正如一位网友所言："沪苏通"不仅是地理意义上三座城市的简称，更表达了在长三角一体化发展背景下，上海、苏州两地互通互融的美好期待。

对于曾经"地无寸铁"的苏州沿江三市来说，沪苏通铁路的开通只是拉开了高铁时代的序幕。接下来，通苏嘉、南沿江两条城际铁路通车后，张家港、常熟都将实现"三铁交汇"；太仓更是集齐5条铁路和上海嘉闵线，形成"5+1"的轨道交通网络。张家港、常熟、太仓也处在长江经济带和"一带一路"交汇点上。有了两个交汇点的加持，3座县级市一跃成为连接东西、贯通南北、通达海内的重要枢纽。在昆山南站，每天早高峰时段，近4 000人搭乘高铁赶往上海，打着"高的"上下班已成为时尚。高铁准时、准点、不堵车，成了很多人首选的"城市间的轨道交通车"。

三、住房安居　文教昌盛

苏州城市住房建设发展理念更新快、发展方式多样、发展动力强。苏州市坚持高质量发展，补齐设施短板、提升空间品质、彰显文化生态、营造宜居环境、打造优质住房，使人民群众获得感、幸福感和安全感更充实、更可持续。

苏州市站在新时代大背景下，踏着时代的鼓点，矢志不渝地沿着住房事业高质量发展之路走下去，坚持"房子是用来住的，不是用来炒的"的定位，不断增加保障性住房供给，建立和完善房地产市场平稳健康发展长效机制。2019年，姑苏区4个老旧小区环境改善提升工程等一批为民办实事工程顺利竣工。

苏州市围绕绿色生态，使推进住房建设发展的路径更宽。苏州市把住房设施建设补短板工作放在首要位置，把绿色建设理念贯穿全过程、全环节，让城市住房既有"颜值"，又有"气质"。苏州市围绕美好生活，使增进民生福祉的住房举措更实。2019年，苏州市推进老旧区域环境整治提升，完成13个省级和20个市级宜居示范区建设目标任务，推进既有多层住宅加装电梯工作，加快棚户区、城中村改造，适应老龄化社会需求，扎实推进无障碍改造，全面改善城市人居环境。

住房公积金制度在高水平全面建成小康社会、促进富民增收、稳定职工队伍、推动民营企业可持续发展、和谐劳资关系中具有重要作用。为提高住房公积金扩面质量，苏州市住房公积金中心以年度缴存基数调整为抓手，对以往"低门槛"进入的单位，有计划地提高至足额缴存，对新开户单位，积极引导按规定缴存，督促单位及时按实调整到位。同时，对缴存公积金有困难的单位，切实用好缴存比例的弹性空间，适当降低缴存比例或者缓缴。

苏州市政府保障职工权益，促进企业规范缴存住房公积金。苏州市住房公积金中心加强与企业的沟通交流，对企业人员变动实行动态跟踪；加强与社会保障、市场监管、税务等部门的大数据比对，对住房公积金建缴情况进行评估，建立未全员缴存或未足额缴存住房公积金单位清单，并加大依法催缴的力度，督促用人单位切实履行法定义务；将单位依法缴存住房公积金情况纳入苏州市社会治理网格化平台管理，从而规范住房公积金缴存行为，促进劳动关系的和谐稳定。

截至2018年8月末，苏州市累计向45.59万户职工发放住房公积金贷款1 350.16亿元，职工累计提取住房公积金达1 692.56亿元，累计直接支持职工住房消费达3 042.72亿元，有力地促进了职工住房消费能力的不断提升，保障了"住有所居"目标的不断实现。

苏州市还加快培育和发展住房租赁市场供应主体，加大租赁住房的建设和供应，建立政府信息服务与监管平台，鼓励个人住房租赁消费，加大住房租赁政策支持力度，加快推进人才乐居工程建设，强化住房租赁管理和服务，基本形成渠道多元、结构合理、服务规范、制度健全的住房租赁市场。从社会治理的高度，加强对租赁住房的安全管理，确保人民群众生命财产的安全和社会的稳定。

苏州市各县（市、区）都开展了住房租赁工作的试点。苏州长租公寓市场蓬勃兴起，机构、房地产企业、银行纷纷涉足。外地品牌长租公寓纷纷进入苏州市场，万科、龙湖、旭辉等大牌企业在苏州落户，万科在苏州计划开拓2万套长租公寓。苏州市分散式的租赁机构规模大幅度提高。

2017年，苏州市被省政府明确为江苏省培育和发展住房租赁市场的试点城市。苏州市从房源入手，加快租赁市场建设，通过筹集房源来增大市场供应量。为保障租赁住房用地供应，将新增租赁住房用地供应纳入年度土地供应计划。同时，完善土地出让竞拍规则，对适宜配建租赁住房的地块，在出让方案中明确配建要求，土地出让报价超过市场指导价一定幅度后，可将原来按照"一次报价"最接近平均价原则调整为竞配建租赁住房面积最多的原则确定竞得人。鼓励利用存量建设用地和房产新建改建租赁住房。部分定销商品房、动迁安置商品房等存量住房被调整为租赁住房后可向社会出租。2019年，苏州市制定《苏州市出租房屋居住安全管理条例》及相关配套措施，明确住房租赁当事人的权利义务，规范市场行为，稳定租赁关系。

苏州市以国有企业为主导，培育和扶持住房租赁企业。苏州市充分发挥国有企业的带动、引领、示范作用，支持国有企业开展规模化集中式住房租赁业务，培育发展"长租公寓"专业租赁企业。苏州工业园区率先整合国有和社会房源，成立了苏州地区首家国有住房租赁公司。

培育住房租赁市场，除了要增加房源供应量，监管平台的建设也非常重要。苏州市建立住房租赁信息服务与监管平台，较好地解决了4个问题：一是出租房屋的信息采集不全；二是各职能部门在出租房屋安全隐患整治中不协调不平衡；三是房屋租赁过程中出现虚假信息、无效房源；四是房屋租赁过程中租赁合同备案率低。苏州市租赁信息服务与监管平台提供全方位的、便捷的租赁信息服务，及时披露租赁住房供应总量、租赁人口、租金等信息，从而提升了住房租赁总体管理水平。

苏州市鼓励个人住房租赁消费。对个人出租住房的，由按照5%的征收率减按1.5%计算缴纳增值税；其他个人采取预收款或一次性收取租金形式出租不动产，取得的租金收入，可在对应的租赁期内平均分摊，分摊后的月租金收入不超过3万元的，可享受免征增值税优惠政策；对一般纳税人出租其在2016年4月30日前取得的不动产，可以选择适用简易计税办法，按照5%的征收率计算缴纳增值税。

苏州市鼓励金融机构按照依法合规、风险可控、商业可持续的原则，探索支持符合条件的住房租赁企业发行债券、不动产证券化产品。同时，完善对住房租赁企业的信贷支持，鼓励商业银行和资本市场为经营住房租赁业务的企业提供信贷支持、股权投资，稳步推进房地产信托投资基金试点。

苏州市推行各类人才住房租赁补贴政策。坚持政府引导、市县联动、部门协同、社会参与，实现多主体供应、多渠道保障、多元化投入，满足各类人才的居住需求。通过出台一系列文件，明确了高层次人才认定标准及适用对象、乐居方式、保障措施、保障标准、申请机制、考核机制、监督机制等，并针对人才的居住需求，坚持因地施策、分层次保障、适度普惠的原则。同时以市场为导向，运用土地、财税、金融等政策，撬动社会资本投入。采取租购并举、以租为主、租售补相结合的方式,构建系统完备、形式多样的人才安居保障体系,为各类人才提供更为便捷的乐居选择。

"免费""优教"是苏州教育的两大关键词。免费的义务教育、学生免费体检、农村义务教育段学生免费住宿、市区学生免费坐公交车乘地铁……一个个"免费"教育新概念给了苏州人接连不断的惊喜。教师学历100%达标,教师中拥有研究生学历的人数逐年上升,现代化小学、初中学校和三星级高中学校城乡全覆盖……一个又一个带着苏州特色的教育教学改革接连出现。在教育发展持续向好的积淀中,苏州市的中小学教育从"学有所教"稳步迈向"学有优教",百姓在个人的教育刚性支出越来越少的同时,不断享受着"升级版"的优质教育。

苏州秉承"优先、率先、科学"发展理念的教育大投入,获得了苏州百姓的交口称赞。无论是免费教育带给百姓更多实惠,还是教育改革让苏州孩子享受到高品质的教育,这一切源自苏州对教育优先发展、率先发展和科学发展锲而不舍的追求。

1994年,苏州率先在省内建立教育发展目标责任制,为整体推进教育现代化提供了有力保证。每年年初,苏州各县级市、区政府都要向市政府递交一年一度的教育目标责任书。近二十五年来,这样的目标责任书内容更是紧扣百姓需求。资金投入也逐年放大,大投入带来了教育的大发展,带来了免费教育的大推进、大惠民。苏州城乡教育日新月异,从幼儿园、小学、中学到大学,每年都有一批新校拔地而起,还有批量的学校易地兴建、改建扩建和合并重建,各级各类学校的办学规模、办学条件和办学水平大幅提升。苏州所辖市区全部通过省教育现代化建设水平评估,苏州市率先基本实现教育现代化。

苏州的教育免费工作不断推进。2006年9月,苏州在全国率先免去城乡学生的杂费、讲义费、信息技术费。2008年春天,苏州城乡实施彻底的免费义务教育。2009年9月，苏州的中小学生可每年进行一次免费体检。2010年2月，苏州农村公办小学、初中学校为学生提供免费住宿。2011年9月，市区公办小学、初中生免费坐公交车、地铁，苏州市区几十万中小学生受惠……据苏州市教育局粗略统计，从2006年到2019年年底，仅义务教育免费，苏州各级财政拿出的资金就超过几十亿元。

教育的优先发展，体现在资金大投入上；教育的科学发展，亮点无疑是教育的内涵发展。近25年来，苏州教育不断创新，"深化素质教育，丰富校园生活，促进学生全面发展"的规定，带出了一套从学校到家庭，从教师到学生、家长和社会的，促进教改、推进素质教育的"组合拳"。每天下午放学以后，每一所学校都会至少推出20种课外兴趣活动，校园中不仅充满了书声，更有嘹亮的歌声和激动的呐喊声。

教育改革催生了基层学校的教改热情，苏州中学的创新拔尖型人才培养、梁丰中学的学生自选课程、星海实验中学的国际理解教育、木渎中学的生物多样性探究、景范中学的分层教学……一时风起云涌，给了苏州孩子优质的教育和无数的惊喜。

2018年，经江苏省评审推荐，在代表基础教育领域最高奖项的国家级教学成果奖（基础教育类）的评选结果中，苏州以12家入围国家级评审的成绩，位居全省地级市榜首，处于全国领先的水平，这显示了苏州小康社会建设中教育服务的优质成果。

苏州推荐参评的基础教育类成果共65项，获省二等奖及以上的成果达51项，获奖率为78.4%（远超64%的平均获奖率）。其中苏州获特等奖9项（全省共40项），一等奖17项（全省共120项），二等奖25项（全省共225项），在全省13个大市中继续保持领先地位。这意味着苏州基础教育类成果不仅对教育教学改革实践具有广泛示范作用，也对提高教学水平和教育质量、实现培养目标具有显著成效，更可在全省乃至全国的更大范围内发挥示范效应。

从 2002 年到 2019 年，苏州教育的发展数据不断刷新，焕发迷人光彩。一是苏州市的优质学校遍布城乡。学前教育入学率连续多年达 99% 以上，90% 以上的幼儿进入公办幼儿园，公办小学、初中、特殊教育学校 100% 成为苏州市教育现代化学校，苏州市公办高中实现三星级以上全覆盖，四星级高中 30 多所，数量居全省之首。二是基础教育段师资队伍水平不断提高。苏州市幼儿园、小学教师本科学历比例达 85%，初中教师本科学历比例达 97.19%，高中段教师硕士学历（学位，含在读）比例达 50%。三是高等教育、职业教育发展迅速。苏州市有普通高等学校 20 所（含高职院校）、独立学院 4 所，全日制在校生近 30 万人，高等教育毛入学率达 68%。苏州市已形成了以本科教育为发展重心，以形式多样的高等职业教育为普及基础，特色鲜明、结构合理的区域高等教育体系。

在决胜高水平全面建成小康社会之际，苏州市教育这条线聚焦"四个更好"再发力，打造新时代教育开放的苏州样板。一是让学生就读更多好学校。2020 年，苏州市启动新建、改扩建中小学校、幼儿园 40 所，建成后新增学位 4.8 万个。其中，力争普惠性幼儿园覆盖率达到 85%，实现随迁子女积分入学准入率不低于 85%；集团化办学模式 100% 覆盖苏州市各板块，参与名校集团化办学的义务教育学校比例达到 80%；加快推进南京大学苏州校区、西北工业大学太仓校区、西交利物浦大学太仓校区、苏州大学未来校区（吴江）等项目建设，同时创建一批省职业教育"领航学校"。二是让学生遇到更多好老师。继续加强中小学班主任激励、高中教师奖励和课后服务教师奖励机制建设，切实提高教师待遇；持续加大编制统筹力度，拓宽渠道推进备案制改革，规范编外教师规范管理办法，力争吸引更多高层次大学应届毕业生来苏从教；大力推进姑苏教育人才计划，加大名特优教师引进力度。三是让学生发展更多好素养。值得关注的是，2020年苏州市首次把音乐、美术考试纳入中考，建立体艺综合素养评价机制，以评价改革撬动体艺教学改革。深化社会实践和劳动教育。另外，视力将成为孩子体质健康的重要突出指标，控制中小学生连续用眼时间不超过45分钟，确保在校每天有1小时，以上体育活动时间，每周参加中等强度体育活动3次以上。四是让学生享有更多好服务。2020年，苏州市实现中小学达标心理辅导室大市范围内全覆盖，实现持心理教育资格证的专兼职心理教师苏州市中小学全覆盖；持续组织各级各类学校围绕《苏州家庭教育家长读本》深入开展家庭教育，建立和巩固"有课程、有师资、有阵地、全天候、全方位、全覆盖"的"三有三全"家庭教育苏州模式；巩固中小学校、幼儿园100%实施"明厨亮灶"工程，全面落实"阳光食堂"监管服务；积极建设国家智慧教育示范区，与省名师空中课堂深度融合，完成市政府实事项目线上教育中心大市建设，在原有电脑端、手机端的基础上，开发有线电视端，使优质免费的线上教育惠及全市学生。

四、城乡社保　一体覆盖

苏州市委、市政府以人为本、执政为民，大力推进"民生幸福工程"的整体部署，更好地促进苏州经济社会全面协调可持续发展，进一步统筹城乡发展，切实保障和改善民生，完善了城乡一体化社会保障体系，为高水平全面建成小康社会提供了坚强保证。

城乡发展一体化是苏州在全国比较早提出并探索的创新实践，是苏州工作的特色、品牌。2008年，苏州市被江苏省委省政府确定为全省唯一的城乡一体化发展综合配套改革试点市；2011年，原国家农业部将苏州列为全国农村改革试验区；2014年，国家发展改革委将苏州列为国家城乡发展一体化综合改革试点市。经过近十年的发展，苏州城乡发展一体化各项改革任务取得明显成效，基本形成了以工促农、以城带乡、工农互惠、城乡一体的新型工农城乡关系。

放眼广袤农村大地，一幅苏州农村"强富美高"的美好蓝图正在一步步变为现实。"鱼米之乡"，谱写出城乡发展一体化崭新篇章。致力于农业强，苏州大力发展现代都市农业。通过完善优化"四个百万亩"产业布局，加快建设现代农业园区，积极培育新型职业农民，促进农旅深度融合发展，努力探索具有苏州特点的都市现代农业发展路径。致力于农民富，苏州积极构建了富民强村长效机制。突出集体经济发展和农民增收"两个重点"，切实解决好老百姓最关心、最直接、最现实的利益问题。一方面，着力促进集体经济发展壮大，推进"一村二楼宇"建设，支持村级集体抱团联合异地发展，加大集体经济薄弱村脱贫转化力度；另一方面，着力促进农民持续增收，优化农民就业创业环境，发展股份合作经济，精准帮扶低收入农户。致力于农村美，苏州扎实推进美丽镇村建设。深入开展农村人居环境整治和美丽宜居镇村建设，以生态环境的可持续发展增加经济社会的承载容量，具体包括完善优化城乡空间布局，深入实施"三优三保"行动，持续优化城乡人居环境，推进基本公共服务均等化。致力于农村社会文明程度高，苏州推进基本公共服务均等化。在率先实现城乡低保、基本养老、医疗保险"三大并轨"基础上，逐步提高社保补助标准。深入推进社区服务社会化试点工作，采取"街道打包、社区落地"的方法，向第三方机构购买社会服务。同时，创新完善乡村治理机制，加强农村思想道德建设，农民文明素质和农村社会文明程度进一步提高。

2010年苏州被国家人社部社会保障研究所确定为全国统筹城乡社会保障典型示范区以来，以破除城乡二元结构为突破口，苏州大力推进社保城乡一体化发展，在全国率先实现了户籍人口纳入城乡一体的社保制度。苏州市城乡一体化的社会保障体系已基本形成，社会保障能力显著增强，在经济社会发展中发挥着愈加重要的职能作用。

苏州市以高水平全面建成小康社会为总体目标，以富民惠民为根本，坚持"广覆盖、保基本、多层次、可持续"的指导方针，注重效率与公平兼顾、统一与创新结合、普惠与特惠并重，着力解决城乡之间制度政策的贯通衔接问题、业务快速增长与服务能力不足的矛盾，减轻待遇增长给基金支付带来的压力，不断增强社会保障的公平性、适应流动性、保障可持续性，健全覆盖城乡的多层次社会保障体系，实现人人享有基本社会保障，让广大人民群众共享改革发展成果，促进实现社会公平正义。

在社会保险方面，苏州市实现社会保险"两大并轨"，加快社会保障城乡一体化建设步伐，2012年全面实现城乡养老保险和城乡居民医疗保险并轨。

在基本养老保险方面，苏州市进一步完善多层次的养老保障制度，使城乡基本养老保险覆盖率巩固在99%以上；建立各类养老待遇标准的正常调整机制，稳步提高各类保障对象的待遇水平，城乡居民实现"老有所养"。

在基本医疗保险方面，苏州市健全完善覆盖城乡居民的多层次医疗保障体系，使城乡基本医疗保险覆盖率巩固在99%以上；稳步提高医疗保障水平，职工医保、城乡居民医保在政策范围内住院费用医保基金结付比例高于国家同期规定的标准，城乡居民实现"病有所医"。

在失业、工伤、生育保险方面，苏州市失业、工伤、生育保险覆盖城乡各类用人单位职工；保险待遇水平逐步提高，失业、工伤人员基本生活以及女职工生育期间基本生活、基本医疗需求得到有效保障。

在残疾人社会保障方面，苏州市以平等优先原则推进残疾人社会保障体系建设；在全面落实普惠政策的基础上，坚持重点帮扶的政策保障、重点倾斜的待遇保障发展思路，建立残疾人普惠加特惠的社会保障体系。

在社会救助方面，苏州市以城乡居民最低生活保障、农村"五保"供养制度为基础，以医疗、教育、就业、住房、法律等专项救助制度为辅助，以临时救助、慈善救助、社会互助为补充的社会救助体系更加完善；在全面实现城乡居民最低生活保障并轨的基础上，保持低保标准与苏州市经济发展同步增长。

在社会福利方面，苏州市着眼社会福利由"补缺型"向"适度普惠型"、特殊群体逐步向全民共享转变，社会福利水平不断提高，老人普遍享有基本公共服务，制度完善、作用显著、管理规范、健康有序的慈善事业发展格局基本形成。

在决胜高水平全面建成小康社会之际，苏州市继续以人人享有基本社会保障为目标，在不断完善已有制度的基础上，加大制度建设和创新力度，形成全方位、系统化的社会保障制度。

一是继续健全基本养老保障制度。全面实施城乡一体的居民社会养老保险制度；不断完善企业职工基本养老保险制度；全面解决未参保城镇集体企业退休人员纳入社会保障等历史遗留问题；继续稳步推进机关事业单位养老保险制度改革；完善落实被征地农民基本生活保障制度。

二是继续完善基本医疗保障制度。健全城镇职工医疗保险制度，完成城乡居民基本医疗保险与新型农村合作医疗的并轨，建立覆盖城乡居民的医疗保险制度，实现吴中区、相城区与市本级医疗保险并轨。全面开展城乡居民医保门诊费用统筹，逐步推动职工医疗保险、居民医疗保险门诊统筹签约管理。积极推进医保付费方式改革，建立医疗保险与医疗机构风险分担机制。健全城乡医疗救助制度，推动医疗救助由普惠型向特惠型转变。

三是继续推进失业、工伤、生育保险制度建设。完善失业保险制度，逐步扩大失业保险基金支出范围，强化失业保险制度预防失业、促进就业功能。逐步建立工伤预防、补偿、康复"三位一体"的工伤保险制度体系，做好省级工伤预防试点工作，建立完善工伤预防机制；做好省级康复示范及试点工作，推进以职业康复为重点的工伤康复工作。完善生育保险办法，健全灵活就业人员参加生育保险办法，健全农村妇女住院分娩补助制度。

四是继续建立残疾人专项社会保障制度。全面落实和推行无业重度残疾人，三、四级精神智力级残疾人，一户多残和依老养残特殊困难家庭残疾人生活救助政策，实施重残补贴金制度；全面落实无业重度残疾人和三、四级精神智力残疾人参加社会保险补贴制度；完善残疾人托养服务护理费补贴制度、团体人身意外伤害保险制度；全面落实残疾人免费游园和免费乘坐市内公交政策。

五是继续建立更加完善的社会救助制度。完善城乡居民最低生活保障和农村"五保"供养制度；落实特殊困难残疾人、受灾群众救助制度，以及城乡社会医疗救助制度；健全临时生活救助制度和价格上涨动态补贴机制。

小康社会的继续发展使社会福利不断高涨。苏州持续发展适度超前型社会福利，加快社会福利事业发展，推动社会福利由补缺型向适度普惠型转变。完善社会养老服务体系，提高残疾人就业能力和社会保障水平，落实孤残儿童保障制度，加强优抚安置工作，推行惠民殡葬和绿色殡葬政策。大力发展慈善事业，引导和规范社会各方积极参与慈善公益活动。

苏州市还持续扩大了社会保险覆盖范围。坚持把覆盖面作为衡量社会保障制度可及性和有效性的首要指标，加大扩面征缴工作力度，将符合条件的人员全部纳入制度范围，做到"应保尽保"。发挥企业工会监督作用，督促各类用人单位依法参加社会保险，将用人单位依法参保缴费情况纳入社会信用体系。大力促进农民工、非公有经济组织从业人员、灵活就业人员参加社会保险，将城乡非从业居民全部纳入居民社会养老保险，在校大学生全部纳入城乡居民医疗保险，将未参保城镇集体企业退休人员等纳入基本养老保险制度范围，将"老工伤"人员全面纳入工伤保险统筹管理工作。强化参保续保帮扶，完善将领取失业保险金期间的失业人员全部纳入城镇职工基本医疗保险的办法。进一步扩大残疾人参加社会保险的补贴范围，加大对残疾人参加社会保险的帮扶力度，帮助困难断保人员续保缴费。加强基金征缴和监管，严格执行缴费申报核定制度，完善征缴稽核和征收考核机制。进一步健全规章制度和工作机制，加大对基金和各项专项资金运营的监管力度。完善社会保险基金、企业年金管理情况报告和信息披露制度，健全人大监督、行政监督与社会监督相结合的监管体系。研究建立社会保险基金风险预警机制和政府定期投入的财政补贴制度。

综合考虑经济发展水平和社会各方面承受能力，坚持基本保障与补充保障相结合，统筹提高社会保障标准，使人民群众切实分享经济社会发展成果，是苏州高水平全面建成小康社会的体现。

苏州市进一步完善企业退休人员基本养老金正常调整机制，建立城乡居民社会养老保险基础养老金正常增长和财政保障制度；建立健全征地补偿标准动态调整机制；建立与城乡居民收入增长相适应的、稳定的城乡居民医疗保险筹资机制和财政补助增长机制，逐步提高城乡居民医疗保险筹资标准和财政补助水平；全面建立覆盖门诊和住院的实时救助制度，健全针对重病大病患者、低收入者的专项救助制度，逐步提高救助比例和封顶线；健全失业保险金正常调整机制，完善失业保险动态物价补贴制度；完善工伤保险待遇定期调整机制，不断提高工伤保险待遇水平；规范生育保险待遇项目和标准，完善生育保险结算办法，适当提高生育保险待遇水平。

苏州市加快提升社会救助和社会福利水平。健全城乡低保标准和农村"五保"供养标准自然增长机制，将孤儿、城镇"三无"老人供养纳入财政预算并建立供养标准自然增长机制，进一步完善优抚对象抚恤补助标准自然增长机制；落实80周岁以上老人尊老金发放制度，适时提高独生子女、伤残死亡家庭特别扶助金标准；健全物价上涨动态补贴机制；积极推动慈善事业与经济社会发展水平相一致。

苏州市积极发展补充性社会保障事业。鼓励用人单位积极开展企业年金工作，加快建立职业年金制度；引导和规范各类社会机构和市场主体兴办补充保险和商业保险；鼓励有条件的用人单位建立补充医疗保险，引导工会等社会团体开展多种形式的医疗互助活动；建立职工医疗保险个人账户购买商业保险作为补充医疗保险的机制。

苏州市切实加强社会保障统筹衔接。顺应城乡发展一体化要求，强化城乡社会保障统筹协调和政策衔接，推进各类社会保障制度整合，促进社会保障事业统筹协调发展。其一是统一苏州市企业缴纳基本养老保险费比例，全面达到省企业职工基本养老保险政策要求，实现基本医疗、失业、工伤和生育保险市级统筹。其二是积极研究和建立完善企业职工基本养老保险、居民社会养老保险、被征地农民基本生活保障制度之间衔接协调机制，健全和完善城镇职工基本医疗保险、城乡居民医疗保险、医疗救助制度之间的衔接办法，全面统一实行覆盖城乡、保障全民的养老保险制度和医疗保险制度，完善城乡一体的失业保险制度。其三是加强保障政策与其他保障政策的衔接，全面落实企业职工基本养老保险转移接续办法，完善基本医疗保险关系转移接续政策，实现社会保险关系顺畅转移接续。

苏州着力优化社会保障管理服务，按照"统筹城乡、整合资源、完善体系、夯实基础、规范服务、分步推进"的要求，有效整合和优化配置了社会保障服务资源，推进了服务规范化、信息化、专业化建设，提高了服务能力和水平，为城乡居民提供了规范、均等、便捷、高效的社会保障服务。

苏州实施社会保障服务标准化工程，建立了由管理标准、服务标准、业务规程、内控制度等组成的社会保险经办标准体系。持续加强了基层基础建设和公共服务平台建设。在100%实现人力资源社会保障平台"村村通"的基础上，完善优化了"15分钟社会保障服务圈"。推进了社会保障经办管理资源整合，实现城乡居民社会养老保险统一经办管理，建立了城乡统一的基本医疗保险行政管理体制。推进了企业退休人员社会化管理服务工作，拓展了服务领域，丰富了服务内容。积极探索对城乡老年居民实施社会化管理服务的有效模式，城乡老人100%纳入社会化服务。强化了基层公共服务队伍建设，确保了苏州市社区（村）劳动保障协理员专职化率达100%。

统筹城乡社保体系"苏州模式"是全国领先的成就。国家人社部社会保障研究所曾就苏州社保专题调研撰写的《苏州市社会保障发展报告》称，苏州在社会保障领域，率先在全国从制度上基本消灭了城乡差距，保障待遇的城乡差异也基本消除。该报告指出，在我国社会保障历史上，城乡差距一直十分突出，而苏州情况与此完全不同。苏州在统筹城乡发展中，不仅十分注重农民的社会保障，而且还积极推动农民在制度上与城镇职工完全平等，让农民与城乡居民一样根据自己的情况，选择适合自己的保障制度。比如，农民在经济条件允许的情况下，可以选择参加职工养老保险、医疗保险，原财政给予的补贴照常发放。在原农保老年补贴的享受上，农民甚至还走在了城镇老年居民的前面，率先享受了公共财政无偿提供的福利性老年保障。农民工与其他职工一样，可以同等参加各项城镇社会保险。该报告认为，在制度无歧视的同时，苏州社会保障待遇的城乡差异也基本消除，部分地区建立补充养老保险，弥补农保参保者待遇的不足，一些地区农民在享受农保待遇的同时，还能同时叠加享受被征地农民的保养金。苏州更是通过建立不分城乡、不分职工与居民的统一的大病补充保险和医疗救助制度，进一步弥合和缩小了职工与居民医保待遇的差距。总体上，苏州在社会保障领域，率先在全国从制度上基本消灭了城乡差距。《报告》指出，苏州社会保障率先之举，得益于如下几方面的成功经验：一是财政投入不断加大；二是制度创新敢为天下先；三是高度重视涉农群体；四是勇于突破城乡居民身份界限。[①]

苏州市通过探索城乡社会保障一体化发展的创新与实践认识到，社会保障的城乡一体化是制度体系的一体化，而不是社会保障待遇标准的一体化。社会保障城乡一体化，作为一种制度设计，就是打破城乡人员的身份限制，所有城乡劳动者均参加职工养老、医疗等各项社会保险，城乡非职业人群则参加居民养老和医疗保险，即对所有职业人群和非职业人群，不分城乡，分别都有对应的一个保障制度，这是高水平全面建成小康社会的一个重要体现。

---

① 人力资源和社会保障部社会保障研究所组织编写：《苏州市社会保障发展报告》，中国劳动社会保障出版社2013年版，第76页。

第六章 践行绿色发展 "环境美"成色更足

苏州市的生态文明建设，事关全局、事关长远、事关民生福祉。为破解资源环境的约束，为加快转变经济发展方式，为保障和改善民生，苏州市统筹推进经济社会发展和生态文明建设，把经济发展转到主要依靠科技进步、劳动者素质提高和管理创新的轨道上来，增强整体推进合力，健全多元投入机制，加大制度创新力度，营造全民共建格局，持之以恒地抓好生态文明建设的各项工作，确保生态文明水平不断提升，坚定不移地走出了生产发展、生活富裕、生态良好的"环境美"之路。

一、环保优先 生态补偿

苏州市生态环境保护以改善环境质量为核心，推进生态环境提升行动，坚决打好污染防治攻坚战，持续加强治污减排、生态保护、执法监管、改革创新和能力建设，其生态补偿立法机制领先全国。

苏州环境质量继续保持稳步改善态势。水环境质量总体保持稳定，市区环境空气中细颗粒物（PM2.5）年均浓度为42微克/立方米，声环境质量总体较好，生态环境状况为良，辐射环境质量保持正常水平。

苏州市积极推进生态文明建设，印发《生态环境提升三年行动计划（2018—2020年）》，召开生态环境保护大会暨污染防治攻坚战推进会，编制年度工作要点、目标任务书，出台生态文明建设考核"一办法两体系"。苏州生态文明建设"十大工程"161个重点项目完成投资146.58亿元；推进生态文明示范区创建，太仓市、吴江区、吴中区及34个镇（街道）、31个村获得省级生态文明建设示范县（区）、镇（街道）、村命名。强化生态红线保护。制定《年度生态红线区域保护实施方案》，开展生态红线校核，加强生态红线保护，确保苏州市生态红线区域面积不减、功能不降、性质不变。

苏州市成立打好污染防治攻坚战指挥部及办公室，指挥部办公室与市"263"办、市环保督察整改办合署办公。2018年实施"263"重点工程189项，完成投资71.49亿元；削减非电行业煤炭消费总量337万吨；淘汰低端落后化工企业261家、低效产能企业1 757家；新增生活垃圾分类小区582个、单位2 802个；完成69条黑臭河道整治，新增污水管网632.7千米，完成477个村庄农村污水处理设施建设；规模化养殖场污染治理率达95.9%；累计整治"散乱污"企业（作坊）46 820家。

在污染物总量减排方面，苏州市实施了226项水污染、1 256项大气污染治理项目，2018年净减排化学需氧量、氨氮、总氮、总磷、二氧化硫、氮氧化物量分别为0.195万吨、0.037万吨、0.092万吨、0.007万吨、1.46万吨、0.55万吨。

苏州市水环境综合整治落实断面长制，每周通报国考断面水质状况，对部分国考断面强化达标整治督查。开展饮用水水源保护区问题隐患排查，完成8个水源地的问题整改。落实太湖应急防控实施方案，太湖湖体（苏州辖区）连续11年实现安全度夏。

苏州市落实《苏州市整治燃煤锅炉专项行动实施方案》，推进燃煤锅炉淘汰整治工作。持续加大挥发性有机物治理力度，苏州市实施挥发性有机物治理项目969项，扎实推进重点行业VOCs清洁原料替代工作。加强机动车污染防治，发布《苏州市人民政府关于限制高排放机动车通行的通告》；开展柴油车深度治理试点，市环保、公安部门联合开展机动车路检、遥测工作，检测机动车53.8万余辆，筛查超标车辆2.4万余辆。实施一系列专项保障，确保环境空气质量安全。

苏州梳理排查有色金属冶炼、电镀等行业427家涉重金属重点企业；印发《苏州市重金属重点防控区专项整治实施方案》，组织列入省重金属重点防控区的张家港市、常熟市、昆山市和相城区开展专项整治；制定《苏州市电镀行业环保整治方案》，342家电镀企业完成整治。

苏州市积极排查可能对周边农用地造成影响的重点企业3 860家，完成农用地土壤污染状况详查点位布设，确定4 270个重点行业企业用地调查清单，委托第三方机构开展调查。

全面小康以人民幸福为核心，苏州市重视处理噪声扰民投诉。建立环保"12369"与市便民服务中心"12345"噪声污染投诉信息共享机制。不分昼夜和节假日，实施24小时值班制度，及时、高效地处理好每一件噪声投诉，各类环境噪声信访投诉处理率达100%。加强噪声污染防治，推进城市主干道、城区高架路隔声屏障建设，强化夜间建筑施工审批管理，开展中考、高考期间的"绿色护考"行动，定期发布城市声环境质量状况。

苏州市全面开展水、气、土壤、声、生物和生态等各项环境要素例行监测，做好国家地表水环境质量监测网采测分离和质量监督工作，加强污染源监督监测。组织开展环境空气挥发性有机物监测、"长江大保护"水质监测、太湖和阳澄湖蓝藻监测、重点行业企业用地调查质控、生态环境遥感监测和建成区土壤监测点位布设等专项工作。

2018年，苏州市完成1 402家年产危废5吨以上重点企业和85家经营企业规范化管理达标建设。开展危险废物专项整治，排查问题企业530余家，整改问题1 320余个。推进"减存量、控风险"专项行动，新建危废焚烧处置能力8.58万吨/年、工业污泥处置能力49万吨/年。开展长江经济带固体废物大排查、打击违法违规运输处置固体废物等专项行动，排查码头1 176个、船舶9 201艘、车辆9 342辆、工业污泥产生单位638家、处置单位20家，打击非法转移、处置和倾倒固体废物行为。

2018年，苏州市环保投入资金约664.69亿元，比2017年增长0.55%，占地区生产总值（GDP）的比重达3.57%。其中，环境污染治理投资258.02亿元，生态环境保护投资247.5亿元，发展环保产业投资8.11亿元，环境保护监管能力建设投资4.57亿元，污染治理设施运行费用141.93亿元，其他方面投资4.56亿元，分别占总投资的38.82%、37.23%、1.22%、0.69%、21.35%和0.69%。

苏州市职能部门配合国家生态环境部承办第二十次中日韩三国环境部长会议，受到与会各方的高度评价。在环保政策、环境管理、治污技术等领域开展对外交流活动，派员赴美国、德国、日本、新加坡、丹麦和以色列等国家进行环保考察研修、交流活动。

苏州市注重围绕生态文明建设，在各级各类媒体开设专版专栏，进行集中宣传报道。开展"美丽中国，我是行动者"环境日主题活动，组织实施环境文化作品创作、环保公益视频广告拍摄、第四届"生态文明在苏州"摄影大赛等18项活动。制作环境保护宣传册，开展青少年绘画征文比赛、环境教案评比、绿色创建等活动。完善校园生态环境读本，扶持大学生环保联盟。完成苏州市生态环保宣教基地主体工程建设。建立"环保企业接待日""环保干部与企业结对帮扶"等工作机制，强化企业履行主体责任意识。

苏州是全国最早建立生态补偿机制的城市之一，体现了苏州市政府保护生态环境与推进可持续发展的决心，也显示出苏州市政府在生态环境保护中恪守以人为本与公平的理念。

2010年，苏州颁布《中共苏州市委、苏州市人民政府关于建立生态补偿机制的意见（试行）》。2014年4月28日苏州市第十五届人民代表大会常务委员会第十三次会议制定、2014年5月28日江苏省第十二届人民代表大会常务委员会第十次会议批准《苏州市生态补偿条例》（以下简称《条例》），这是地方出台的全国首个生态补偿地方性法规。该条例规定，苏州的生态补偿是指主要通过财政转移支付方式，对因承担苏州生态环境保护责任使苏州经济发展受到一定限制的区域内的有关组织和个人给予补偿的活动。

《条例》共24条，对适用范围、补偿原则、政府职责等内容进行了规定，还明确了资金使用的监管、监督。《条例》将与苏州经济社会可持续发展关联度最高、最直接、最重要的生态因素划入补偿范围，不仅包括了原有的水稻田、生态公益林、重要湿地、集中式饮用水水源保护区，还新增了风景名胜区。予以生态补偿的水稻田也从最初要求的集中连片水稻田调整为列入"四个百万亩"保护的水稻田。

同时，本着财力的增加逐步推进、成熟一个补偿一个的原则，《条例》还规定，市、县级市（区）政府可以确定其他区域作为新的补偿范围。补偿对象为镇政府、街道办事处和县级市（区）政府其他派出机构、村（居）民委员会、集体经济组织成员、县级市（区）政府批准可以获得生态补偿的其他组织。在生态补偿标准上，一般三年调整一次。《条例》明确，县级市（区）人民政府可以在市人民政府批准的补偿标准基础上提高标准。

为防止生态补偿资金被挤占、挪用，《条例》强调资金应当用于维护生态环境、发展生态经济、补偿集体经济组织成员等，并通过构建"人大法律监督、政府审计监督、财政综合监督、部门专项监督、群众民主监督"五位一体的监督机制,对生态补偿资金的审核、分配、使用等多个方面作出了详细规定。《条例》还要求,财政部门应当将申报审核结果、资金分配方案前后分两次在政务网站、补偿范围涉及的镇村公示栏公示,村(居)民委员会应当将生态补偿资金使用方案、使用情况进行公示。

《条例》积极推行体现生态价值和代际补偿的资源有偿使用制度,全面构建区域生态补偿机制。并且还对多元化补偿机制做出了规定,为建立多元化生态补偿机制和鼓励社会力量参与生态补偿活动预留了空间。将生态补偿政策措施以法规的形式固定下来,在全国率先制定出台《条例》,体现了苏州尊重自然、顺应自然、保护自然的生态文明建设理念。

有法可依,有法必依。苏州市积极推进生态文明建设和环境保护工作,大力支持打赢污染防治攻坚战,围绕水、大气、土壤防治和生态环境保护,制定、实施了包含生态补偿政策在内的一系列的财政政策,推动建成了生活空间宜居适度、生态空间山清水秀的美丽新苏州。

作为生态补偿政策的先行者,苏州市生态补偿政策的成效尤为亮眼。在社会各界的持续聚焦和监督支持下,各市(区)、各有关部门主动作为,狠抓落实,生态补偿工作不断健全完善,取得了阶段性成效。按照责、权、利相统一的原则,生态补偿资金每年由市及各市、区按上述标准核定后,拨付给镇、村,其中生态公益林和风景名胜区的补偿资金由镇安排使用,其他补偿资金由村安排使用。截至2018年年底,苏州市、县(市)区两级政府已累计投入生态补偿资金85亿元,用于对乡镇、村的生态补偿,共有103.88万亩水稻田、29.24万亩生态公益林、165个湿地村、64个水源地村、8.97万亩风景名胜区得到了补偿。相关镇、村生态环境得到改善,村级经济发展水平有效提升。

生态补偿政策实施以来，苏州市不断完善政策体制机制，加强水稻田、生态公益林、重要湿地、水源地、风景名胜区保护，开展水环境区域双向补偿和生活垃圾处置横向补偿，加大自然生态系统和环境保护力度，逐步建立公平公正、积极有效的多元化生态补偿政策格局。

据苏州市财政局统计，生态补偿资金主要用于四个方面，其中生态环境建设支出占36%，生态环境保护支出占13%，用于发展镇、村公益事业和村级经济占26%，补贴农户占23%，其他支出占2%，资金使用结构合理、范围合规。

为充分发挥苏州市最大人工湿地——水稻田的生态功能，苏州市水稻田生态补偿政策经过两次提档升级，对经县级以上农林部门认定的实际种植水稻田，按每亩420元的标准予以生态补偿。水稻田生态补偿政策实施以来成效显著，水稻种植面积快速下滑的趋势不仅得到扭转，而且近年来水稻种植面积基本保持稳定且有增加趋势，促进了农田设施完善和农村环境提升。大部分镇、村整合其他资金，开展河道疏浚、污水处理、村庄绿化、田园整治等环境建设，镇、村环境面貌焕然一新。

2010年公益林生态补偿政策实施以来，有效促进了苏州市生态公益林的建设、保护和管理工作，公益林管护能力和水平不断提升，公益林规模、质量和生态效益稳定增长。截至2019年3月，苏州市市级以上生态公益林面积达到32.70万亩，比2010年增长11.06%，占林地保有量的38.79%。同时，通过生态公益林林相改造和抚育工作，有效保护了森林植被，丰富了生物多样性，明显提升了森林生态功能。此外，公益林生态效益作用明显。以2018年为例，通过森林生态效益监测与评价，苏州市生态公益林固碳总量11.85万吨，释放氧气23.09万吨，调节水量1.04亿吨，减少土壤流失量60.66万吨，积累营养物质0.84万吨，森林保肥量0.88万吨，提供负氧离子 $1.55×10^{23}$ 个，吸收污染物 204.61 万千克，滞尘 27.54 万吨，发挥生态效益总价值 52.47 亿元。

在湿地生态补偿政策的作用下，苏州市自然湿地保护率不断提高。通过在重要湿地建立保护小区、湿地公园等措施，扩大了受保护自然湿地面积，提高了苏州市自然湿地保护率。苏州市自然湿地保护率从 2010 年的 8% 提高到 2018 年的 58.5%，列全省第一。同时，湿地生态环境不断优化。生态补偿的实施，使太湖沿线 1.5 万亩的湿地植被恢复区得到有效管理和维护，生物多样性明显改善。在太湖已连续 7 年发现来越冬的小天鹅（国家二级保护动物），种群数量逐年增加到近百只，在三山岛恢复的湿地中发现来越冬的鸳鸯（国家二级保护动物）50 只，它们对水质的要求都非常高，这是湿地生态环境日益提升的最好证明。

近年来，苏州市河湖健康状况大幅提升，水环境质量明显改善，苏州市水功能区达标率稳步提升，2018 年达到 87.5%；水源地保护和水源地达标建设不断深入，形成江湖共济供水格局，水源地水质保持Ⅱ—Ⅲ类水标准，达标率 100%；水安全保障能力得到进一步提升，水源地保护得到进一步加强。

风景名胜区生态补偿政策的具体补偿区域为苏州市域国家级风景名胜区东山、西山、光福、木渎、石湖、同里、甪直、虞山 8 个景区的核心景区，总面积为 82.71 平方千米，截止到 2018 年，该项政策共补偿苏州大市范围内风景名胜区 5 900 余万元。

风景名胜区生态补偿政策的建立，激发了景区所在地政府保护环境的积极性，有效发挥了风景名胜区的生态屏障作用。如甪直景区马公河环境提升等项目中生态补偿资金的运用，使景区生态环境保护、综合环境治理等工作开创了新局面。同时，风景名胜区生态补偿政策的实施，在提升景区基础设施和综合环境的同时，也惠及了当地居民生活环境的改善。此外，风景名胜区生态补偿的资金用于景区古建筑修缮维护及重建，提升了景区景观品质和文化内涵，如西山景区罗汉寺、禹王庙专项维修、木渎景区巡检司恢复重建等项目。

苏州市还结合生态补偿工作实际，积极开展探索，丰富补偿类别和对象。开展水环境区域双向补偿，即"谁达标、谁受益，谁超标、谁补偿"。当断面入境水质超标时，由上游地区对下游地区予以补偿；当断面出境水质达标时，由下游地区对上游地区予以补偿。实施生活垃圾处置横向补偿政策。按照"谁受益、谁付费，谁污染、谁付费"的总体要求，对各区进入市区生活垃圾终端处置设施处置的生活垃圾（含餐厨垃圾）征收生活垃圾处置区域环境补偿费，专项用于受偿区域环境补偿、终端处置设施的综合整治等方面，推进市级生活垃圾处置设施所在区生态环境保护长效机制的建立。

苏州的生态补偿政策经过两轮调整，补偿标准基本贴合基层对政策的期盼，下一步将重点加大对生态涵养区域的补偿。同时，在市级生态补偿政策涵盖水稻田、生态公益林、重要湿地、集中式饮用水水源保护区、风景名胜区的基础上，鼓励各地自行探索，条件成熟后逐步纳入市级生态补偿政策。

二、循环经济　生态文明

苏州市是我国循环型工业的先行区、循环型城市建设的样本区，对江苏省乃至全国推进循环经济发展具有重要示范意义。

随着苏州市经济的持续快速发展，资源、环境的压力也日益增加，大力发展循环经济是苏州市深入推进节能减排、有效缓解资源短缺、培育发展节能环保新兴产业的战略途径。

2013年，昆山开发区被确认为江苏省首批36个循环化改造示范试点园区之一。园区循环化改造是列入国家"十二五"规划纲要的循环经济重点工程之一。昆山开发区依托电子信息、精密机械等优势产业,大力发展以工业固废回收利用为主的循环经济,逐步建立起产业关联、资源循环、工艺相互依存、"三废"集中处理的循环经济发展模式。昆山开发区重点构建电子信息、精密机械、民生用品三大循环经济产业链,建设线路板蚀刻液再生循环利用、再生环保塑料等11个重点项目,有良好的示范作用。

2015年1月,太仓市农委与农业科学院、农业部农业生态与资源保护总站联合制订出台了《太仓市稻麦秸秆全量利用总体规划》,在全省率先试点稻麦秸秆全量利用。该规划以循环经济为理念,以秸秆利用为优先目标与终极目标,以禁止秸秆露天焚烧为手段与措施,推进秸秆综合利用工作。以创建秸秆产业化布局为支点,采用"区域统筹、整体推进"的策略,实现收集利用与还田秸秆统筹、秸秆利用与土地生产力可持续提高同步、秸秆利用与促进当地产业发展、长效运行统一的目标。以秸秆机械还田、饲料化、基质化、能源化利用为重点,创建秸秆全量利用的"太仓模式"与经验,将项目区打造成为无露天随意焚烧、无随意抛弃的样板区和展示区,秸秆全量利用及长效运行机制创新试验区,辐射带动太仓市、苏州市、全省乃至全国秸秆禁烧及全量利用工作的有效开展。通过规划的实施,实现太仓市无秸秆露天随意焚烧与随意遗弃现象,秸秆综合利用率达100%,逐步实现秸秆的高效增值利用。

苏州市宏达集团有限公司是江苏省首家自主建设循环经济产业园的企业。该公司是1992年在原太仓宏达热电厂基础上创建的,2002年完成了从国有企业到民营集团企业的改制,集团下辖8家企业,其中4家为中外合资企业,主要从事生物制酶、热电联产、纸板及纸制品生产等业务。为充分利用宝贵资源,苏州市宏达集团有限公司牢固树立"减量化、再利用、资源化"循环经济理念,在打造产业循环链方面进行了有益的探索。苏州宏达制酶有限公司是目前全球最大的生物酶制剂中外合资生产企业。第一代生产酶制剂的原料是玉米，一年要耗费几千吨粮食，如今第二代生产酶制剂的原料是秸秆，让生物酶将秸秆吃掉，把纤维转化为葡萄糖，再把葡萄糖转化为生物酶，昔日白白焚烧掉的秸秆从此多了个用武之地。宏达热电厂，除了向本集团企业提供热电，还有不少盈余，为了将热能利用起来，2010年宏达热电厂投资3 600万元，利用掌握的大口径远距离供热先进技术，建成了直达双凤的15千米供热管道，70多家用户用上热能后，可减少近60台小锅炉，不仅集团每年能新增效益1 000万元，而且还可为社会节约标煤3万多吨，减排二氧化碳2万吨、二氧化硫500多吨。苏州宏达制酶有限公司每天要产生100多吨生物渣，集团发挥热电厂170摄氏度的尾道烟气作用，进行了一个日处理120吨生物渣干燥燃烧循环利用节能技改项目，昔日难处理的生物渣摇身一变成了热值极高的燃料，年增经济效益800万元，不到两年就能收回全部投资成本。热电厂排出来的水呈酸性，印染厂排出来的水呈碱性，苏州市宏达有限公司用热电厂的废水治理印染厂的废水，中和后再进入污水处理厂处理，这样的治理办法事半功倍，治理后的废水可以重复利用，治理成本和水资源费用也大大下降了。

  张家港的循环经济也走在绿色低碳的道路上。如江苏骏马集团的中水回用工程，该项目运行后，所有水质经检测，超滤水水质基本达到自来水标准，反渗透水超过自来水标准，为张家港市经济发展、缓解水环境压力，为企业开辟第二水源，实现经济效益、社会效益和谐统一作贡献，同时为太湖流域污水处理再生利用起到良好示范作用。张家港市的凤凰万亩桃园、河阳山歌馆、恬庄古街、黄泗浦生态园、常阴沙油菜花海、永钢烧结机脱硫工程等，更加促进了张家港市水美、地灵。张家港经济社会发展迅速，在绿色、低碳循环经济发展上走出了可持续发展之路。

2013年，国家标准化管理委员会、国家发展和改革委员会公布了国家循环经济综合标准化试点名单，全国共7家单位立项，常熟市汽车饰件股份有限公司名列其中。

常熟市汽车饰件股份有限公司自1992年成立以来，主要为一汽大众、上海通用、北京奔驰等公司提供仪表板、副仪表板、门板总成、衣帽架和天窗遮阳板等内饰零部件。该公司申报的试点项目，以废弃物资源化利用为对象，加强关键环节的标准制定，建立"纺织废料收集—切割—储存—凝棉—制毡—汽车零件"工艺链标准综合体，积极探索建立循环经济综合标准化工作模式，开发企业循环经济综合标准化协作平台和标准信息系统，提高废料成品产出率，避免二次污染，使大量的废弃布角料和丙纶丝得到了有效利用，有效防止了废角料燃烧造成的大气污染，为常熟市服装产业废角料的处理提供了新的出路。

苏州市在一些重点区域和行业领域实施了一些典型的工业循环经济工程和项目，如苏州工业园区污泥干化处置项目、太仓宏达循环经济产业园项目等。

为推动工业循环经济工作深入开展，发挥以点带面、示范引导的作用，促进工业经济转型升级，苏州市开展了工业循环经济示范企业的创建活动，并将其列入了苏州政府转型升级考核指标。2012年苏州市创建工业循环经济示范企业34家，2013年创建工业循环经济示范企业28家，2014年创建23家以上。这些工业循环经济示范试点企业分别结合自身特点，在能源梯级使用、资源减量化使用、污染减排等方面取得了显著的成绩。在苏州市域范围内初步形成了多条颇具规模的循环产业链：发电厂废弃物（粉煤灰）脱硫副产品循环利用产业链、电子废弃物综合利用产业链、石化（塑料、涤纶）废弃物综合利用产业链、冶金（钢铁）余热余压和废弃物循环利用产业链、再生资源回收利用产业链等。

苏州高新区更是2005年首批入列的国家级循环经济试点。苏州高新区先后建立了废水代谢链、废弃线路板代谢链、废塑料代谢链、废金属代谢链等生态工业链，形成了企业间互利共生及区域层面的物质循环，使各产业群落的构成更趋完整和合理，提升了区域经济科技层次。通过抓好一批节能、节水、节地、节材示范工程，促进资源的综合开发利用；通过抓好一批技术开发和应用示范工程，支持资源节约、利用、处理、回收等实用技术开发等。企业是苏州高新区推进循环经济、贯彻"四节一综合"措施的主体。发展循环经济促进了苏州高新区内企业间的物质循环，苏州高新区内的部分生产企业采用废物交换、清洁生产等手段，把一个企业产生的副产品或废物作为另一个企业的投入或原材料，实现物质闭路循环和能量多级利用，形成相互依存、类似自然生态系统食物链的工业生态系统，达到物质能量利用最大化和废物排放最小化的目的。这种物质循环，有别于传统的废料交换项目，在于它不满足于简单的、一来一往的资源循环和能源循环，而旨在系统地使苏州高新区总体的资源、能源增值，使苏州高新内各企业之间不仅进行副产品或废物的交换，而且能量和废水得到梯级利用，共享基础设施，并且有完善的信息交换系统，使苏州高新区内的企业获得丰厚的经济效益、环境效益和社会效益。

苏州市高新区通过延长和拓宽生产"技术链"，使各项废弃物通过巧妙的"循环圈"，变成可利用的宝贵资源，并用尽用足，最大限度减少生产过程中污染物的排放。苏州高新区发展循环经济的关键经验，在于大力推行"补链"战略。在招商引资中，坚定"绿色招商、生态招商、补链招商"的理念，有意识地去完善区域内的循环经济产业体系，以实现"工业链"向"生态链"的转变。这些特色为全国开发区和产业园区发展循环经济提供了经验和借鉴。

苏州市制定的《苏州市"十二五"循环经济发展规划》，是苏州市"十二五"期间转变经济发展方式、建设"两型"社会的重要抓手。该规划定位准确、目标明确、重点突出、措施得力，其确定的"完成一个转变、实现两个现代化、彰显三个特色、突出四个重点"的循环经济发展基本框架，符合苏州市的发展实际，具有很强的可操作性。该规划明确了"十二五"期间苏州市工业循环经济发展的重点领域和工作任务，针对苏州市冶金行业、纺织印染行业、化工行业、造纸行业、电子信息产业、装备制造业等主要行业循环经济发展进行了规划。该规划提出了苏州市发展资源循环利用产业的路径：建立再生资源回收体系，实现典型工业固体废弃物资源化利用、城市再生资源工业化再利用。该规划还细化了电子信息产业、冶金化工产业、装备制造业、纺织轻工产业、静脉产业的集聚区循环经济发展规划。

苏州市与清华大学合作，完成科技部"十一五"科技支撑计划重大项目"苏州城市循环经济发展共性技术开发及应用研究"。该项目按照"减量化、再利用、资源化"原则，围绕生产、流通、消费等关键环节，大胆探索苏州城市建设及其功能生态的新模式；建立起了由规划集成、清洁生产、废物回收交易、废物资源化以及政策管理规范化5个技术系统组成的城市发展循环经济的共性技术支持体系框架。

苏州市自与清华大学合作"苏州城市循环经济发展共性技术开发和应用研究"课题以来，双方密切配合，"餐厨垃圾回收"等一批循环经济项目投运，逐步发挥示范效应，创建市级循环经济试点企业350家，有力地带动了苏州市循环经济工作的发展；在"生产—流通—消费与处理处置"的资源利用生命周期全过程中，形成了苏州市发展循环经济的总体框架，使苏州发展循环经济实现了新的跨越。该课题研究建立了精细化工、化纤织造、电子、热电等苏州市典型行业清洁生产模式；在流通领域建立了发展区域循环经济的信息平台；以研制开发的再生资源分类、编码标准体系和再生资源交易搜索匹配技术为核心，构建了 5R 再生资源交易平台；实施了餐厨垃圾、废旧轮胎、垃圾焚烧飞灰和电子废弃物等典型城市废弃物的资源化处理。从而不仅在生产领域构建了企业发展循环经济的典型模式，也在流通领域建立了发展区域循环经济的信息平台，更在消费与处理处置领域打造出了节能环保产业的新亮点，在取得良好社会效益的同时，培养壮大了相关产业。

改革开放 40 多年来，苏州成为全国经济最活跃的城市之一。但同时，人口、资源、环境的压力也越来越大，因人与自然关系紧张引发的生态矛盾突出，"天堂苏州"的美誉受到了很大程度的挑战。出路何在？以生态文明建设为方向，走生产发展、生活富裕、生态良好的可持续发展之路，成了必然选择。

苏州市始终坚持以习近平总书记生态文明建设重要战略思想为引领，牢固树立"绿水青山就是金山银山"的强烈意识，大力推进绿色发展，不断做美经济生态"双面绣"，全力打造生态环境优美的最佳宜居城市，让"人间天堂"的美誉实至名归。

习近平总书记在 2013 年全国"两会"期间参加江苏代表团审议时，殷切希望苏州在率先、排头、先行的内涵中，把生态作为一个标准，为江苏乃至全国发展作出新贡献。

苏州认真落实习近平总书记的重要指示，把生态文明建设作为"一把手"工程，摆在更加突出的战略地位，坚持出实招、办实事、求实效，展开了生态文明建设新布局，全力推进国家生态文明建设示范市建设。

早在 2010 年，苏州市就委托中国环境科学研究院起草编制了全国首部生态文明建设规划——《苏州市生态文明建设规划

（2010—2020年）》，这一规划在"十二五"期间对苏州市生态文明建设工作发挥了重要引领作用。修编后的规划按照"五位一体"总体布局和"四个全面"战略布局的要求，自觉践行五大发展理念，大力推进生态文明建设，努力实现经济社会发展和生态环境改善相互协调、相互促进，助力苏州争当"强富美高"新江苏建设的先行军排头兵，谱写美丽中国的苏州篇章。

2013年开始，苏州市以系统化设计、目标化管理、项目化推进的思路，持续推进"四个百万亩"、十万亩湿地建设、河道水质提升、土壤山体修复等生态文明建设"十大工程"，系统修复山水林田湖生命共同体，完成投资超过800亿元。"十大工程"打造了一批有特色、有影响的生态建设亮点工程，取得了良好的生态效益、社会效益，是苏州生态文明建设乃至城市品牌形象的一张靓丽名片。如今，按照滚动管理、持续推进的原则，结合苏州市实际，又排定了新一轮"十大工程"，从生态环境领域存在的突出问题入手，着力补齐短板，持续改善生态环境质量。

全力推进生态文明，不仅优化了苏州市的生态环境，增强了综合竞争力，提升了城市品位，使古老苏州焕发出勃勃生机，而且在更高层次上促进了人与自然的和谐共处、协调发展。苏州不是单纯为建设而抓建设，而是把创建国家生态文明建设示范市作为落实习近平总书记系列重要讲话的举措，作为为人民办实事的重大工程，作为新时期在更高平台上推动全面建成小康社会的重要途径。

苏州市坚持用习近平总书记生态文明思想蕴含的立场观点方法观察问题、分析问题、解决问题，始终坚持经济建设与生态建设一起推进、产业竞争力与环境竞争力一起提升、经济效益与环境效益一起考核、物质文明与生态文明一起发展，努力促进经济社会又好又快发展。坚持以为民、利民、惠民、富民为最终目标，努力使苏州的天更蓝、地更绿、水更清、城更美，让苏州市人民都能幸福快乐地生活在宜商、宜居、宜游、宜人的"生态乐园、人间天堂"。

苏州市不断加快环境保护职能向农村延伸、环境基础设施向农村覆盖、环境监管队伍向农村拓展，注重从源头上预防环境污染和生态破坏，加大生态修复力度，健全了四级环保管理网络，全力推动城乡一体化进程，努力改善城乡生态环境质量。

苏州市还广泛发动群众，高度重视每个社会成员生态意识、生态心理和生态道德的培养，积极倡导清洁的生产方式、节约的生活方式和低碳的消费模式，力争使建设活动融入每个社会成员的日常生活，成为每个市民的自觉行动。广大群众普遍反映，近几年是苏州市经济发展最快、城乡面貌变化最大、百姓得到实惠最多、市民环保意识最强的几年，"保护环境、就是保护自己""关爱生态、就是关爱后代"已逐渐成为全社会的共识。

从获评"国家环境保护模范城市"到获评"国家生态市"，再到获评"国家生态文明建设示范市"，苏州市坚持从"被动治理"到"防治结合"，从"全防全治修复"再到"环保优先、节约优先"，找到了一条具有时代特征和苏州特色的环境保护新路子。

  三、美丽镇村　田园社区

条条道路通畅整洁、户户门前鲜花盛开、家家周围绿树掩映，这是苏州充满魅力的生态文明乡村画卷，也是百姓向往的生活环境。

为加快推进美丽村庄示范点建设步伐，努力提升城乡一体化生态文明发展水平，苏州市明确出台《苏州市美丽镇村（村庄）示范点实施意见》。在全面完成村庄环境整治基础上，根据镇村布局规划优化方案，按照城乡基础设施和公共服务均等化要求，突出生态环境优化，在苏州市规划保留村庄中先期确定创建71个美丽村庄示范点，继续提升村庄建设水平，彰显村庄特色，培育产业发展。结合保护和发展农业"四个百万亩"，加大土地流转、农田整治力度，整合土地资源。培育发展乡村旅游、传统工艺、特色种养等特色产业，努力形成"一村一品""一村一业"特色，进一步提升村庄品位，为苏州市规划保留村庄、全面建成美丽村庄发挥示范带动作用。明确了美丽村庄示范点建设任务要求，更加彰显美丽村庄的特色，体现生态自然与历史风貌，注重村庄内生动力和产业发展活力，并注重历史文化传承。出台了《苏州市美丽村庄建设考评指标体系（试行）》，从提升村庄风貌、美化环境卫生、完善配套设施、促进产业发展、塑造村庄特色五个方面考评美丽村庄建设。

苏州市召开美丽镇村建设推进会后，张家港市发展"一村一景""一村一品""一村一业"，打造农产品特色品牌，发展现代农业、生态农业。常熟市建设海虞、梅李2个"美丽城镇"示范点和汪桥、梦兰、蒋巷等10个"美丽村庄"示范点。太仓市全面完成10个"美丽村庄"示范点规划编制工作。吴江区同里镇北联村投入1亿元，创建国家级现代农业产业园，力争形成自然村庄、优质粮油、特种水产、蔬菜花卉四大片区。吴中区甪直镇优化细化规划，加快集中居住，建成3个市级标准村。相城区北桥街道灵峰村投资8 000余万元建设灵峰牧谷农场，开发了绿色农畜产品特色餐饮和休闲旅游项目。

昆山市周庄镇推出贞丰文化街、1086慢生活街等绿色旅游休闲街区，打造了环镇旅游单车服务系统等"绿色"工程。周庄加大美丽镇村建设宣传力度，使河道生活垃圾明显减少，群众素质有了较大提高，游客的素质也有所提高。作为"中国第一水乡"，周庄镇始终在"水"上做足保护文章，使得水环境持续改善。周庄镇已做好"美丽村庄"建设示范点蟠龙和唐家浜的整治工作，把13个二星级"康居乡村"提升至三星级，探索实践了农村环境卫生长效管理制度。该镇还大力开展生态水利建设，总投资约5 000万元的横港综合整治工程南起环镇西路、北至澄湖，该工程通过局部打通、拓宽和新开河道，不仅成为引澄湖水入周庄镇域的主要通道，也成为周庄水上旅游的重要通道，达到水上旅游、防洪排涝及改善生态环境一举三得的效果。

　　昆山市通过实施被撤并乡镇（特色田园乡村）整治、美丽村庄整治、农村环境整治、农田环境整治等"美丽镇村"工程，中心镇区面貌越来越"高大上"，农村越来越"小清新"，曾经一度发展滞后的被撤并乡镇也在大规模的整治行动中实现蜕变。

　　绿树红花、环境优美、空气清新，处处散发着江南水乡独有的淡雅和清新，吸引了越来越多的摄影、旅游爱好者前来采风、参观。2016年，昆山市启动新一轮美丽城镇建设，并将被撤并乡镇整治提升纳入美丽城镇建设范畴。千灯镇石浦成为首批被撤并乡镇整治提升试点之一。千灯镇在加大石浦老镇区更新改造力度、提升环境综合面貌水平、升级基础设施、完善公共服务的基础上，结合特色田园乡村建设，着力打造具有江南特色的田园村庄。尽管镇被并了，但经过一系列"脱胎换骨"的整治提升后，石浦又焕发宜居宜业新活力，歇马桥也成为昆山市级特色田园乡村建设首批试点村庄。①

　　为进一步推进被撤并地区改造提升，昆山市委、市政府于2018年6月印发《昆山市被撤并乡镇综合提升工作实施方案》，并同时将其列入"美丽昆山"建设三年提升工程中。按照要求，昆山市7个被撤并乡镇将围绕"六整治、三规范、四提升"任务目标，按照"2018年环境集中整治、2019—2020年综合提升"两个阶段推进，三年共计划实施172个综合提升项目，通过建管并重、综合施策，

---

① 陆娟：《美丽乡村画卷徐徐展开》，《昆山日报》2018年10月15日。

促进与中心镇区协调发展，重塑江南水乡风貌。昆山市将"美丽村庄"整治列入"美丽昆山"建设三年提升工程之一，使各村大环境得到了整治。

昆山涌现出3个省级"美丽乡村示范点"、13个苏州市"美丽村庄建设示范村"、92个苏州市级及以上"三星级康居乡村"。经过近年来的整治提升，这些自然村守护了传统历史文化的"最后遗存"、江南水乡风貌的"最后记忆"，让市民可以体味"回得了过去，记得住乡愁"的"大好昆山"。

在村民看来，垃圾分类很简单，只要记牢"会烂的"和"不会烂的"就可以了。为提升农村地区垃圾减量化、资源化、无害化处理水平，昆山市千灯镇大力推进农村生活垃圾分类就地处置工作，建成生活垃圾资源化处理站8座，其中农村生活垃圾资源化处理站4座、餐厨垃圾处理站3座和5吨生活垃圾资源化处理中心站1座。千灯镇在加强宣传的基础上，给每个村统一发放分别用于可堆肥、不可堆肥的收集桶，要求村民将生活垃圾分类投放。保洁员进行收集后，将可堆肥垃圾进行资源化处理，通过生物菌对可堆肥垃圾进行分解，形成有机肥，有机肥可作为奖励返还给村民。

相城区把美丽镇村和三星级康居乡村建设结合在一起，以美丽镇村建设为抓手，坚定不移推进新型城镇化、城乡一体化，同时，依托高铁新城、苏相合作区，力促产业升级，不断提升城市品位、塑造城市形象；打造精品线路、优化城镇环境、彰显城镇特色，突出重点，扎实推进美丽镇村建设；完成美丽镇村建设的各项任务，美丽镇村、康居乡村建设和环境长效管理工作。

相城区还整合各部门资源，全面落实资金、人员、制度保障，推行道路修护、河道管护、绿化养护、设施维护、垃圾收运"五位一体"的综合管护模式，对美丽镇村建设"从长计议"。相城区以城管执法工作重心下移、相对集中处罚权向镇（街道）延伸为契机,强化城、镇、村三级环境综合整治,并组织开展了"一村一居一站所、一街一河一小区"的"六个一"市容环境卫生管理竞赛活动,各个板块每月对一个自然村、一个老新村(居民区)、一个企事业单位、一条街巷(道路)、一条河道及一个商品住宅小区实施环境整治。全区已完成86个行政村、1 032个自然村的环境整治任务。环境整治活动不仅改观了村容村貌,也有效改善了农村居民的生活环境。

相城区还开展了主干道沿线环境综合整治工作,参照京沪高铁、城际铁路以及高速公路沿线环境整治和绿化工作要求,按照"拆、整、绿、清、遮、管"六字方针,半年时间内加快整治,提升了主干道沿线和重要节点的环境面貌,营造了干净整洁、环境优美、安全畅通的道路环境。

面对环境整治取得的成果,相城区坚持"两手抓",一手抓村庄环境的"巩固",确保整治成果不反弹、不回潮;一手抓村庄环境的"提升",进一步打造整治亮点,提高全区村庄环境的整体水平。相城区在出台《村庄环境长效管理工作实施办法》的同时,建立政府主导、部门配合、镇村主抓、农民参与的工作机制,村庄环境长效管理工作由区村庄整治办总牵头,农村垃圾集中收集处理、村庄整治"回头看"、农村河道整治保洁、农村公路养护管理等分类工作,分别由区委农办、城管局、水利局、交通局等多个职能部门负责。相城区还加大长效管理软硬件投入,用于以奖代补和添置环卫器材。

结合美丽村庄建设,相城区打造了22个重点特色村庄,进一步做精做细,彰显特色,为全区整治工作确立示范典型;并以重点任务村和三星级"康居乡村"为点,以交通干线为线,做到整治一点、美化一线、带动一片。相城区还尝试市场专业化运作,积极推广市场化保洁模式,政府搭台、市场运作、群众参与,在有条件的行政村组建专业化保洁公司，实行企业化运作。

美丽镇村建设内涵丰富，吴江区把美丽城镇建设、被撤并镇整治提升、美丽村庄建设、农村生活污水治理及长效管理把这四项工作与美丽镇村建设并行。

美丽城镇建设，不忘被撤并镇整治提升。美丽城镇建设及被撤并镇整治提升工作，是吴江区的优势项目，走在苏州大市前列。在2016年庙港、横扇2个被撤并镇试点继续实施整治提升的基础上，2017年，吴江区全面启动16个被撤并镇环境整治提升工作。吴江区基本实现被撤并镇"环境优化、设施配套、服务完善、管理有序、发展持续"的总体目标任务，2020年起，实行长效管理。

美丽村庄建设，让村庄记得住"乡愁"。吴江区在美丽村庄建设的同时，还推进了沿线绿化及环境整治工作。吴江区的美丽村庄建设做到了"六个更加注重"，即更加注重农村生态环境优化，更加注重农村基础设施建设，更加注重特色风貌塑造，更加注重产业融合发展，更加注重村容环境整治，更加注重精神文明建设。

苏州市开展的农村生活污水治理工作对改变农村生活污水无序排放、改善农民生活条件、提升城乡环境质量有着重要意义。农村生活污水治理坚持政府主导、因地制宜、经济适用的原则，结合村庄环境综合整治和绿化景观布置共同实施，做到投资经济合理、运行稳定可靠、维护简单方便。以吴江区为例，农村生活污水治理设施由吴江市政公用集团统一管养，按照要求，完成的设施要验收一个、移交一个。

四、绿色产业　生态城市

苏州市深化综合评价，推动产业绿色集约发展，苏州从"鱼米之乡"转向工业大市，"亩产"这一农耕色彩浓厚的词语，被苏州人用于推动产业绿色集约利用，毫无违和感，且显得极具创意。绿色是高质量发展的底色。苏州市围绕"搭平台、建机制"，大力深化以"亩产论英雄"为导向、以提高全要素生产率为目标的企业资源集约利用综合评价改革，以工业"大数据"平台为支撑，积极组织实施基于企业综合评价结果的差别化政策和分类指导精准服务制度，鼓励、引导、倒逼企业加大创新力度，加快转型升级推动、提升发展质效，努力推动苏州市产业绿色高质量发展。

苏州市深化工业企业资源集约利用综合评价改革。苏州市工信局搭建工业"大数据"平台，建立以亩均税收、亩均销售、全员劳动生产率、研发经费占销售的比重、单位能耗增加值、单位主要污染物增加值6项指标为核心的企业综合评价体系，坚决淘汰低端落后及过剩产能。苏州市工信局深入推进供给侧结构性改革，自2017年以来，苏州市共关停化工企业457家、转移化工企业5家、升级化工企业257家、重组化工企业4家。

苏州市多措并举推进节能降耗工作。苏州市加快推进重点用能单位"百千万"行动，开展绿色制造体系建设。2019年，苏州市有14家绿色工厂、6个绿色设计产品入选国家工信部第四批绿色制造体系建设名单。

苏州市以集约利用为主要抓手，推动制造业绿色发展。推进了工业企业综合评价全覆盖，进一步落实完善差别化用地、用能和排污机制，发布了苏州市"亩产英雄百强榜"。严格项目新增能耗准入，全力完成了省定单位GDP能耗下降目标，依法依规淘汰低端落后及过剩产能，确保完成省下达的任务。扎实开展了化工产业安全环保整治提升工作，确保完成化工生产企业和化工园区年度整治目标。

2013年，原国家环境保护部发布第2号公告，经考核、公示、审定，决定授予全国17个市（县、区）"国家生态市（县、区）"

称号,苏州市荣膺"国家生态市",这是苏州市继2000年获得"国家环境保护模范城市"称号以来在环境保护和生态建设领域获得的又一殊荣。苏州及所辖县级市、区均已建成了国家生态市(县、区),实现了"满堂红"。苏州成为在全国率先建成生态城市群的地级市。

苏州国家生态市建设组织严密、措施得力、工作扎实、成效显著,产业结构优化使得生态经济得到快速发展,实施综合整治让环境质量持续改善,宣传教育加强让群众的生态意识明显提升,各项基本条件和建设指标达到了国家生态市考核指标要求。

苏州持续推进生态文明建设,结合苏州实际,创新完善体制、机制,积极探索具有经济发达地区特点的生态文明建设模式;不断提升生态产业与循环经济发展水平;继续加大城乡环境,尤其是环太湖地区的综合整治与监管;进一步加快了转型升级,积极转变发展观念,综合治理和生态保护,有效推进了经济绿色增长、城乡环境质量改善、生态环境优化。苏州市生态文明整体优质,达到了"强富美高"的要求标准。

建设生态文明是党的十七大提出的战略任务,是贯彻落实科学发展观的重要内容,也是苏州加快转型升级、实现创新发展的迫切需要。苏州市增强危机意识,树立绿色、低碳发展理念,坚持经济建设与生态建设一起推进、产业竞争力与环境竞争力一起提升、防治污染与生态建设一起抓,着力发展生态经济,着力改善生态环境,着力培育生态文化,着力创新体制机制,在节能减排、生态建设、环境治理和发展绿色经济等方面取得更大突破,全面提高生态文明水平,努力建设空气清新、人与自然和谐相处、生态环境优美的最佳宜居城市。

为了新时代城市发展,苏州市委、市政府高度重视环境保护和生态文明建设,深入实施可持续发展战略,加大资金投入,强化责任考核，完善政策机制，推进管理创新。苏州市生态文明建设取得了重要进展，节能减排任务提前完成，环境综合整治扎实开展，"绿色苏州"建设加快推进，生态保障机制不断健全，生态创建工作成效显著，人民群众切身感受到了生态文明建设带来的可喜变化。

苏州市为了生态城市的建设，战略性调整经济结构，大力发展高技术、高效益、低消耗、低排放的绿色经济、低碳经济、循环经济，用最少的资源投入、最小的能源消耗，实现经济效益、社会效益和生态效益的最大化；构建"绿色产业"结构，提升"绿色经济"质量，增强"绿色调控"能力，用节能减排推进生态文明建设、资源节约和环境保护。

苏州市发挥环保审批"门槛"作用，制订了更加严格的资源节约和环境保护的市场准入准则，从严控制"两高一资"项目；抓防治、减存量，围绕四个减排目标（二氧化硫、化学需氧量、氮氧化物、氨氮），提升工业污染治理水平，全面改善城乡总体环境；抓监管、降总量，完善节能减排指标体系、监测体系和考核体系，健全促进节能减排的长效机制。

建设生态文明城市，苏州市从解决好人民群众最现实、最关心的环境问题入手，以工程化、项目化为抓手，全面推进综合治理，以求让苏州老百姓喝上干净的水、呼吸清洁空气、吃上放心食品、享受优美环境。苏州重视水环境治理，推进蓝天工程，实施了一批重点治污民生工程；全面提升生态文明水平，持之以恒地加强了生态建设和生态修复，形成可持续发展的生态支撑体系。

"绿色苏州"是苏州市最大的生态建设工程，植树造林是降解污染、净化空气的最直接、最有效的途径。苏州市在全面建设小康社会期间，持续提升"绿色苏州"建设水平，加强生态湿地建设；在"十二五"期间，建成市级以上重点湿地保护恢复工程20项，市级以上湿地公园20个。苏州市还着眼于优化城乡一体的生态空间布局,协调绿地湿地生态系统和城市功能分区之间的关系。

创建生态文明城市,苏州百姓最受益。创建生态文明城市的八年多,是苏州经济发展速度快、综合实力提升高、城乡面貌变化大、人民群众得实惠、群众环保意识强的时期。

苏州不单纯为创建而创建,而是把生态文明城市建设作为为民办实事的重大工程,作为新时期在更高平台上提升物质文明、精神文明、政治文明和生态文明水平的重要途径。

环境是最基础、最普惠、最广大的民生,喝上干净的水,呼吸新鲜的空气,吃上放心的食物,在良好的环境中生产生活,是群众最根本的需求。苏州市在创建国家生态市的过程中,始终顺应这种需求和期盼,把它作为顺民心、察民情、体民意、解民忧、惠民生的重大工程来抓。

苏州中心城区共打通6条断头浜,拓宽两条束水河道,实施干将河综合整治工程,完成张家巷河道恢复工程,并对10条河道进行了生态修复。从市民身边的环境问题做起,苏州市突出水治理和大气治理两大主题。除了对黑臭河道等水污染进行整治,苏州市还进行了冒"黑烟"公交车整治、道路和施工扬尘整治等空气污染治理行动。

在创建国家生态市的过程中,苏州人越来越认识到,创建国家生态市,就是要优化城乡资源配置,实现经济社会与生态环境的全面协调可持续发展。创建国家生态城市是小康社会的具体要求和体现,作为国家发展改革委的联系点和全省唯一的试点区,苏州实施城乡一体化改革发展,不仅要优化城乡空间布局,更要统筹城乡环境保护和生态建设,让农村人口和城镇人口过上同样的生活。

走进吴中区湖桥村,约15千米长的水泥路面贯通全村,其中大部分路段已安装了漂亮的路灯;新增绿化面积3.3万平方米,村庄绿化覆盖率超过40%；3.2千米的村间河道经过疏浚，河水清澈；20人的专职保洁队负责全村每天的路面、河面等保洁；村民住宅全部粉刷一新，村民们几分钟内就可以到达小游园、景点处。湖桥村的巨变之初，就是从环境治理入手，当时村里关闭了既是村里主要经济来源也是该村投资环境恶化根源的一家电镀厂，从而让该村的河水流动起来，再通过疏浚，河水逐渐变清了，而改善环境的经费来源却是村里发展生态农业所取得的经济收入。

湖桥村是苏州生态环境和经济发展相辅相成的一个缩影。苏州市始终坚持环境保护职能向农村延伸、环境基础设施向农村覆盖、环境监管队伍向农村拓展，苏州大地上涌现了482个江苏省生态村，包括上述湖桥村在内的4个村已经建成国家级生态村，并建成了常熟市海虞镇等50个全国环境优美镇，太湖一级保护区和阳澄湖水源保护区分别达75%和60%。农村生活垃圾"户集、村收、镇运、市（县）处理"的处置模式基本实现全覆盖。率先在省内编制完成《新农村建设乡镇水系规划》，积极实施农村河道疏浚整治规划。这些成绩的取得得益于强有力的措施，比如把好新建项目审批关，对允许类项目的污染物排放总量实施"减二增一"政策，对鼓励类项目实施"减一增一"政策等。①

作为国家生态市，苏州加快产业结构调整和经济发展方式转变。绿色产业的升级和发展是重要手段。从污水厂排出来的污泥是一种液态的垃圾，苏州工业园区中法环境技术有限公司建设的污泥处置资源化及综合利用工程，不是简单地将污泥干化后焚烧处理，而是通过企业化运作，将污水处理、污泥处置、热电联产等公用事业资源有效整合，形成"变废为宝、资源利用"的产业链，从而达到了节能减排和经济利益的双重效益。中法环境技术有限公司的这

---

① 王小兵：《建设生态文明新苏州，构筑美丽宜居新天堂》，《苏州日报》2017年9月28日。

个污泥处置项目只是苏州市推动产业转型升级、大力发展循环经济的一个缩影。

人民群众切身感受到的生态环境的改善,得益于产业结构的调整、经济发展方式的转变以及环保制度上强有力的措施。苏州市始终坚持产业竞争力与环境竞争力同步提升,经济效益与环境效益同步考核,工业、农业和服务业均朝"生态"方向迈进,扎实推进生态文明建设,使绿色成为苏州发展最美的底色。

第七章　弘扬时代新风
"社会文明程度高"成效彰显

"社会文明程度高",对于苏州这座历史文化名城来说,是理所当然要追求的一个社会发展标尺。党的十八大以来,苏州社会文明建设取得了长足进步。苏州市上下自觉践行社会主义核心价值观,涌现了大批时代先锋、道德模范、最美人物和身边好人,成功创建全国文明城市并实现"三连冠",为改革发展凝聚了强大的正能量。

以文化引领推进"社会文明程度高",契合苏州的城市禀赋。优秀江南文化中蕴含的价值理念和道德规范,既是涵养社会主义核心价值观的重要源泉,也是促进社会进步的文明源泉。苏州是江南的核心区域,2 500多年的历史,创造了独树一帜的城市文化,这是不可替代的城市竞争力。苏州加强地方性文化品牌建设力度,构建全方位、宽领域、多层次的对外文化交流格局,实现苏州文化软实力和社会文明的再度跃升,是高水平全面建成小康社会的内在要求。

 一、政社互动　民主法治

苏州在社会转型的新形势下,积极创新社区治理的方式,是满足居民自治需求和提升自治能力的途径,也是高水平全面建成小康社会在互联网时代的需求路径。

苏州市政社互动打通了"政"与"社"的渠道,优化了基层组织的自治功能,有效保障了群众的切身利益。苏州市 2 000 多个村民委员会和社区居委会全部与政府签约,标志着政府治理与社会自我调节、居民自治良性互动的社会治理创新模式已全面推行。社区事务有大有小,只有依靠有效的机制保障,才能激发居民参与自治的积极性。无论事关拆迁一类大事,还是涉及水、电、气、环境卫生等服务类事务,苏州居民通过多种形式的参与、讨论,最后达成共识。

提升居民的自治能力是做好政社互动的关键。社区是个"小社会",居民自治能力提升了,社区的管理状况就能大为改观。苏州市平江街道钮家巷社区的牌楼改造等三个自治项目的完成,是苏州市政社互动的典范。钮家巷社区在建立征集机制和相互沟通上做出了成效,居民的诉求和利益得到了维护和保障。小区居民自发组建微信群、QQ 群已不是新鲜事,苏州的社区管理者善于积极引导,建立了更具有凝聚力的新平台,一方面能让居民拥有建议的畅通渠道,另一方面能保证及时的意见反馈,让每个居民都能体验到浓厚的"自治氛围"。①

苏州市"政社互动"工作坚持"深化改革"与"依法治理"双轮驱动,这已成为苏州社会治理的特色品牌,为苏州经济社会发展作出了突出贡献。

苏州深化行政体制改革,重点推进了政府职能转移和购买公共服务落地。苏州市及时清理、调整并公布行政审批事项目录清单、政府行政权力清单等,全面清理了管理与服务事项和政府内部审批事项,完善动态调整机制,探索建立市级部门责任清单制度,明确和强化政府责任,加强公共服务,解决行政缺位问题,按照"应减必减"原则,认真开展清理工作"回头看",重点关注经济建设、民生服务等领域,加强事中事后监管,严格落实问责制度,切实做

---

① 马也:《苏州政社互动应提升居民"自治能力"》,《苏州日报》2015 年 11 月 18 日。

到"清单之外无审批"。苏州市推进政府职能转移对接工作，推动了社会主体申报承接政府职能，编制年度政府职能向社会转移事项目录和对接目录，有序推进政府职能向社会转移，积极推进政府购买服务。苏州市建立了政府购买服务信息平台，建立了绩效评价与后续购买相衔接的管理制度，开展了街道体制改革试点，推动其强化公共服务职能和社会治理职能。

在政社互动的基础上，苏州市民主法制建设推出互动式行政执法模式，积极探索了包括政府购买服务、辅助执法、行业行政指导、行政资助（奖励）等多种行政管理方式，推行全程说理式执法、行政监管劝勉、执法事项提示、轻微问题告诫、突出问题约谈、重大案件回访等柔性管理方式，建立重大行政执法案件沟通对话机制，使行政决定建立在充分协商和最大限度共识之上。

苏州市重视社区治理水平，着力创新基层服务管理机制。围绕基层自治组织"两份清单"，推动社区服务管理能力与水平全面提升。一是推进了"政社联动"社区"e"网格管理。召开现场会，出台《关于在苏州市开展城乡社区"e"网格服务管理的指导意见》，推广相城区做法，下沉并整合在社区的各类资源，实行综合的网格化管理、组团式服务，提升了社区服务管理绩效。二是推进了"政经分离"。建立公共财政支付机制，进一步推进经济合作社与村（居）委会管理职能、组织机构、财务核算等分开，按照"政社互动"的"依法协助"清单以及购买服务等要求，逐步建立村（社区）公益性、公共性支出财政合理承担机制。

在政社互动工作的基础上，苏州全面开展了"三社联动"，进一步理顺社区、社会组织、社工三者的关系，建立协同机制，激活居（村）民自治，激发居（村）民参与活力；健全社工引领义工服务机制，规范社区志愿者和志愿服务组织注册登记制度，探索建立了社区志愿服务积分激励机制和项目化推进机制，提升社区服务专业化、社会化水平。

苏州市还加强了对各地城乡社区减负工作的指导和督促检查，并开展事项进社区的年度评估确认工作，做好"3份名录"的动态调整，提升村居委会依法自治能力，坚持"四民主一公开"制度，将世界咖啡屋、开放空间、罗伯特议事规则等会议技术运用到村居民代表大会、社区议事会中，扩大村居民参与公共事务协商的广度与深度。

苏州市还全面强化社会组织承接政府公共服务职能的能力。苏州市深入推进市属行业协会（商会）改革，全面完成了"五个分离"改革，深入推进"一业多会"等配套改革试点，加大了扶持培育力度。完成了《关于改革社会组织管理制度，促进社会组织健康有序发展的实施办法》的编订，促进苏州市社会组织健康有序发展。做好了4类重点社会组织直接登记管理工作，建立健全扶持公益类社会组织发展的政策机制，继续做好相关资质认定、公益创投、公益采购、等级评估、培育培训等工作，确保政府职能转得出，社会组织接得住、干得好。按照"宽进严管"原则，建立健全监管机制，进一步明确登记管理、行业主管和职能部门职责。运用大数据等技术手段丰富监管方式，建设"苏州市社会组织网"，推进登记许可、年度检查网上办理。建立社会监督投诉举报受理机制，调动社会各界来监督社会组织，加大对社会组织违法活动和非法社会组织的查处力度，提升社会组织发展质量。强化了依法自律，制定法人治理、信息披露、资金监管等内部制度规范，推动社会组织依法运行、有效治理。加强了社会组织党建工作，落实"双推双报"工作，组建"苏州市社会组织党委"，并设立"苏州公益园党支部"，指导和服务苏州市社会组织党建工作。

为整体提升"政社互动"工作实效，苏州市建立"党建引领、政社互动"推进体系。一是研究制定了相关政策制度与实现路径，发挥各级党组织在"政社互动"中的领导核心作用和抓总引领作用。二是探索了决策、执行、监督和救济过程的全程互动。苏州市全面落实政务公开，推进行政权力网上公开透明，探索党委、政府重大决策的社会参与机制和专家论证机制，健全行政程序中当事人参与、社会协作机制，完善社会多元监督机制，建立矛盾纠纷多元主体联动、多种途径解决机制，将社会纠纷尽可能消解在行政过程中。三是探索了基层协商民主互动机制。苏州市出台《苏州市推进基层协商民主指导意见》，围绕基层社会公共事务和居（村）民切身利益，探索规范基层群众自治组织与基层政府、社会组织等各类主体之间开展协商互动的内容、载体、途径、程序、机制等，健全民情恳谈、社区听证、社区论坛、社区评议等沟通协商机制，推进基层协商民主的广泛性、多层性、制度化。四是拓展了实践平台。苏州市在外来人口管理领域探索推进"政社互动"实务运用，会同相关部门指导各县市区在小区物业管理等方面运用"政社互动"的理念、方式、方法，探索社区居委会指导监督物业服务途径，推进了业主自治与社区管理的有效衔接与互动。

党的十八大以来，太仓统筹谋划经济建设和社会建设，敢闯敢试，在全国率先启动"政社互动"探索实践，这一做法已在苏州市得到推广。"政社互动"理念已经深入人心。其核心举措主要有三条：一是规范行政权力，保障群众自治；二是主动还权于民，深化群众自治；三是坚持党的领导，带领群众自治。在新形势下，苏州的"政社互动"永远在路上，在已有的创新实践基础上，苏州市持续深入推动"政社互动"实践，努力创造更多更好的经验。

"政社互动"是一项根据中央顶层设计、在全国具有普遍意义的创新实践，涉及政府管理社会职能的转变问题。苏州"政社互动"首先给政府管理带来了很大变化，解决了基层政府和基层群众自治组织之间的关系问题，厘清了政府管理和公共服务的职责边界，将更多的管理职责交由村、社区以及社会组织，真正激发了社会活力，能形成良性互动。苏州"政社互动"同时也解决了社会自治与规范管理的老大难问题，使村、社区有更多精力按照群众的需求开展工作，通过自己做主的方式解决处理事务。在政社关系理顺的基础上，党群关系、干群关系也得到了改善。

苏州继续推进"政社互动"，不断适应新形势、新任务、新要求，破解新难题，解决新问题，创造更多的新经验。其一，加快政府职能转变。持续深化政府职能转变，厘清两份清单，加快形成政府治理、社会自我调节和居民自治良性互动的社会治理新格局。其二，进一步发挥党组织的作用。无论在农村还是在社区，社会组织的作用要发挥好，离不开党组织和党员的作用的发挥。要坚持社会组织建设与党组织建设同步建设、同步推进，努力建设法治型党组织，进一步发挥党组织的核心领导、统揽协调作用，更好地发挥党员的先锋模范作用，激发各类社会组织的正能量。其三，提升群众自治水平。厘清政府、社会组织以及村、社区的关系之后，"政社互动"的实践并没有结束，最终要发挥好社会组织的作用。要深入研究社会组织内部的结构管理和作用发挥等问题，提高基层群众自治能力。不同的村、社区有不同的做法，尤其是对那些城镇化过程中的过渡性社区，不能搞"一刀切"。其四，贯彻法治思维、法治方式、法治原则，让"政社互动"更加规范化、制度化。要把"政社互动"和法治政府、法治社会建设一体推进，通过法治政府和法治社会建设不断提升"政社互动"水平，丰富"政社互动"内涵，深化"政社互动"实践。①

苏州市以习近平总书记关于全面依法治国新理念新思想新战略

---

① 中共苏州市委办公室、苏州市人民政府办公室：《中共苏州市委办公室、苏州市人民政府办公室转发〈关于进一步推进"政社互动"工作的实施意见〉的通知》，《苏州市人民政府公报》2013年第10期。

为指引，紧紧围绕苏州经济社会高质量发展大局，以建设法治型党组织为引领，深入推进法治苏州建设各项重点工作，着力构建法治政府、法治市场、法治社会"三位一体"的法治建设先导区；围绕中心，服务大局，为勇当"两个标杆"、落实"四个突出"、建设"四个名城"提供有力的法治保障，较好地完成了各项依法治市任务。

苏州市细化列明责任清单，为法治建设布好局。苏州市明确各级党委政府主要负责人、党委政府工作部门主要负责人在推进法治建设中第一责任人的定位及主要职责，细化列明了责任清单；将法治苏州建设工作53项任务完成情况纳入年度绩效考核，明确了各项具体工作任务的牵头单位、参与单位和推进时序进度。

苏州市推动法治型党组织，建设"苏州首创"。建设法治型党组织，是苏州落实习近平总书记视察江苏重要讲话精神，推进全面从严治党的根本保证。苏州市委率先在全国提出建设法治型党组织这一重大命题，随后启动《苏州市法治型党组织建设三年行动计划（2017—2019年）》，有力推动了苏州市各领域法治型党组织建设。经过逐一推进，积累经验，法治型党组织建设总体布局初步成型。

苏州市坚持司法为民，提升群众满意度。2017年4月，苏州市虎丘区人民法院与辖区通安镇树山村开展首个"无讼村居"共建活动。法官定期走访树山村，举行法治讲座，结对联系，及时沟通信息，及时化解涉诉纠纷，受到村民们的热烈欢迎。共建活动开展至今，树山村没有一起纠纷起诉到法院，真正实现了"无讼"的效果。虎丘法院又先后与浒墅关经济技术开发区、狮山横塘街道、枫桥街道签约共建"无讼村居"。共建活动正持续推进，并在工作中形成了经验，进一步在苏州市推广。苏州基层法院"无讼村居"共建活动，做到了"小事不出村，大事不出镇、矛盾不上交"，是探索多元化解纠纷、发扬"枫桥经验"的有益尝试。

苏州市坚持公正司法，大力推进智能化建设，深化司法体制改革，落实司法为民举措，努力让人民群众在每一个司法案件中感受到公平正义；积极运用智能辅助办案系统提高办案效率，智慧法院、智慧检务得到进一步提升；加大司法公开力度，强力推进庭审直播工作；全面推进审判执行流程全公开，将流程信息同步传输至外网公开平台，并通过短信、微信等渠道向当事人进行推送，当事人可在"执行信息公开"界面在线查询执行立案、查封、扣押、拍卖等10项关键节点信息。

自2007年起，苏州市持续开展法治惠民实事工程，通过法治手段切实解决人民群众关心、社会关注的热点和难点问题，使人民群众在法治进步中获益受惠，在实践中逐渐打造了富有苏州特点的"关爱民生法治行"。苏州市深入开展惩戒"老赖"全民行动，加强品牌保护，保障品质生活。"你点我查，眼见为食"，以食品安全透明执法专项行动等12项项目为主体的"关爱民生法治行"，对民生领域重点问题进行了项目化管理，每年规定时限完成一定数量的为民办实事项目。市级层面已实施100多项惠民实事工程，县市区突破1 000项，内容涵盖司法救助、食品安全、医疗救助、社会保障、生态环境等诸多民生领域。这些惠民实事工程已取得阶段性成效，连续数年受到了人民群众的欢迎和赞誉。

苏州市完善法治惠民的推进机制，结合实际，从法治建设满意度测评反馈中，从人大代表、政协委员的议案、提案、建议案中，从"六个一"大走访活动中，汇总梳理群众反映强烈的突出问题和合理诉求，紧扣民生法治，精准立项；从构建中小学生权益保护与法律援助网络、净化生产消费环境、食品安全透明执法、守卫"舌尖上的安全"等方面入手，更好地满足了人民群众美好生活的需要。

苏州市还加快推广公共法律服务"太仓模式"，探索设立网上公共法律服务中心,推动基本公共法律服务清单落实。

苏州市弘扬宪法精神,扎实抓好法治宣传教育。2018年4月,全国首个全部以宪法为内容的法治宣传教育场馆——苏州市宪法宣传教育馆正式开馆。1 300多平方米的场馆内,全部以宪法为布展内容。馆内布展突出了宪法诞生与宪法演进历史中苏州的人文背景与历史记忆,以苏州人的视角展现了宪法诞生的国家记忆,回顾了苏州近四十年发展中展现的宪法精神和实践,集中反映了法治苏州建设的实践成果。苏州将宪法宣传教育作为重中之重,深入开展尊崇宪法、学习宪法、遵守宪法、维护宪法、运用宪法的宣传教育。

苏州市以宪法宣传教育为依托,以尊法、学法、守法、用法主题实践活动为主线,以融合创新为动力,落实"谁执法谁普法"普法责任制,推动工作目标精准化、普法举措项目化、考核评估体系化、基础建设专业化,高质量推进了法治苏州建设。①

苏州市深入推进将社会主义核心价值观融入法治苏州建设,高度重视基层民主法治建设工作,积极研究部署创建举措,力争苏州市"省级民主法治示范村(社区)"创建率达45%;建成国家级民主法治示范村(社区)9个,推动各级党委、政府把创建"民主法治示范村(社区)"纳入新农村或城区建设的重要议事日程,督促镇、街道加强民主公开、法治宣传、矛盾调解、法治文化建设等方面的工作力度;引导基层自治组织提高民主法治化管理水平,健全村(社区)干部和村(社区)民学法制度,推动落实村(社区)务和财务公开制度,积极推动村(社区)普遍建立普法工作网络和便民服务窗,形成预防和化解社会矛盾纠纷群防群治氛围;总结蒋巷村、市北村、永联村等创建经验,组织参观学习交流,加强宣传推广,部署新建文化园、长廊、广场等法治文化宣传阵地,

---

① 邹强:《苏州法治建设满意度连续两年位居江苏省前列 法治建设助力苏州高质量发展》,《苏州日报》2018年10月29日。

大力推进法制宣传教育全覆盖工程，为村（社区）民学法、懂法、守法、用法营造良好的环境；注重引导各地结合实际情况创新工作品牌，扶持"老娘舅"调解、"逢四说法""光明万家"司法惠民、"一村（社区）一法律顾问"等创新思路和实践，推广"政社互动"社会管理新模式；开展"村规民约"专项梳理行动，强调对已命名的民主法治示范村（社区）的日常管理和考核要求，确保创建质量、数量双达标。

  二、长治久安　健康卫生

2017年，由中共中央宣传部、中央电视台联合制作的六集电视纪录片《辉煌中国》热播。该纪录片的第五集《共享小康》，介绍了以苏州为代表的中国良好治安环境和苏州公安为之付出的努力，引发了良好的社会反响。该集纪录片以苏州公安办案过程为脉络，以三名苏州警察为典范，展现了中国公安利用大数据和高科技建起的立体化社会治安防控体系给市民带来的安全感。

在"聚力创新、聚焦富民，高水平全面建成小康社会"的鲜明主题指引下，苏州市上下锐意进取、攻坚克难，以坚定决心，推动升级版"平安苏州"建设，推进法治苏州建设，高水平全面推进苏州政法工作，不断提升公众安全感、法治建设满意度和政法队伍建设满意率，使法治成为苏州核心竞争力的重要标志。

基层，是化解社会矛盾纠纷的主战场，也是社会管理的重点、难点。平安创建是项浩大的社会工程。突出基层在先，工作重心下移，从基础上夯实社会综合治理，以基础稳支撑全局安，是苏州市社会治安综合治理工作探索出的一大亮点。

苏州市建设了立体化、信息化社会治安防控体系，对防控科技信息化建设进行了统筹设计，利用大数据、物联网技术对智能防控进行了积极探索。在打防犯罪方面，公安加快构建立体化防控网络，尤其是加强社会面巡防。苏州市每天投入 1.5 万名专职警力和 1 400 余名便衣警力，全天候开展社会面巡防。45 万个视频监控探头高效运行，构建了科技"天网"，形成了立体防控体系。

2018 年，苏州市 110 处警量 304.1 万余起，同比下降 0.9%。在机动车保有量、交通流量持续上升的情况下，苏州市共接处各类交通类警情 124.4 万余起，交通事故、死亡人数连续七年下降。苏州市违法犯罪警情共接报 25.2 万起，其中与市民生活密切相关的抢劫抢夺、盗窃电动自行车、盗窃车内财物、入室盗窃警情分别同比大幅下降。苏州社会治安持续呈现"社会平稳、市民满意"的良好态势。

2018 年，苏州公安智慧警务建设走上了快车道。经过一年的建设，"六星科技·纵横警务"主体架构体系基本建立，整合汇聚各类数据资源 960 亿条，数据平台、运算平台、视频共享平台建设全国领先，AI 赋能平台全国公安系统首创，"纵横工程""猎眼系统""城市盾牌"等一批系统平台建成应用，智慧警务实战应用体系不断丰富，走出了一条具有苏州公安特色的智慧警务建设路径。

2018 年，苏州公安在姑苏区动态巡防成功启动的基础上，主动融入苏州市网格化社会治理联动机制，开始在吴江区进行试点，通过网格化联动平台，将人、房、物、网、图等治安管控要素全部嵌入网格，做到发现情况触发联动，使"小网格"成为采集信息、发现风险的第一触角，化解矛盾、消除隐患的第一阵地，便民利民、解决问题的第一窗口，一年来共联动处置各类安全隐患 500 余起，分流非警务类警情 30 万余起，110 呼入量同比下降 33.8%。

苏州市推动小区视频电子门禁、出租屋二维码等技防设施建设，加强对实有人口、实有房屋的管控；对无人机、网约车、寄递物流、民宿等新设施、新业态进行研究，大胆改革，形成有效预警。

民之所盼，政之所向。苏州公安持续深化公安"放管服"改革，加快推进"互联网+公安政务服务"，各类面向市民的公安服务最大限度地做到"马上办、网上办、就近办、一次办"。苏州公安先后推出了省内户口转移登记、港澳台居民居住证网上一站式办理、居民身份证到期短信提醒等一系列便民服务举措。持续深化出入境服务改革，在全国率先建成智能化、全自助、一站式出入境智慧大厅；在苏州市三级出入境窗口全面推行出入境证件免费快递发证服务，已累计提供近30.8万件次免费快递发证服务。在流动人口居住证申领、流动人口积分管理方面，苏州公安继续深化推进"减证便民"行动。

苏州市公安交管服务按照"能下放就下放"的原则，在前期将所有车驾管业务全部下放至县级车管所的基础上，继续提升市区车驾管服务能力，市区车管所、各区车管分中心"1+3"东南西北"四位一体"的格局已初步形成。此外，交警部门在苏州市推广车驾管业务自助办理一体机，方便群众自助办理业务。

2016年以来，苏州市系列平安创建活动从平安村（社区）、平安家庭、平安校园、平安企业、平安医院、平安工地、平安市场、平安景区、平安电力、平安网络等涉及市民生活的17个方面着手，因地制宜、因情施策，不仅扎实推进基层基础工作，还不断升级优化，适应社会治理的新需要。

平安苏州建设重点在基层，难点在基层，希望也在基层。"万丈高楼平地起"，平安苏州建设离不开扎实有效的基层基础工作。村街社区、家庭企业都是社会的"细胞"，只有"细胞"充满活力，身体才能健康；只有基础牢靠、基层安宁，平安建设的"压舱石"才能支撑全局。①

苏州市的平安建设是一项动态的系统工程,根据社会的发展进程随时调整步伐,适应了社会发展新变化。全国非法集资案件高发多发,以互联网金融、网上理财等为幌子进行的网络非法集资案件更是层出不穷。苏州作为经济较发达城市,长期以来成为不法分子非法集资的重点地区。针对非法集资新形势新变化,苏州市金融办牵头搭建"非法集资预测预警处置平台"。该平台利用大数据技术,通过实时抓取互联网信息,结合征信系统,开发数据模型,有效识别非法集资企业,实现早发现、早处置、多挽回、少损失,有效降低了受害人数量、减少了群众损失。与此同时,苏州公安也创新思路,主动应对"打早、打小",推动建立了涉众型经济违法犯罪案事件信息共享平台,探索从业人员"黑名单"制度,警方在调查中明确告知嫌疑人行为涉嫌非法集资,收集相关信息并将其录入黑名单库,对仍不收手的依法严厉打击惩处,切实维护金融生态环境。

随着网购的普及,快递业的发展在苏州也呈现出爆发式增长。伴随着暴增态势的出现,安全隐患多、违规收寄禁寄物品、安全管理薄弱、防范措施不足等问题也愈加凸显。这是苏州市平安建设的重点之一。苏州市综治办牵头市邮政管理局、市公安局等寄递渠道安全管理领导小组各成员单位通力协作,由公安局发动基层警力,对250多个快递物流企业及1 700多个网点信息进一步比对排摸,并通过建立基础信息数据库形成动态监管。苏州市将"加快快递领域内的信息系统建设"和"开展邮政业务信息化监管平台建设"纳入苏州市信息化建设和"智慧苏州"建设工程。

除加强金融安全管理、加强寄递物流安全管理外,苏州还确定了健全完善矛盾纠纷多元化解机制、健全完善社会治安重点地区公

---

① 杨天笑:《平安苏州:新起点上再升级》,《苏州日报》2017年1月4日。

共安全风险防范化解挂牌整治机制、加强公共交通安全管理、稳步推进流动人口积分管理、加强严重精神障碍患者服务管理、建立健全社会心理服务体系和疏导机制、推行社区综合网格化服务管理模式、平安志愿者队伍建设、推进平安苏州文化建设9项综治和平安建设重点工作项目，有的放矢，聚力"精准防范"。

苏州市开展了社会治安重点地区公共安全风险防范化解挂牌整治工作，对容易发生治安问题的重点地区、容易滋生"黄赌毒"丑恶现象的重点场所、容易发生公共安全事故的重点行业、容易产生现实危害的重点人群、容易发生刑事案件的重点区域，精心组织排查，切实把治安混乱区域、部位、场所和原因弄清楚。

苏州市作为中央综治办、省综治办"社会治安重点地区公共安全风险防范化解挂牌整治工作项目"专题调研并试点建设地区之一，各地整合社会各方力量资源，排查整治影响社会稳定突出问题。苏州市挂牌的10个市级社会治安重点地区，19个县（市、区）级、146个镇（街道）级社会治安重点地区已全部整治完毕，铲除了滋生重点地区突出治安问题的土壤。

苏州市严密编织立体化、现代化的社会治安防控体系，依法惩治严重危害人民群众生命财产安全的犯罪活动，加快大数据、云计算、物联网现代信息技术推广运用，强化地铁车站、重点公交、长途客运车站人员聚集场所动态监测和巡查密度，建立全流程、智能化危爆品监测、预警、防控、处置平台，健全寄递物流渠道收验、运输、仓储安全管理制度，落实"收寄验视、实名收寄、过机安检"三个100%制度，构建网络社会综合防控体系，提升发现预警、打击防范、管理控制的能力水平，是高水平全面建成小康社会并使之长治久安的良好体现。

苏州市自1990年启动卫生城市创建以来，历届市委、市政府都把深入开展爱国卫生工作、创建国家卫生城市作为改善投资环境、提升城市文明程度、推进高水平全面建成小康社会的重大举措实施。1998年苏州市建成国家卫生城市，2000年率先建成全国首个国家卫生城市群，并多次通过了复查，苏州的城市面貌和卫生环境发生了巨大的变化。

在2018年全国爱卫会公布的国家卫生城市（区）和国家卫生县城（乡镇）的复审结果中，苏州市及下辖昆山市、常熟市、太仓市、张家港市再次获得"国家卫生城市"称号。苏州市27个国家卫生镇也全部顺利通过复审。张家港市连续三次获得全国通报表扬。国家卫生城市已成为苏州市的闪亮名片。

苏州市始终把保持一流的环境面貌作为城市的第一品牌，把深化卫生创建作为塑造城市文明的重要载体，坚持城乡一体思路，整体推进巩固国家卫生城市工作。苏州市通过构建城乡一体的组织保障、健康环境、长效管理、健康宣教、行业管理"五大体系"，确保了创卫工作力度不减、水平更高，不断完善基础设施，优化生态环境，提高城市管理水平，改善市容环境卫生，强化公共卫生服务，提升市民健康素质。

在巩固和发展国家卫生城市成果中，苏州市动员社会各界和人民群众，着眼于抓基础求发展、治难点求长效，集中力量解决主要问题，使苏州市的卫生基础设施进一步完善，城市卫生管理水平进一步提高，群众生活环境进一步得到优化。

爱护环境卫生是中国的优良传统。苏州市政府和广大市民珍惜国家卫生城市成果，开展了城市环境综合整治提升行动，持续开展群租房、交通秩序、工地扬尘、环境卫生、占道经营、马路摊点、非法营运、户外广告、店招店牌、违法建设、河道环境、园林绿化等专项整治，综合提升城市环境。对与人民群众生活息息相关的餐饮店、食品店、浴室、美容美发店、歌舞厅、旅店进行专项整治。苏州市完善市区公共厕所、垃圾箱（房、桶）、果壳箱、垃圾中转站等环卫设施，提高街巷环境卫生设施的档次，保证各类设施清洁完好，管护落实。苏州市加大除"四害"经费的投入，开展除"四害"统一行动，灭杀公共部位及重点场所的"四害"，控制病媒生物密度，广泛发动群众，彻底整治环境卫生，消除"四害"滋生地。

2019年苏州户籍人口人均期望寿命为83.82岁，首次超过上海。这一反映地区整体健康水平的指标，在苏州已连续5年稳步提升，也是苏州近5年来卫生健康事业高质量发展的力证。"十三五"以来，苏州卫生健康事业以市民健康为中心，以重大公共卫生问题与疾病防治为问题导向，坚持"聚力创新促医改，聚焦健康助富民，建设与高水平全面小康社会相适应的现代医疗卫生服务体系"的工作导向，构筑"健康苏州"综合管理服务体系。

自2016年起，苏州市的"健康市民""健康市民倍增""健康城市"等一系列"531"行动计划陆续出台，形成了市民健康综合服务体系，统筹解决市民健康问题的综合策略全面成型，系统实施全方位的健康供给侧改革，高质量提供全周期的健康整合型服务。

健康市民"531"行动计划，是系列行动中的第一个，旨在形成"急病更急"的协同救治体系。瞄准胸痛、卒中、创伤、危重孕产妇和危重新生儿5个方面，苏州建立了市、县（区）两级区域协同救治中心。同时，在社区建立起肿瘤、心脑血管疾病、高危妊娠3大筛查机制，形成早期识别、早期治疗、上下联动、多学科联合诊疗的急病区域健康联合体。社区卫生服务机构转型提升为市民健康管理综合服务平台，充分发挥了社区医生健康守门人的作用。

苏州市实施健康市民"531"倍增计划，以形成"慢病要准"联合防治体系。苏州市依托市民健康管理综合服务平台，借助专病健康教育、专项健身运动与专方中医药服务三大适宜技术，有效开展针对慢阻肺及儿童喘息性肺炎、骨质疏松及骨关节炎、睡眠障

碍、代谢障碍临界人群、青少年主要健康问题的五大干预策略。

苏州市实施健康城市"531"行动计划，以形成"无病要防"的综合干预体系。该计划重在全面提升居民健康素养，关注重大传染病防治、心理健康促进、重点人群伤害干预、出生缺陷与重大疾病干预、健康危险因素监测评估五大重点公共卫生领域。

"十三五"时期，苏州累计新建、改建、扩建50余家基层医疗卫生机构。截至2019年年底，苏州共建立全科医生团队1 269个，开设全科医生工作室896个；建成社区医院8家，省特色科室24家；累计建立健康档案920.30万份，居民建档率达86.07%，规范管理高血压病人712 564人，规范管理率68.00%；规范管理糖尿病病人193 277人，规范管理率67.59%。

急救车还没开到医院，患者的心电图已经传进病区；社区医生背起"背包神器"，可以走进居民家中就地检查；打开手机，苏州大医院门诊排队情况实时看……如今在苏州，随便走进一家医疗机构，都可以感受到"互联网+医疗健康"带来的便捷与实惠。

"十三五"时期，苏州卫生健康信息化建设全面加强。建设完善以电子健康档案和电子病历为核心的区域卫生信息平台，全面实现市、县二级区域卫生信息平台的对接和联网运行；建成市公共卫生基础信息平台，为医疗机构与公共卫生机构之间实现数据互通和业务协同提供基础性的技术支持；建成疾病监测管理系统，在9家市属医院及姑苏区28家社区卫生服务机构全面部署应用，与常熟市、昆山市和吴中区区域卫生信息平台实现慢病报告卡实时交换；建成预防接种公众服务平台，苏州市196家预防接种门诊和11家接种点已实现全覆盖，实现了新生儿信息与预防接种信息系统的数据共享。

截至2019年年底，苏州市完成74辆数字化急救车的改造与39个急救站的整体部署应用，累计完成车载电子病历6万份，预检分诊203万人次，专科救治中心累计救治患者超12.8万人次，完成肿瘤风险评估10.2万人次，高危妊娠筛查3.6万人次，有效提升了区域救治水平。此外，苏州抢抓"互联网+医疗健康"的发展机遇，有序推进市级医疗健康大数据中心项目建设，截至2019年年底，苏州市共建成互联网医院5家。

围绕信息便民惠民的进一步强化，苏州市建设发布了"医疗资源一张图"，为市民提供市区主要医疗机构、姑苏区社区机构、预防接种门诊等基本信息，动态发布各医院科室实时排队人数、专家坐诊时间、住院病房实时空床位数等数据；完成"健康苏州掌上行"服务平台一期项目建设，为市民提供统一的一站式医疗服务入口，通过微信服务号或App，可实现移动端预约挂号、签到取号、排队叫号、扫码取药、查询检验检查结果、医疗费用掌上支付、查看本人历次就诊记录等功能；完善12320预约挂号平台，实现吴江区参保市民同步线上预约就诊，延长预约挂号周期至14天。

2019年，苏州市的智慧急救与五大专科中心信息化建设获得中国医院协会信息专业委员会颁发的CHIMA2019医院信息化便民惠民优秀案例；"健康苏州掌上行"获得健康报社颁发的"互联网+医疗健康"全国便民惠民优秀案例。

三、江南文化　文脉传承

每天，都有数不清的游人从苏州平江路上走过。古老的石板街、斑驳的墙壁、欸乃的橹声、婉转的昆曲、优雅的旗袍，以及咖啡的醇香、碧螺春的清香、丁香花的幽香，乃至大饼、油条、豆腐脑和糖粥等"烟火气"十足的味道，在这条街上交融。这就是平江路，一条已走过千年却依旧活生生的"原味"老街，至今仍然保持着古代"水陆并行、河街相邻"的双棋盘格局以及"小桥流水、

粉墙黛瓦"的独特风貌。

而她只是苏州城的一个缩影,这座古城里有着太多"原味"的东西——青砖、粉墙、黛瓦,小桥、流水、人家,玉雕、刺绣、年画,青衣、水袖、琵琶……

从改革开放之初邓小平批示要求保护苏州古城开始,苏州一任又一任的领导干部、一代又一代的城市规划建设工作者,一直坚持全面保护古城风貌、延续历史文化,始终心无旁骛。

不忘初心,方得始终。如今的苏州古城,拥有了2项世界物质文化遗产和6项世界非物质文化遗产,并成为中国唯一的国家历史文化名城保护示范区、全球首个"世界遗产典范城市"。

1982年2月,苏州被列入国家首批历史文化名城。1983年2月,邓小平到苏州调研,又两度重提要保护苏州古城。1986年,国务院对《苏州市城市总体规划(1985—2000)》作出批复,确定了苏州城市建设方针"全面保护古城风貌,积极建设现代化新区"。苏州市又先后将城市总体规划不断调整完善,然而"全面保护古城风貌"的原则始终未改。

《苏州市城市总体规划(2017—2035年)》以及《苏州历史文化名城保护专项规划(2017—2035)》提出"打造世界文化名城"的目标,要求全面提高文化软实力,对标国际城市,突出苏州精致、雅致、极致的特色。2018年3月1日,古城保护的"铁律"进一步升级,《苏州国家历史文化名城保护条例》正式实施,这是一部综合性、统领性的法规,标志着历史文化名城保护走上法治化轨道。

2003年,平江路风貌保护与环境整治工程启动——这是平江历史街区自1986年被列为苏州古城绝对保护区后的第一次"大动作"。正如苏州人花6个小时熬出一碗奥灶面汤料那样,平江历史街区保护与整治,在"小火慢炖"中渐入佳境——2005年,平江历史街区保护项目获联合国教科文组织亚太地区文化遗产保护荣誉奖；2009年，平江路跻身"中国十大历史文化名街"；2010年，平江历史街区被评为"国家AAAA级旅游景区"；2014年，中国大运河项目成功入选世界文化遗产名录，平江历史街区成为遗产点之一……一条平江路，并非苏州古城的全部。古城保护工作正在更大范围内推进。苏州市启动了推进古城保护的"六大工程"，目标是既要承载当今社会各种功能，又要全面保护历史风貌。与此同时，苏州市还制定了《古城保护与更新三年行动计划（2018—2020年）》，排定了39个重点项目，提出要精心打造姑苏精致之美，成为全国模式可鉴、特色鲜明、人文浓厚、影响深远的古城古镇古村保护与更新样板工程。

习近平同志多次提出，"留得住青山绿水，记得住乡愁"。苏州市深入挖掘古城文化，从每一座桥、每一条巷子、每一座老房子挖起，不仅要挖出来，而且要展示出来，让文化看得见，摸得着，让广大群众共享古城保护红利。

"十三五"时期，"古城复兴"战略成为姑苏区、保护区的重要工作内容。苏州市把古城保护和管理作为重要任务，全力肩负起古城保护的主体责任，着力构筑保护机制健全、相关法律完备、社会广泛参与的古城保护体系，把姑苏区建设成保护模式可鉴、古城特色鲜明、人文环境浓厚、文化影响深远的历史文化保护示范区。同时，姑苏区、保护区积极推进4大类25个古城保护项目，涉及历史遗存修复保护、街巷道路及特色片区整治提升、古城街道特色及非遗文化传承保护、规划研究类及其他等，投入了数亿元资金。

姑苏区、保护区加大了对古城的"软件"保护，通过启动《姑苏文库》编撰工作、挖掘历史街区文化内涵等方式，进一步传承古城文脉，让老百姓对古城历史文化有更深刻的了解。只有神形兼备，古城保护才能落到实处，才能真正体现苏州古城的原味和魅力。

古城保护工作千头万绪，苏州市找出突破口，大胆实践，古城内居民人口结构和原生态的居住方式是保护的重点。苏州市在重点调研的基础上，采取普查倡导、出台政策、行政管理先行和立法规范等步骤，为古城业态建设腾出空间，加大了政策扶持，引导社会资本积极参与到古城保护的项目建设中来，让古城的历史文脉在发展中永葆生机和活力。

苏州保护古城，不仅理解了其总体定位、总体特征，更从空间要素和历史人文角度入手分析了古城。古城内位于不同地方的历史文化街区、文保区没有被割裂对待，而是被作为一个相互关联的体系进行整体保护。苏州虎丘老街、山塘街、斜塘老街、平江路特色旅游街等都是构成苏州古城的重要空间肌理，有共通的文化历史内涵，又有各自的特色。苏州市具有统筹思维，找到了有创新特色的、植入文化内涵的、活态化的保护传承之路。

2019年年初，一份《古城保护倡议书》吸引了人们的目光：

2 500年的姑苏古城，是水中的天堂。那巍峨的城门，古朴的城墙，都在静静诉说世事沧桑。信步老街，闲游深巷，冬日的暖阳悄悄斑驳在粉墙黛瓦上。

就在这温婉秀丽中，蕴藏着坚忍不拔的城市精神。苏州建城数千年来，经历朝代更替，数度兴废，然而在屡遭毁灭之后，后人又都屡屡重修重建，遂使古城至今巍然屹立。春秋末年伍子胥建城时一定无法想象，吴越的子孙在这块土地上劳作生息、代代绵延，发展成今日传承与创新并存的现代化新苏州。

古城是天堂的筋骨，水是天堂的血脉。千年苏州在漫长历史中形成了"水陆相邻、河街平行"的水陆双棋盘式城市风貌,这是千年吴文化得以行稳致远的根基所在,更是苏州人在现代化建设中不断守正出新的力量源泉。

古城墙内春光潋滟,古城墙外云水翻腾。工业园区、高新区,以年轻、创新的姿态坐落在古城姑苏的东西两侧,正是因为有历史文化名城这一身份的依托,现代苏州才能展开腾飞的羽翼。

走进姑苏古城,就走进了整个江南。今天,我们站在这座屹立千年的古胥门城墙下,向全市人民郑重倡议:

每个生活在苏州大地上的人,都有义务自觉爱护各类文物古迹,坚决向一切破坏历史文物的行为说不。

每个生活在苏州大地上的人,都应该了解苏州古城深厚的文化底蕴,延续历史文脉,传承优秀文化遗产。

每个生活在苏州大地上的人,都应该以古城为傲,充分彰显文化自信,把苏州精神展现给全国,乃至全世界。

涓涓细流,汇成江海。让我们携起手来!让我们行动起来!当好苏州古城的守护者、建设者、传承人,共同描绘新时代姑苏繁华图!①

在倡议书的鼓励下,苏州市民积极参与到古城保护当中,发挥主人翁意识,通过打造特色街巷,原汁原味展现苏式生活,通过各种形式的志愿服务,发动居民和游客,共同保护老街、老井、古桥、古建筑。作为古城区的社区,在古城保护中,全面宣传了古城保护的意义,引导社区居民积极参与古城保护工作,开展居民自治项目,组织、健全了志愿者队伍,为历史名城保护献计出力,支持、参与和监督保护工作。

江南运河在苏州的河段,沿岸的盘门、宝带桥、吴江古纤道是

---

① 《古城保护倡议书》,《新华日报》2019年2月1日。

大运河重要的世界文化遗产点。大运河的开凿与修整,并非只是为粮食、茶叶、丝织品等物品提供了便捷的流通渠道,它更是一条富有特殊精神内涵和文化形式的文化之河。苏州的江南文化的特质使得苏州人总能在历史发展的关键时刻审时度势、敏察善纳,作出精确判断与抉择,从而赢得先机,获得最快最好的发展。

苏州尚德向善、灵动机智、探索进取、务实笃行、义利并举、刚柔相济等鲜明的文化特质,已经在改革开放以来的实践中得到充分彰显和印证,成为引领社会前行的先进元素,在未来的建设发展中也仍然具有重要价值和意义。

四、幸福社区 文明城市

在 2019 中国幸福城市论坛上,苏州太仓第八次获评中国最具幸福感城市。

围绕"现代田园城 幸福金太仓"的发展总目标,太仓坚持把"幸福"作为城市的价值追求和鲜明标志,真正使发展的出发点和落脚点放在为人民群众谋幸福上,以"精致、和谐、务实、创新"的城市精神,探索出三条幸福路径。

太仓是全国城乡发展最均衡的地区之一,大病再保险、养老服务体系建设等经验全国推广,率先成为全国首批义务教育发展基本均衡县(市、区),初步实现"学有优教、劳有厚得、老有颐养、病有良医"的城乡融合式发展态势,走出了一条优质均衡的幸福之路。按照"现代田园城市"的理念,太仓始终把绿色作为城市最鲜明的底色,加快构建"一心两湖三环四园"现代田园城市生态体系,走出了一条优美精致的幸福之路。这座城市的幸福感还源于良好的治安环境与和谐的社会治理模式。城市宜居、百姓幸福,当幸福成为太仓经济社会发展的靓丽名片的同时,也激励着这座城市的人民全面赶超跨越。

幸福太仓只是苏州的一个样板,在这片八千多平方千米的土地上,城乡社区都洋溢着幸福特质。

早在2015年,"中国最具幸福感城市"系列榜单在北京发布,苏州首次获得"中国最具幸福感城市"称号,受邀参加发布会的苏州市代表从主办方手中接过了"2015中国最具幸福感城市""2015中国小康社会建设示范奖"两块荣誉牌匾。"中国最具幸福感城市"调查推选活动由新华社《瞭望东方周刊》联合中国市长协会《中国城市发展报告》共同主办,是中国最具影响力和公信力的城市调查推选活动。当年累计8 000多万人次参加了公众调查、抽样调查和大数据采集。经过活动组委会评审,苏州与其他九座城市荣获"2015中国最具幸福感城市"荣誉称号,这说明苏州展示了在高水平全面建成小康社会进程中的幸福城市形象,推广了全面建成小康社会的成就与经验。

党的十八大以来,城市形态不断优化、乡村振兴战略深入实施,优质的教育、医疗、文化、养老等服务更为均衡,覆盖面更为广泛,精准精细、共治共享的治理体系将惠及更多市民。苏州市紧扣"文明苏州、德善之城"主题,不断提高市民文明素质,提升社会文明程度,城乡文明一体化建设一直走在全国前列。苏州市及其所辖县级市均获有"全国文明城市"称号。

文明是一种自觉,其动力来自大家对美好生活的共同愿景。苏州凭着历史积淀的文化底蕴,潜移默化地把文明理念渗透进大众的生活之中,公民道德建设跃上了新台阶,汇聚起文明城市群。城乡协调是苏州的特色,更是文明建设的优势。苏州市以市区为中心,四个县市为纽带,若干中心城镇为基础,走出了城乡文明一体化发展之路。

苏州廉洁高效的政务环境、公平正义的法治环境、诚信守法的市场环境、健康向上的人文环境、有利于青少年成长的社会文化环境、舒适便利的生活环境、安全稳定的社会环境、可持续发展的生态环境，涵盖了政治、经济、文化、生态、社会发展的方方面面，是"全国文明城市"的体现。

文明城市建设，苏州市城乡联动。多年来，苏州坚持以市区为中心、县市为纽带、若干中心城镇为基础的城乡文明一体化发展之路。苏州市积极行动，紧紧围绕《全国文明城市测评体系》，落实各项创建工作任务，构筑道德风尚建设高地，加大对先进典型的学习宣传力度，推进志愿服务制度化常态化，进一步加强"诚信苏州"建设，不断提高城市历史人文魅力，注重发挥文化场馆的熏陶作用和文化活动的引领作用，提升市民人文品位，让创建成果成为市民追求更加美好生活的城市公共产品和社会公共依托。

苏州以更高站位设计布局，把文明城市建设融入了城乡一体化，充分利用苏州优秀传统文化资源，精心设计有特色内涵的工作平台和活动载体，提高苏州人的文明素质，提升社会文明程度，契合人民群众对美好生活的向往。苏州市着力解决市民关心的重点难点问题，努力建设城市优美公共环境，认真查找并发现问题，加强城市管理和服务体系智能化建设。如何把创建全国文明城市群的目标，化为广大市民看得见、摸得着，可以直接参与的基础载体？苏州市文明办与苏州评弹团主推的"道德评谈"，就是一道"苏帮菜"。身边好人、道德模范的先进事迹被改编成评弹节目，说说唱唱，寓教于乐，更能激起广大观众的共鸣。

苏州按照城乡一体化的发展思路，坚持"以城市要求抓农村、用市民标准育农民"，整合惠民利民资源，加大对村、社区志愿者队伍的引导。苏州市农村开展"乡风文明志愿岗"活动，设立十余种岗位，实施"道德模范传帮带"工程，起到了"一带十、十传百"的示范效应，激发了道德模范投身道德建设的自觉性。"苏州良知公益基金"为见义勇为、乐助他人的市民提供有力支撑。在苏州城乡文明一体化发展的不同时期,无论是老苏州人,还是新苏州人、洋苏州人,在文明创建的引领下不断提升社会文明程度,共同打造文明有序的社会空间,全面提升了城乡居民的"幸福指数"。因此,生活在苏州城乡的人们,在实践文明建设的同时,也是文明成果的最终得益者。

苏州一手抓市民素质提升,一手抓精神文明建设,大力实施社会主义核心价值观涵养工程,强化公民道德教育,发挥重点人群示范带头作用,巩固公益广告宣传,推进诚信建设制度化,深化道德讲堂建设;大力实施社会志愿服务深化工程,完善区志愿者总会自身建设,加强骨干团队培育,注重品牌活动扶持,夯实基层志愿基础;大力实施群众性精神文明创建工程,提升文明城市建设水平,加强农村精神文明建设,开展文明系列创建活动,强化文明引导系列行动。

苏州道德楷模持续涌现,凡人善举层出不穷,正在努力建设成为有温度的人文之地、有显示度的文明之地、有感受度的向上向善精神家园。苏州让核心价值引领更加有效,社会文明风尚更加浓厚,全国文明城市建设保持领先,全力建成"全国文明城市群",实现市、县全国文明城市全覆盖;公民文明素养普遍提升,旅游、交通等领域不文明现象明显减少;城市公共场所文明有序,社会生活充满人文关怀,人们生活方式绿色健康,社会文明程度测评指数达到90分以上;公民道德实践更加自觉;志愿服务覆盖城乡,注册志愿者占城镇人口比例达到18%;"八礼四仪"养成教育深化拓展,践礼养德成为广大未成年人的自觉行为;各类道德实践载体有效运用、持续创新,形成一批在全国有影响的道德建设载体和工作品牌;各类道德典型发现、推荐、评价机制不断完善,礼赞道德楷模、鼓励凡人善举、褒奖身边好人机制普遍建立。①

苏州市一手抓市容管理提升，一手抓城市环境治理。在决胜高水平全面建成小康社会之际，苏州自提标准，自查问题，自加压力，自增任务，提升城市面貌新形象；把行业整治和严格执法保障更好结合起来，变"两张皮"为"一张网"，形成了相互融合、互为依托的"双促进"格局；在强化城市管理专项整治的同时，牢固树立"严管精治"工作理念，对城市管理领域的违法违规现象敢于担当、敢于亮剑、敢于执法；确保主干道、次干道、商业大街、背街小巷等外部环境文明卫生，垃圾清运及时，垃圾箱干净整洁，无垃圾外溢现象，有分类收集垃圾箱；公共厕所内外设施完好，保洁及时，无垃圾、脏污等以及指示牌设置；针对乱涂乱贴、城市"牛皮癣"小广告严重影响文明城市创建和市容环境情况，采取有效措施，持续查处、打击一批非法张贴小广告的违法犯罪行为；苏州市主干道、商业大街等每隔100米有公益宣传发布阵地，供发布社会主义核心价值观、中国梦、讲文明树新风、八礼四仪、加强未成年人教育保护等内容的主题公益广告；持续整治违规户外广告设施和屋顶镂空字，营造清爽天际线和安全城市空间环境，提升城市品质。

苏州市重视坚持问题导向和目标导向，在决胜高水平全面建成小康社会之际，实现省、市城市管理示范路、示范社区及辖区内核心重点道路提升；至2020年年底，实现建成区范围内市容环卫责任区制度高质量全覆盖，沿街市容环卫责任主体签约率、张挂率、履约率、违规处罚率均达到100%，形成常态长效高标准的管理机制，促进城市管理科学化、精细化、智能化。苏州市抓实长效管理，不断提升文明城市创建水平，不辜负广大市民群众的期望。

---

① 张帅：《品牌引领，苏州城乡汇聚崇德力量》，《苏州日报》2017年10月23日。

文明城市的各项指标包含了经济、政治、文化、生态、社会建设等方方面面的内容，是一套综合评价体系。苏州市牢固树立创建惠民的宗旨，把文明城市工作当作一项长期的系统工程，让人民群众生活真正得到改善，让城市文明程度和市民文明素质真正得到提升，为全面建成小康社会提供了强有力的思想保证、精神动力、智力支持和文明条件。

苏州市加大社会宣传，让市民共同来参与城市管理，动员了苏州市广大机关干部、各窗口行业单位、党员积极参与文明创建实践活动，形成城市管理人人参与、人人有责的良好社会氛围；充分利用好已经建立起来的各项制度，强化日常督查、动态管理，充分发挥市创建指挥部、城市管理委员会高位协调的作用，不断解决了城市管理中的顽疾；加快建立完善了重点难点问题督办机制，针对创建工作中经常发生的问题，集中力量、攻坚克难，一个问题一个问题地解决。

苏州文明城市建设注重实际效果。文明城市建设成效如何，最终要用苏州人民群众满意度来检验。苏州市防止了形式主义现象，下大力气、花真功夫、做实在事，本着实实在在为人民群众谋福利、办实事、做好事的角度去创建文明城市，得到了苏州人民群众的广泛支持。

经验与启示：
高水平全面小康的中国城市发展

改革开放 40 多年来，苏州市敢闯敢试，敢为人先，解放思想和改革开放相互激荡，观念创新和实践探索相互促进，在实践中形成"张家港精神""昆山之路""园区经验"这"三大法宝"，不断与时俱进、开拓创新，闯出一条极具时代特点、苏州特色的高水平全面小康的中国城市发展之路。

特别是党的十八大以来，在习近平新时代中国特色社会主义思想指引下，苏州市加快推进开放型经济转型升级、创新发展。在保持规模优势的同时，不断优化结构、拓展深度、提高效益、完善环境。坚持以习近平新时代中国特色社会主义思想为指导，全面贯彻党的十九大精神和十九届二中全会、十九届三中全会、十九届四中全会精神，对标习近平总书记对江苏工作作出的系列重要讲话指示，坚持稳中求进工作总基调，深入谋划"现代国际大都市、美丽幸福新天堂"城市发展蓝图，奋力实现高水平全面建成小康社会，开启基本实现现代化建设新征程。

苏州工业园区开放创新综合试验取得明显成效，

在国家级经济技术开发区综合发展水平考核评价中连续多年位列全国第一；昆山深化两岸产业合作试验区建设深入推进，已经成为大陆地区台资集聚发展高地；苏州高新区在"一带一路"通道和特色口岸建设、科技创新等方面迈出坚实步伐；常熟市紧抓国家市场采购贸易方式试点机遇，先行先试，成效显著；张家港市、太仓市、吴江区、吴中区、相城区、姑苏区等地在"走出去"、特色产业引进、开放平台建设等方面都实现了新的突破。

苏州因改革而发展，因开放而腾飞。一直走在改革开放前列的苏州，面对复杂多变的国内外经济形势，要赢得新一轮开放发展先机，开创新时代对外开放新局面，必须按照习近平总书记指出的，"开放带来进步，封闭必然落后。中国开放的大门不会关闭，只会越开越大"，坚定扩大开放不动摇，坚持推动形成全面开放新格局，加快走出更高质量开放发展的苏州之路。

在新一轮对外开放中，苏州市继续以解放思想为先导，充分发挥思想引领的强大力量，进一步弘扬"三大法宝"，赋予"三大法宝"新时代新内涵，发扬苏州干部有精气神、干精细活的优秀传统，狠抓落实鼓励激励、容错纠错、能上能下"三项机制"，凝聚起苏州人新时代干事创业的蓬勃力量，求真务实，埋头苦干，奋发作为，勇当"两个标杆"、建设"四个名城"，为"强富美高"新江苏做出新的贡献，在基本实现现代化建设新征程中走在全国前列。

第八章　坚持党的建设与中国城市发展道路

2020年是全面建成小康社会和"十三五"规划收官之年，回望党的十八大以来苏州城市发展取得的各项成就，毫无疑问，它们是与苏州党的建设离不开的。

在苏州"开放再出发"的起步之年，苏州发挥党建引领保障作用，把组织活力转化为发展活力，把党建优势转化为发展优势，这主要体现在苏州城市发展中的"五个贯穿始终"：一是加强政治建设、践行"两个维护"贯穿始终，坚定不移把学习贯彻习近平新时代中国特色社会主义思想作为首要政治任务；二是坚持和加强党的全面领导贯穿始终，持续巩固强化党的领导地位，持续完善领导各项事业的具体制度，严格执行民主集中制；三是党建引领发展贯穿始终，推动党建工作与中心工作深度融合，让党建"最大政绩"引领保障发展"第一要务"的导向更加鲜明，以过硬党建成果助燃"开放再出发"的火热激情；四是制度建设贯穿始终，不断提升制度治党、依规治党的水平，切实加强对制度执行的监督；五是强化责任落实贯穿始终，各级党委（党组）特别是主要负责同志落实全面从严治党责任放在心上、扛在肩上、抓在手上，不断提高履职尽责本领，扎实推动管党治党各项任务落到实处，领导挂钩联系基层党建和推动重点工作形成有效制度机制。

苏州建立和完善常态化机制，锐意进取、主动出击，在对标找差中形成新时代的苏州优势、苏州力量、苏州形象。苏州树立了更高标杆,坚持以政治对标为引领,把习近平总书记对江苏、苏州工作的谆谆嘱托,作为苏州党建和城市发展最大的责任担当、最高的目标追求,自觉对照"试点、试验、示范"的路径选择、"率先、排头、先行"的目标定位、"生态、开放、创新"的工作重点,确保苏州城市事业发展始终沿着习近平总书记指引的方向前进;坚持以工作对标为抓手,紧紧围绕推动创新发展、促进产业转型、强化有效投入、优化营商环境、塑造城市品质等关键任务,主动对标先进地区,锚定"最优"目标,找准"最优"路径,干出"最优"结果,以作风对标为保障,把苏州"三大法宝"和"争第一、创唯一"作为苏州干部最鲜明的精神特质。

一、党的十八大以来苏州党的建设与城市发展

苏州是一座精致典雅的历史文化名城,也是一个生机勃勃的现代化都市。党的十八大以来,苏州在以习近平同志为核心的党中央坚强领导下,在习近平新时代中国特色社会主义思想特别是习近平总书记对江苏工作重要指示精神指引下,积极投身"强富美高"新江苏建设,各项事业取得历史性成就,发生历史性变革。苏州呈现出三个方面的特点,为开展苏州基层党建工作提供了新的实践基础。一是"既小又大"。苏州的土地面积小,但经济总量大,承载的人口多,在城市管理和社会治理上面临着比较大的压力,需要进一步突出城市基层党组织的核心地位,完善工作体系,创新工作手段,不断构建良好的城市生态。二是"既古又今"。苏州的城市形态和城市文化,古韵与今风并秀,传统与现代互融,这既是发展的底蕴和优势,又是需要下大力气把古城保护好、把优秀的文化传承好、把现代化的城市发展好的硬任务,需要基层党组织和党员行动起来,带领人民群众共创美好城市。三是"既中又洋"。苏州城市

的发展，既有内生的路径，又有开放的格局，探索出了一条符合自身特点的发展之路，特别是进入高质量发展阶段，要继续保持苏州的发展势能，必须紧跟时代步伐，进一步发挥党建工作的引领作用和保障作用，不断提升外资企业、民营企业以及新兴领域"两个覆盖"质量。

改革开放以来，苏州城市化快速推进。2020年，苏州常住人口达到1 075万，城市化率超过76%。党的十八大以来，苏州市委高举习近平新时代中国特色社会主义思想伟大旗帜，认真落实中央"上海会议"和江苏省委"苏州会议"要求，不断加强和改善城市领域的党的领导，鲜明确立抓城市基层党建工作"加、减、乘、除"的工作思路，在推进城市创新发展中，有效发挥了党建工作的"压舱石"和"推进器"的作用。

苏州党建做好"加法"，进一步突出街道社区党组织领导核心作用。街道社区党组织是党在城市工作的基础，处于承上启下、联结四方的枢纽核心位置。结合苏州人口高密度、企业高集聚以及高城市化率等特点，苏州在推进城市基层党建工作中，始终牢牢抓住街道社区这个重心，为街道社区党组织聚焦主责主业营造良好环境、提供有力保障。加强顶层设计，坚持市委把方向、管全局、抓大事，制定出台《关于加快推进城乡社区治理现代化的意见》《关于在政社互动中进一步强化党建引领的实施办法》等16个指导性文件，明确街道社区党组织在城市领域政治引领、组织引领、服务引领和法治引领功能。加强统筹协调，深化街道体制机制改革，剥离街道招商引资、协税护税职能，取消街道经济指标考核，引导街道党组织更加聚焦抓党建、抓治理和抓服务。探索将城区原17个"小街道"合并为5个"大片区街道"，条线部门基层工作力量全部下沉由片区街道统一管理，探索建立开放式党建工作机制，推动各类基层党组织资源共享、共驻共建。同时，市县两级按照每年每个社区 20 万元的标准、落实党组织为民服务专项经费 2 亿元。加强阵地建设,全面打造街道社区"海棠花红"阵地群,紧扣增强政治功能要求,标准化设置政治引领、宣传教育、党建服务等五大功能单元,把习近平新时代中国特色社会主义思想传到城市的千家万户。

苏州党建做好"减法",进一步消除城市党建工作的"空白点"。按照"人在哪里、党员在哪里,党的建设就推进到哪里"的要求,针对苏州非公有制经济发达,各类园区、商圈市场、商务楼宇、网络媒体等新兴领域十分活跃等特点,苏州坚持以区域化党建实现兜底覆盖,有效减少党建工作"空白点"。一方面,以产业链、创业园、开发区等"两新"组织集聚区为单元,建成区域党建工作站 339 个,对苏州市 18 条国家级特色商业街、82 个亿元以上市场、800 多幢重点商务楼宇、32 家国家级众创空间实现党组织全覆盖。另一方面,配齐骨干力量,以街道、开发区为主体,统一招聘专职党务工作者近 600 名,全部建立职业资格登记管理体系,沉到区域党建工作站专门从事党建工作,较好地发挥了党组织的"孵化"功能和党建服务功能。苏州高新区"周新民党建工作室",作为一个区域党建工作站,同时也是江苏省首个以个人命名的非公有制企业党建工作室,覆盖了 300 多家非公企业,已培育党建品牌 100 多个,培训党务干部 1.5 万人次,带动区域党建工作整体提档升级。

苏州党建做好"乘法",进一步激发基层党组织"细胞"活力。习近平总书记多次强调,要让支部在基层工作中唱主角,发挥主体作用。聚焦古城保护、文化传承、民生福祉等苏州城市发展的现实需要,苏州牢固树立一切工作到支部的鲜明导向,在苏州市推广"行动支部"工作法,通过"行动支部"的示范带动作用,形成"乘数效应",实现基层组织活力倍增。"行动支部"工作法,就是在行动一线建支部、让支部到一线行动,根据党员统一志向、特长、愿望,把支部建在党员居民骨干队伍、志愿服务队和草根社会组织中,建在重大实事工程、重点民生项目上,推动支部建设与中心工作、支部行动与组织生活、支部引领与服务群众的"三个深度融合"。首批试点单位姑苏区,经过一年的探索,在各个领域共建成"小巷党课""古城保护""非遗传承"等行动支部354个,申办党建项目142个,承办社区党组织为民服务项目237个,服务党员群众超过2万人。

苏州党建做好"除法",进一步织密城市治理网格。习近平总书记强调,基层党组织要担负好领导社区治理的重要职责,打造共建共治共享的社区治理格局。苏州市有4万多个基层党组织,55万多名党员,约80%集中在城市领域。根据城市管理和社会治理的新要求,充分发挥组织资源和组织优势,让每个党组织、每名党员都担当好"分母"的角色,担起治理的责任,化解发展的矛盾,把大问题分解成小问题,把小问题解决在最基层。创新网格化党建来推进基层治理,苏州市已设置了1.5万多个网格,由基层党组织班子成员、党小组长和党员骨干分别担任网格长、网格员。积极推动党员志愿者和居民代表"进"网格,机关事业单位在职党员"驻"网格,工青妇组织和社会组织"联"网格,全面增强基层治理的组织力量。相城区把城市社区划分为600多党建网格,让2万多名党员进网格,面对面听取和收集群众的意见、建议,把党建网格打造成群众家门口的"红色客厅",让居民群众时刻能看得到党的元素、听得到党的声音、感受得到党的力量。

习近平总书记在中央城市工作会议上指出,做好城市工作,必须加强和改善党的领导。苏州市坚持以人民为中心的发展思想,与党的建设同步推进,推进城市基层党建全面加强。

一是把党建引领作为贯穿城市发展的鲜明红线。苏州改革开放四十多年的发展历程,最突出的一条经验就是要始终牢牢把握坚持和发展中国特色社会主义这个主题,坚持围绕发展抓党建、抓好党建促发展。无论城市化如何推进、城市格局如何提升,加强城市基层党的建设、巩固党的执政基础,始终是贯穿城市发展的一条红线。

二是把服务人民群众作为强化基层党建的核心目标。牢牢把握人民群众对美好生活的向往是谋划和推进城市社会治理和基层党建的核心。苏州城市基层党建工作始终贯彻以人民为中心的发展思想,深刻认识人民群众多样化、多层次、多方面的需要,以习近平总书记提出的"八个更"为指向,从百姓最关心的问题入手,切实提高群众的获得感和满意度,真正做到人民城市为人民。

三是把创新体制机制作为激发党建活力的重要抓手。全国城市基层党建工作经验交流会要求,城市基层党建工作要与时俱进、改革创新,更加注重全面统筹,更加注重系统推进,更加注重开放融合,更加注重整体效应。苏州市注重在内容、形式、载体和机制等各方面的创新,使城市基层党建与形势变化相适应、与时代脉搏相同步,不断激发基层党建活力,提升基层工作效能。

四是把夯实基层基础作为推动城市发展的关键力量。改革开放以来,苏州城市基层党组织和党员队伍不断发展壮大。苏州市4万多个基层党组织、55多万名党员,约80%集中在城市。苏州市委坚持围绕做实基层、夯实基础,以落实党建工作责任制为牵引,抓覆盖、抓主体、抓活力,加大阵地建设、经费保障、人员配备等向基层的倾斜力度,推动党建工作重心下沉、党建资源下沉、党建人才下沉。①

---

① 中共苏州市委组织部:《江苏苏州市:打造党建核心引擎 引领城市创新发展》,http://dangjian.people.com.cn/n1/2018/0718/c420318-30155715.html。

二、现代国际大都市、美丽幸福新天堂

苏州从"张家港精神""昆山之路""园区经验"中走来,从经济总量位列全国大中城市"第一方阵"、全国工业总产值位居前三的城市中走来。今天的苏州,高举习近平新时代中国特色社会主义思想伟大旗帜,牢记习近平总书记对江苏工作系列重要指示,一场新的伟大实践正阔步前行。这是苏州发展处在"量转质"关键跃升期吹响的铮铮号角,这是苏州选择的新时代方位,这是新时代引领的苏州之路。

苏州正面临新的、前所未有的发展机遇:"两个一百年"奋斗目标的历史交汇期,第一个百年奋斗目标要实现,第二个百年奋斗目标要开篇。两个伟大目标如何在苏州大地凝聚更高的奋斗共识、化为更强的行动力量?苏州市上下振奋精神、鼓足干劲,在"强富美高"宏伟蓝图下,响亮地提出建设"现代国际大都市、美丽幸福新天堂"的口号。

从2009年习近平同志在江苏调研时指出"像昆山这样的地方,包括苏州,现代化应该是一个可以去勾画的目标",到2013年年初习近平总书记参加全国人民代表大会江苏代表团审议时提出"深化产业结构调整、积极稳妥推进城镇化、扎实推进生态文明建设"三项重点任务,到2014年习近平总书记视察江苏时提出建设"强富美高"新江苏、推进"五个迈上新台阶"的要求,再到2017年党的十九大后习近平总书记亲临江苏视察关注的坚守实体经济、推动创新发展、深化国有企业改革、实施乡村振兴战略、建设生态文明、加强基层党组织建设这六方面的重要问题,都是习近平新时代中国特色社会主义思想在江苏的具体化,也为苏州树立新时代发展点准了穴、把准了脉、定准了向。

但面对转型升级、爬坡过坎的关键时期,面对区域发展特别是城市竞争群雄并起、你追我赶的新时代,面对高质量发展的新要求,面对人民群众对美好生活的新期待,"跳出苏州看苏州",苏州有强烈的危机感、现实的紧迫感,面对发展中的挑战性,苏州始终保持一股子冲劲和拼劲,向着更高的目标奋发进取。

苏州高水平全面建成小康社会,积极探索具有时代特征、苏州水准的中国特色社会主义现代化道路,进一步稳就业、稳金融、稳外贸、稳外资、稳投资、稳预期,全面加强党的领导和党的建设,保持经济社会持续健康发展和社会大局稳定,推动高质量发展走在最前列,以振奋精神不畏难的姿态,主动把自己放在更高的"坐标系",同更强的对手去竞争、去比拼、去较量,将解放思想大讨论引向深入,与时俱进地丰富"张家港精神""昆山之路""园区经验"的实践内涵,坚定不移地全面深化改革开放,努力提供更多的经验和范例。

沿着传统产业转型升级、预见性布局新兴产业的经济发展纵轴和生态优先、打造文化软实力的社会发展横轴,苏州正在明确自己全新的定位坐标,全力提升自己在国际城市版图上的位次。

却顾所来径,苍苍横翠微。当年,苏州经济以乡镇企业和代工工业起家时,靠的一股劲头,就是"敢为人先"。奋斗的精神力量,始终指引着苏州前行的脚步。改革开放40周年时,中央媒体不约而同地聚焦苏州这块不断创造奇迹的热土。2018年10月12日,《人民日报》头版刊出《苏州:敢为人先敢拼闯》,文章写道:"不久前,江苏苏州市委大院12号楼里召开了一场意在激发干部精气神的会议。会上播出了一段视频,昆山、张家港与苏州工业园区的老干部们纷纷出镜,'我要干,绝不回头''不等不靠,照样自筹资金办开发区'……历史的画面,恳切的言语,让台下的干部们激情满满。"

40多年来,苏州干部群众始终坚持改革开放不动摇,咬住发展不放松,抓住农村改革、乡镇企业发展、上海浦东开发开放等重大历史机遇,形成"张家港精神""昆山之路""园区经验"三大法宝,勇于拼搏,敢于争先,锐意创新。

改革开放以来,苏州诞生的全国第一个自主开发的工业小区、第一个与国外合作开发的工业园区、第一个封关运作的出口加工区、第一个设在县级市的国家级高新区、唯一的深化两岸产业合作试验区和开展开放创新综合试验的开发区,无一不是"闯"的结果,无一不是"敢为人先"的探索。

截至2019年,苏州市委全面深化改革领导小组办公室的统计显示,苏州累计承担国家、省级各项试点任务70项,其中国家级52项,省级18项,已结项12项,正在推进的试点有58项。

在苏州,先导产业布局、智能工厂建设、研发载体引进如火如荼,现代化的步伐铿锵有力。苏州新兴产业产值占规模以上工业总产值的比重达到52.4%,新一代信息技术、生物医药、纳米技术、人工智能四大先导产业占比达到15.7%。张家港、常熟、昆山入围国家首批创新型县(市)建设名单,苏州与国内外大院大所签约共建载体平台超过130家。

在苏州,无论是政府部门还是企业主体,都在争,都在拼,都在抢。围绕加快建设具有国际竞争力的现代产业名城,苏州狠抓自主可控,强化重大关键核心技术突破,培育产业集群,主攻智能制造,主抓集约利用,优化营商环境,全力推动工业经济高质量发展走在最前列。

奋斗者,是新时代的主角。新时代,是奋斗者的舞台。对苏州来说,需要进一步提振精神再出发,就是要始终保持一种负重奋进、敢为人先的干事创业精神状态。历史和现实反复证明:苏州,咬定了发展目标就会一茬接着一茬干;苏州,在发展的关键节点更

善于捕捉和抢抓机遇。

苏州市突出创新驱动,加快建设具有国际竞争力的现代产业名城。在产业选择上突出重点、有所取舍,在创新驱动上善谋新招、敢使硬招,在传统优势产业改造升级上狠下功夫、力求突破。苏州市突出改革开放,加快建设开放包容的创新创业名城。努力"提供改革开放新范例",努力"集聚整合全球创新资源要素",努力推动更好地"走出去",坚持"以我为主"高起点接轨上海,高度融入长三角一体化发展国家战略。苏州市突出城乡建设,加快建设富裕文明的美丽宜居名城。以"绣花"功夫提升城市品质,彰显江南水乡的生态韵味,让人民生活更加富足滋润。苏州市突出文化传承,加快建设古今辉映的历史文化名城,更加注重文化的保护与传承,积极推动文化的弘扬与传播,全面促进文化的繁荣与创新。

苏州市有更大力度实施重大国家战略的机遇。苏州是开放型经济大市,拥有苏州港、"苏满欧"、"苏新欧"货运班列等全面参与经济全球化的战略资源,在"一带一路"建设中大有可为。苏州在长江经济带中处于"龙颈"位置,在"共抓大保护,不搞大开发"、引领转型升级创新驱动方面拥有得天独厚的优势。苏州也是长三角重要的副中心城市之一,长三角一体化发展已上升为国家战略,苏州在打造世界级城市群进程中将努力争取更多发展红利。

苏州市有更快步伐建设苏南国家自主创新示范区的机遇。苏南国家自主创新示范区从数量上讲,苏州"十分天下有其四";从现有水平上看,苏州总体排位靠前,苏州工业园区在国家级经开区中排名全国第一,国家赋予的各项政策,苏州能够率先落实、率先见效。

苏州市有更高层次接轨上海的机遇。苏州的发展得益于上海,无论是乡镇企业的异军突起,还是外向型经济的迅猛发展,都与上海的辐射带动密不可分。苏州凭借与上海地缘相近、人脉相亲的区位优势，完全有条件进一步拓展提升学习上海、对接上海的广度和深度。

为了接轨上海，苏州交通系统在重大交通规划研究上有了新进展，在重点交通工程推进上有了新进步，在重大交通项目建设上有了新突破，成绩值得充分肯定。苏州市要进一步提高认识，不断通过推进综合交通一体化，激发出苏州发展的更大活力、更大优势、更大动力；要坚持"国际性枢纽集群的重要组成部分、全国性综合交通枢纽城市、交通强国建设示范先行区、交通创新发展示范高地"的发展定位和目标，积极构建"开放立体、创新高效、协调共享、便捷优质、绿色智能、安全经济"的具有苏州特色现代综合立体交通运输体系，形成"国际国内通道联通、枢纽节点功能完善、运输服务一体高效、交通动能强劲有力"的现代综合立体交通新格局。[①]

苏州，强调与时俱进，讲求客观务实。苏州明确了建设现代国际大都市的目标方向，重点聚焦"构建沪苏协同增强效应"这一关键性课题，通过广泛的讨论，明晰了"构建沪苏协同增强效应"的重要性、可行性，以及具体对策措施。

苏州市干部群众将更加紧密地团结在以习近平同志为核心的党中央周围，不折不扣地贯彻落实党中央、江苏省委的决策部署，万众一心，迎难而上，开拓进取，以昂扬奋进、久久为功的姿态，一步一个脚印，全力推动高质量发展走在时代最前列，以优异成绩答好新时代之卷，谱就新发展之歌；也将不断提升城市功能品质，提高苏州辐射力、竞争力、影响力和吸引力，把苏州建设成为独具魅力的"现代国际大都市、美丽幸福新天堂"。

---

① 张建雄、李勇、常新、高岩、吴秋华、陆晓华：《探索实践"两个标杆""四个名城"的苏州之路》，《苏州日报》2019年3月25日。

第九章 以人民为中心的小康城市发展

习近平总书记指出,"人民城市人民建,人民城市为人民"。这句简单而深刻的指示始终是苏州小康城市建设的灯塔。

在全球宜居城市排行榜中,苏州连续多年成为中国内地最宜居的城市。苏州,人口规模适度,资源利用集约,科技创新持续,经济发展繁荣,公共服务精细,基础设施完善,文化特色鲜明,生态功能良好,人居环境优美,是中国高水平全面建成小康社会的典范城市。

苏州城市总体规划顺利推进,统一管理经济社会发展规划、城市总体规划、土地利用规划和生态红线区域保护规划等,加快推进"城市大脑"顶层设计,完善城镇社区15分钟就业、社保、医疗、文化、健身、养老等服务圈。在融入长三角一体化发展的大背景中,苏州这座城市正在悄然发生变化,稳步迈向"美丽幸福新天堂"。

一、古城新貌姑苏区

春到姑苏,风传花信。观前街上换新装,平江路边店堂亮,双塔市集生意忙……千年古城在最美的季节苏醒、蜕变。有人说,白天的苏州如画,夜晚的苏州如梦。"来了就不想走,醒来还在苏州",这是无数文人墨客的江南梦,更是无数旅人心中的苏州梦。

姑苏区是苏州的政治、教育、文化、旅游中心，也是苏州历史最为悠久、人文积淀最为深厚的中心城区，历史文化底蕴深厚。作为吴文化的重要发源地，姑苏古城有着2 500多年的悠久历史，有平江路、山塘街2条中国历史文化名街，基本保持着古代"水陆并行、河街相邻"的双棋盘格局和"小桥流水、粉墙黛瓦、古迹名园"的独特风貌。沧浪亭、狮子林等园林和大运河苏州段7个核心点段被列入世界文化遗产名录。姑苏区有各级文物保护单位174处，其中国家级文物保护单位24处、省级文物保护单位37处，有控保建筑255处，古构筑物790处。现有松鹤楼等"中华老字号"30家，昆曲、苏绣、苏扇、玉雕等各类非物质文化遗产代表性项目106项，其中世界级非物质文化遗产代表项目4项、国家级非物质文化遗产代表项目18项、省级非物质文化遗产代表项目17项。姑苏区作为苏州的政治、文化、旅游和商贸中心，区位优势明显，具备四通八达的交通网络。苏州博物馆、苏州中学、苏州大学附属医院等优质文化教育、医疗卫生机构集中。随着产业"退二进三"步伐加快，经济迈入高质量发展阶段，姑苏区已从传统工业区转型为服务业强区。姑苏区现有企业市场主体7.8万户，主板上市企业1家，"新三板"上市企业17家，国家、省级科技创业园8个，市场活力不断释放，创新创业氛围浓厚。长期以来，姑苏区主动对标国际先进水平、一流标准，以"绣花"精神推进民生服务供给精细化、精准化，扎实做好老人助餐服务、农贸市场改造、公共厕所提升等民生实事，不断深化基层网格治理，探索更多可复制借鉴的社区治理和服务创新"姑苏模式"，打通服务群众"末梢神经"，致力于把姑苏打造成最有温度、人人向往的人居首选地。

姑苏区成立于2012年10月，由原平江、沧浪、金阊三个老城区合并而成，总面积83.4平方千米，是全国首个也是唯一一个国家历史文化名城保护区。2020年，围绕苏州市委"现代国际大都市、美丽幸福新天堂"城市发展蓝图，姑苏区致力推动经济发展再突破、古城保护再升级、城市建管再加速、民生福祉再提升、社会稳定再夯实，加快打造历史文化名城"硬核"，在苏州争当"强富美高"新江苏建设先行军排头兵中扛起姑苏担当。

良好的河湖生态环境已成为最普惠的民生福祉与最具潜力的城市绿色发展增长点。水是姑苏城的魂。姑苏区扎实开展水环境治理工作，全域河道水质稳定向好，水环境问题得到初步有效整治，全力打造"姑苏八点半"夜经济品牌，其中水元素贯穿整个"一极一环三板块多节点"的空间发展布局，不管是水上夜游、水上戏台、水上灯光秀还是环古城河健身步道，都离不开良好的水环境，水环境治理对姑苏区经济社会发展至关重要。姑苏区正全力推进生态美丽河湖建设，以每个街道河湖和小微水体为治理重点，努力将水资源优势转化为生态优势和发展优势，实现从治水、护水到兴水的转变。

临河而居的苏式水乡生活，一直是老苏州的标志之一。木质结构的水阁楼与山塘河的悠久历史完美融合，但因年久失修，水阁楼存在安全隐患。许多街道城建处迅速制定解危方案，对隐患水阁楼进行集中拆除并重新粉刷，全面提升河道"颜值"，环古城河建筑立面提升工程正式启动。在实施过程中，以苏州特色为主基调，保留古城河周边建筑肌理，提升提档古城河视线所及的城市风貌。同时，吸收现代元素，根据功能需要发展新苏式建筑，打造富有韵味、与时俱进的古城河上的苏城风光。

平江路景区部分河道因外围来水带来悬浮物，不仅影响了水体生态系统的健康，还影响了游客的观感。水务部门对胡厢使河、平江河、柳枝河、新桥河等进行河道清淤，并种植沉水植物，从而净化河道，营造水底景观，形成多样性的"水下森林"。这些沉水植物能从水体中迅速吸收氮、磷等物质，对污染水体具有明显的净化效果，能增加河水的透明度，进一步完善河道生态系统，从本质上提升水质，助力打造特色历史水街片区。

苏州将在古城区域依托独特的历史文化名城优势，一方面充分利用古城、古道、遗产点、非物质文化遗产和打卡胜地，打造特色历史水街片区；另一方面利用特色历史水街河道，与换乘停车场、公交系统衔接，开发连接古城内外的水上交通，打造水文化主题游线，让这座古城散发出更加迷人的魅力。

早在2016年，苏州就被列为江苏省海绵城市建设试点城市，开始了海绵城市的建设。根据规划，苏州的第一个海绵城市试点区就位于姑苏区北部，由金阊新城、虎丘周边地区、虎丘湿地公园和平江新城组成，区内将实施56个海绵项目。大雨过后，小区雨水会经过小区的雨水花园、植草浅沟、透水铺装、生态停车位、溢流井、活动广场等海绵设施，很快被排入综合管网，整个过程就像海绵一样"呼吸吐纳"，雨水不但没有成为积水，还得到了重新利用，这便是海绵城市的原理。

水质、空气、环境的优化一直是苏州人对宜居生活的追求，而海绵城市的建设做到了一举多得。相信，在不久的将来，古城区水环境将进一步提升，水生态系统将进一步完善，古城区也会更宜居。

2016年年初，原国家旅游局启动国家全域旅游示范区创建工作，苏州是首批262家创建单位之一。此后，苏州积极实施全域旅游发展战略，打造国际文化旅游胜地。2017年，姑苏区启动古城六大提升整治工程，老旧区域环境改善提升工程作为古城六大工程之一，已完成了侍其巷、玻纤东路等20余条道路的维修。之后，再次启动颜家巷等11处街巷道路的维修工作，改善道路通行条件，方便居民群众出行，提升姑苏古城的整体形象。

姑苏区旅游资源丰富，区域内园林、特色街区、古建老宅、文博场所、商圈、非遗文创、老字号、书店等历史人文资源遍布。姑苏区坚持原真性、体验性、互动性和主客共享原则，凸显姑苏水巷风貌、吴地文化、苏式生活的鲜明特征，积极打造特色鲜明、内涵丰富的国际品牌夜游目的地。结合"姑苏八点半"品牌的打造，姑苏区推出五大核心夜游产品。其中，"商圈不夜天"聚焦开明大戏院昆曲全息演出、碧凤坊美食夜市、繁华姑苏潮流集市、玄妙嗨翻不夜天等新项目，给游客带来商圈夜游新体验；"掌灯夜游园"挖掘虎丘、拙政园等园林景区夜间游园独特的审美体验；"夜食行无界"通过开发山塘——虎丘往返水上夜游线路和平江河特色摇橹船，将水陆夜行线路打造成姑苏旅游的黄金通道；"街巷夜生活"通过"七里山塘"互动巡游、平江路中张家巷戏曲文化创意硅巷、双塔市集夜市等，吸引年轻游客参与；"博物馆奇妙夜"推广丰厚的历史文化内涵和高雅艺术，呈现博物馆参观的多样性。

围绕"姑苏八点半"夜游主题，姑苏区结合"吃、住、行、游、购、娱"旅游六要素，推出"恋·'耦'遇姑苏""享·繁华山塘""嗨·盛世观前""雅·月印平江""品·创意姑苏""夜·食行无界""漫·运河臻膳""游·运河赏曲""寻·山塘旧梦"九条精品夜游线路。这些游线融合古建城墙、名人故居、非遗文创、老字号商家、特色书店、创意集市、小剧场演艺等姑苏区具有特色和代表性的历史人文旅游资源，特色鲜明，互动体验感强。"恋·'耦'遇姑苏"等部分夜游线路将在姑苏全域旅游官微、苏州旅游总入口和携程等平台上架。姑苏区以五大核心夜游产品、九条创新精品夜游线路，带动促进商圈和历史街区夜游经济全要素发展，让市民和游客体验姑苏一夜，激发文旅融合消费新热点。①

在决胜高水平全面建成小康社会之际，姑苏区切实扛起"做实

---

① 惠玉兰：《生态美丽河湖为夜经济"增韵添彩"》，《苏州日报》2020年7月2日。

做亮历史文化名城之核"的时代责任,在抢抓机遇中提升"核"的战略谋划,在用好用足资源中提升"核"的经济密度,在优化公共服务中提升"核"的民生温度,在激情干事创业中提升"核"的工作力度。全区再燃火红年代干事创业精气神,奋力跑出"苏州节奏",打出"姑苏节拍"。姑苏区持续积极优化区域营商环境,推动北部经济区一体化创新发展,大力培育产业载体新动能,加大古建老宅保护修缮,持续加快中心城区架空线整治和入地,打造姑苏韵味特色文化演艺项目,美化背街水巷环境风貌,加速推进征收搬迁项目扫尾清零工作,综合实施城市环境提升"1148"工程,大力完善就创业服务体系,推进农贸市场提质改造,实施姑苏区老年人"幸福助餐工程",完善社区卫生服务体系布局。姑苏区还围绕"吃、住、行、游、购、娱"六要素,大力活跃夜间经济和消费氛围,进一步推动文化旅游新兴消费产业集群发展,实现消费回补,探索古城复兴。

2018年,浸入式园林版昆曲《浮生六记》曾在苏州可园、沧浪亭精彩亮相,为古城姑苏开拓了"戏曲+"的文化发展模式。2020年,《浮生六记》向市场推出了一系列新产品。据悉,继园林版、舞台版、游园版等不同版本后,一条以《浮生六记》为主线的姑苏文化旅游新路线即将亮相。"浮生六记"制作团队将和苏州水上游相关部门合作,在古运河上打造"游船版"昆曲《浮生六记》。

新编园林版昆曲《浮生六记》是姑苏区倾力打造的"戏曲+"创新文化项目,是国内首个浸入式戏曲表演,也是姑苏区获评"国家文化新经济开发标准试验区"后,进一步推动传统文化创造性转化、创新性发展的新举措。该剧在编排上将世界文化遗产沧浪亭与世界非物质文化遗产昆曲完美融合,在沧浪亭内"复刻"了一个属于沈复和芸娘的世界。从首演至今,《浮生六记》演出已达120场,受到苏州市民和昆曲爱好者的广泛欢迎。

浸入式昆曲《浮生六记》的独特魅力，让人看到姑苏传统文化蕴藏着诸多创新可能。新时代，老古城，新思路，"姑苏·古城保护与发展基金"由姑苏区、昆山市、苏州工业园区、苏州高新区、苏州国际发展集团共同发起，以有限合伙制形式设立，预期目标规模20亿元。该基金设立后，将深入挖掘姑苏区丰富的历史文化资源，重点投资古城保护利用、古建老宅开发运营、老字号品牌运营，以及泛文化、新科技产业等领域，充分发挥市场化基金在资源、资本、人才集聚上的放大效应，全方位助力新业态、新动能打造，推动资源优势尽快转化为经济优势、品牌优势，提升城市"硬核"经济密度。该基金计划采用"母基金+股权直投"的投资形式，母基金投资将通过对一批市场认可度较高、与产业发展方向契合的子基金进行投资，实现整个基金规模、资源的放大效应；股权直投则将对重点关注、扶持项目以及成长性较高的项目进行直接投资和深度参与。

在充分发挥区域优势的基础上，姑苏区重点发展具有特点的IP经济、授权经济等文化创意新业态，加快推动传统文化创造性转化、创新性发展。"文化新经济设计师驻留计划"邀请4名国内外知名设计师，探访苏绣、缂丝、剪（刻）纸、苏灯等姑苏本地代表性非遗手工艺项目。设计师与苏州工艺师及传承人深度探讨，打造具有苏州元素及前沿创新的设计作品，助推本土文创产业升级。姑苏区把文创产业提升到战略主导地位，出台了一系列政策助力产业发展，利用古城内原有的老厂房相继打造了姑苏69阁、5166影视多媒体产业园、989文化产业园等一大批文创载体，引进培育了"洛可可""庞喜"等众多优质文创项目，推进实施了虎丘、桃花坞、渔家村等十多个重点文化产业项目。

有设计引路，有基金参与，姑苏区继续把古城保护与发展作为工作重心，保护的路径逐步清晰，历史文化名城保护和提升"六大工程"深入实施。同时,聚焦科技创意、特色商贸、文化旅游三大主导产业,发展的质效稳步提升。苏州自主创新广场获评"国家技术转移苏南中心",石路华贸、姑苏天安云谷、江苏白鹭紫荆核产业技术创新中心等一批优质项目成功落地,昆曲、桃花坞年画等IP与传统产业实现跨界融合发展。

姑苏区已完成"一中心、一基金、一生态圈"的顶层布局——辖区设立文化新经济发展中心,作为梳理本地文脉、提炼文化IP、对接中央财智资源、形成地方文化新经济运营主导能力的实体机构。同时,姑苏区引入育商共创机制,设立基于育商机制的文化新经济创新发展基金。此外,姑苏区还纳入文化新经济协同体系的共享生态圈,对接具备国际领先水平的智库支撑、人才培养、顶层规划、项目实施、运营管理、市场通路等资源。

文化深厚是姑苏区的最大特色,如何用好文化资源,将文化优势变成产业发展优势,关系到姑苏区的未来。作为国家文化新经济开发标准试验区,姑苏区不断活化本地文化元素、文化资本,推动产业新消费、新增长,实现产业结构的迭代更新,以向世界展示新苏州,为城市打造新经济,为产业注入新活力,为公众开启新视野。

以文化元素为新的经济引擎,姑苏区正走在文化新经济发展之路上。姑苏区通过科学的顶层架构体系、务实的公共服务体系,逐步规划实现智慧聚集高地、设计聚集高地、授权聚集高地"三个高地"目标,力争成为全国文化新经济区域发展的样本。

 二、后发崛起新相城

2001年2月28日,相城区成立时,不少人曾为这片纯"农"字的土地能否快速融入现代都市捏一把汗。近二十年过去了,一个后发崛起的新相城闪耀在人们眼前。作为苏州最年轻的一个行政区，相城区在近二十年里发生了巨变。

相城区建区之初可谓"基础差、起点低"：产业以农业为主，形态以农村为主。如何让它迅速富起来，成了一个亟待解决的问题。相城区的后发优势十分明显。开发建设晚，就能把起点定得高一点，白纸上能画出更美的蓝图。相城区发展思路和导向非常鲜明，始终坚持发展是第一要务、项目是第一追求；工作作风和干劲非常硬朗，在工作推进中注重追求力度和成效；项目招引和落地非常喜人，在产业项目、创新项目和平台载体等各方面取得的成果催人奋进；改革的力度和成效非常给力，坚持从改革入手破难题、冲阻力，勇于自我革命，不断将各项事业推向前进。

2021年，相城区将迎来建区20周年。相城区将在新的历史起点进一步解放思想、凝聚力量、突出特色、增创优势，更加主动融入苏州发展大局，以发展立身、以实业立基、以担当立本，在苏州主城北部立起城市新门户。相城区在全国综合实力百强区排行榜中名列第30位，相城区拥有1个国家级经济技术开发区、1个省级高新区、1个高铁新城和1个省级旅游度假区，载体平台资源比较丰富。在决胜高水平全面建成小康社会之际，更多国际创新资源、先进制造资源将在相城区集聚。

相城区做靓形象，把"门楣"立了起来。多个国家战略在苏州叠加实施，多条铁路线即将在相城区交会，为苏州包括相城区的发展带来历史性的重大机遇。相城区提出"高铁强心、五区组团、蓝绿交织、花园水城"的空间架构，这样的设计理念是"合身"的。

相城区的生态文明建设效果显著。"天蓝、水清、土净、地绿"的城市景观随处可见；高铁新城产业经济与生态文明齐头并进，全速加码；"千年水乡古镇"阳澄湖镇坚持生态效益优先，做好水文章，养出"生态蟹"；阳澄湖度假区水清岸绿，风光旖旎，已然成为都市人群工作之余身心放松的休闲胜地……坚持"绿色发展"理念，相城区持续加大环境整治力度，加快生态宜居环境建设，普及树立生态文明理念，还生态于自然，还自然于社会。

相城区大力推动与上海虹桥紧密联动，相城区在虹桥提前布局了"数字经济创新产业园"，大力探索发展规律，将其打造成为苏沪联动前沿窗口；高水平全方位对接虹桥国际开放枢纽建设，推动与虹桥地区的高端商务、会展、交通功能的深度融合，着力推进虹桥枢纽覆盖至苏州北站；研究虹桥与相城区的产业现状，认真进行对比分析，培育壮大枢纽经济，强化相城区与上海的资本协同、平台协同和产业协同，把相城区打造成"大虹桥"的桥头堡和前沿阵地。

苏州工业园区和相城区合作共建经济开发区，8年来打下了很好的发展基础。相城区进一步深化苏相合作，是贯彻落实习近平总书记关于区域协调发展一系列重要论述，提高发展平衡性和协调性的重大举措，是苏州市域优化发展空间、开辟区域合作新路径的深度探索。

苏相合作区复制了园区经验，放大了园区优势，坚持以新发展理念为引领，源于园区、高于园区，站在巨人的肩膀上，在发展水平和发展质量上勇攀高峰。苏相合作区生态优势明显，进一步做优配套、做美环境，将以出众的"颜值"和"气质"打动更多有意投资苏州、落户苏州的优质项目和优秀人才；以国际视野、世界标准做好发展规划，做到"比园区更像园区"，发展总体规划、国土空间规划等核心规划，高起点推进产业发展规划，全力推动交通基础设施、公共服务配套设施等建设，不断增强综合承载能力；将生态优势转化为发展优势的新路径，打造长三角创新驱动、绿色发展的科技生态湖区；以"全周期管理"意识，不断提升城市治理科学化、精细化、智能化水平，打造近悦远来、宜居宜业的新家园；要让各路客商、各路人才走进苏相合作区眼前一亮，惊喜地发现"苏州还有一个新园区"。

苏相合作区是对"经济区、行政区适度分离，建立互利共赢的税收分享机制"的改革探索，其实质是以"市内飞地"形式促进市域一体化发展。苏相合作区要对标先进地区范例，在完善合作区体制机制上能够充分解放思想，大胆闯、积极试，符合上级政策规范和改革方向的，只要是苏州工业园区、相城区现有的，合作区都有，而且再"多一点"、再"加一点"；要在强化市场主体保护、净化市场环境、优化政务服务、规范监管执法、加强法治保障等方面，研究制定更多制度性解决方案，不仅做到了"24小时不打烊"，更拴住"心"、留住"情"，让"苏州最舒心"这个服务品牌在合作区更响、更亮。

苏相合作区理事会充分发挥高位协商作用，协调解决合作区改革发展面临的重大问题；深刻把握"工业园区全面主导、相城区全面推进"的实施路径，苏州工业园区给予合作区全方位的政策和资源支持，担起主导经济社会发展的责任；相城区服从统一安排、服从苏州市发展大局，切实履行好体制机制调整过渡期的属地责任，大力发扬"特别能吃苦、特别能担当、特别能创新、特别能务实"的精神，工作上相互配合、情感上相互包容，严守各项工作纪律，努力形成"心齐气顺创大业"的生动局面。①

建设苏相合作区本身就是一种模式创新，也是一项开创性工作。相城区与苏州工业园区将规划建设苏相高质量发展合作区，打造"苏相合作"升级版。苏相合作区要做好"软件"复制提升，充分借鉴自贸区经验，强化示范带动，产业互动协同，与苏州工业园区联动发展；要加快提升区域"颜值气质"，以创新的思路、要

---

① 赵焱：《苏州市召开苏相合作区全面深化合作改革创新发展工作推进会》，《苏州日报》2020年4月9日。

素、理念和成效，把创新这个第一动力在相城区淋漓尽致地发扬光大；要做好生态环境保护和修复，让绿色成为新时代相城区最鲜明的底色。

相城区要规划引领，实现高起点、高标准、高智慧，科学论证、评估和实施，让规划工作与智慧城市建设、智慧经济发展相匹配、相促进。相城区积极抢抓新一轮技术革命和产业变革历史机遇，超前谋划、提前布局区块链技术和产业。

相城区是国内发展区块链产业较早的地区之一，2016年开始着手布局区块链技术研发及产业发展。2016年12月，相城区与同济大学签约共建苏州同济区块链研究院，这是国内第一个校地合作的区块链研究院。此后，相城区又成立专门孵化和培育区块链创业企业的"链谷"孵化器，引导应用场景挖掘，推动技术成果转化，提供政策指引、项目资源对接、项目投融资等综合服务；同时还设立了政府引导、市场运作、专业管理的区块链产业专项投资基金，基金规模达3亿元。基于开放包容的营商环境，2017年12月，相城区对外发布《区块链产业发展扶持政策》，成为国内最早发布区块链扶持政策的地方之一。该政策被业内称作"区块链苏九条"，涵盖了落户扶持、经营扶持、平台扶持、应用场景等多个方面。依据这一政策，相城区陆续开放了金融服务、物联网、供应链金融等15个应用场景。2018年3月，相城区以苏州同济区块链研究院为主体，联合国内外顶尖区块链技术专家和重点培训机构，推出全球首个区块链技术管理工商管理博士（DBA）项目，组织编制中国《区块链技术人才培养标准》，在全国累计培训超2 000人。2019年4月，相城区获批中国电子学会全国区块链人才培养基地。相城区先后举办了"链谷杯"全国高校区块链大赛、丹麦区块链技术交流会、苏州区块链金融高峰论坛等多项赛事和论坛活动，在全区营造出区块链技术和产业创新发展的浓厚氛围，产业知名度大幅跃升。

截至2020年4月底，相城区共培育和引进36家区块链技术和应用相关企业，初步形成了覆盖区块链底层技术研发、中层平台、上层应用的全产业链体系。目前，江苏省在国家互联网信息办公室备案的区块链信息服务企业共有35家，其中7家来自相城区，占全省1/5。相城区企业申请区块链发明专利达71件，形成了较高的产业集聚度，有力带动了区块链相关企业集群发展。

同济区块链研究院是聚焦区块链底层技术层的典型代表。其自主研发的"梧桐链"区块链底层技术平台，于2019年通过了国家金融实验室测评，成为国内首个具有技术成熟度的自主设计的区块链底层平台，已在供应链管理、银行、保险、航运物流、艺术品交易等多个领域得到了广泛应用。同济区块链研究院还联合中国银联相关机构，研发出国内第一套区块链测评指标体系和自动化测试工具，并牵头编著了《江苏省信标委WG5区块链技术标准》，成为区块链行业的技术标杆。

在相城区现有区块链企业中占比较高的垂直行业层企业，正加速推动应用场景全面开花。由某企业打造的中小微融资第三方公共服务平台，锁定省内中小微企业，通过挖掘中小微企业的订单、存货、应收账款、票据、知识产权等各类资产信息，为中小微企业增信，帮助中小微企业解决融资难、融资贵的问题。为加快区块链应用场景落地，相城区积极引导区块链企业在"区块链+供应链金融""区块链+政务服务"等方面开展探索，逐步实现区块链应用从金融领域向实体经济的拓展延伸。相城区区块链企业已先后完成了某央企海运集团"航运存证平台"项目，解决了航运领域合作企业间的信任问题；完成了江苏省司法厅试点的"苏州司法存证"项目，有效提升了司法信息管理的智能化、精准化水平；完成了海关总署试点苏州海关监管项目，建立服务实体经济的创新监管体系……在政策有效引导下，"区块链+"持续升温。2020年，相城区还计划推出30个区块链应用场景，包括供应链金融、财政专项资金监管、知识产权保护等，进一步拓宽区块链应用范围。

为加快推动相城区区块链技术和产业创新发展，2020年2月，相城区出台了《关于加快推进区块链产业集聚发展的实施意见》，致力于形成一套区块链产业标准、引育一批区块链创新企业、打造一批可复制推广的应用场景。同时，相城区在2017年"区块链苏九条"的基础上，重新制定和明确了区级扶持政策，在落户、经营、场景、人才、金融等方面进一步加大支持力度。2020年5月，江苏省工信厅发文支持苏州市以相城区为主体创建江苏省区块链产业发展集聚区，这是目前江苏唯一一个区块链产业发展集聚区，标志着相城区块链产业发展进入新阶段、迎来新机遇。相城区正加快推进区块链企业技术创新和应用研发，加速区块链产业集聚发展，助力经济发展质量变革、效率变革、动力变革，打造具有全国乃至全球影响力的、安全可控的区块链创新样板。

相城区着力打造全国领先的大数据、工业互联网、科技金融、智能驾驶、先进材料、生物医药"六大未来产业"创新高地，已集聚相关企业超千家。

相城区工业互联网产业链不断完善，产业规模持续壮大。全区已集聚149家工业互联网重点企业，其中上游智能硬件制造商12家、中游重点平台和专业服务商37家和下游典型应用企业100家，2019年实现产值（销售）近300亿元，成功获评江苏省"互联网+先进制造业"特色产业基地（培育类），紫光云引擎"UNIPower平台"获评国家级特定区域工业互联网平台，仕泰隆入围"国家级工业互联网平台应用创新体验中心"建设项目。2018年实施"智能制造三年行动计划"以来，相城区工业企业智能化改造步伐明显加快。相城全区规模以上工业企业智能化技改率达90%，获评25个省级示范智能车间和37个市级示范智能车间，新安和美的两家企业分别获评省、市示范智能工厂，星级上云企业达64家。

相城区围绕争创国家级工业互联网产业示范基地工作目标，统筹开展工业互联网和智能制造工作，发挥工业互联网重点平台的引领作用，不断带动区内中小企业高质量发展。这些新经济企业的快速崛起，也为区块链技术研究、场景应用和产业化发展提供了强有力的协同支撑。

相城区顺应国际合作新形势，积极探索对外开放新路径，主动与日本加强合作，全面启动建设中日（苏州）地区合作示范区（以下简称"合作示范区"）。2018年以来，相城区相继完成了合作示范区战略规划和中心区产业发展规划、空间布局规划，合作示范区中心区基础设施和城市配套建设全面启动。2019年年底，合作示范区成功获评省级国际合作园区，且为全省9家省级国际合作园区中唯一的对日合作园区。

相城区是冯梦龙的故里，冯梦龙"济世为民，两袖清风"，树起了勤政廉洁、为民务实的精神标杆。相城区注重挖掘冯梦龙文化的丰富内涵和时代价值，严格落实中央八项规定精神和习近平总书记对践行"三严三实"提出的要求，把规矩立起来、促发展上台阶，用冯梦龙精神激荡全区上下干事创业、勇立潮头的正能量。相城区学习冯梦龙"真心为民、实政及民"的情怀，把群众观点、群众路线深深根植于思想中、具体落实到行动上，始终与人民群众同呼吸、共命运、心连心；学习冯梦龙"平生不求名而求实"的志向，拿出相城御窑金砖的"工匠精神"，苦干实干、精益求精，坚决反对形式主义、官僚主义，用实干诠释忠诚、以担当书写人生；学习冯梦龙"老梅标冷趣，我与尔同清"的境界，坚守"亲""清"二字，为企业办事尽心竭力，为群众服务推心置腹，永葆共产党人的政治本色。

三、美丽镇村、生态吴中

2013年全国"两会"期间，习近平总书记来到江苏代表团，饶有兴致地回忆起2012年7月的苏州之行。在谈到太湖生态时，习近平总书记说，"'天堂'之美在于太湖美，不是有一首歌就叫《太湖美》吗？确实生态很重要，希望苏州为太湖增添更多美丽色彩"。

习近平总书记的嘱托，被苏州党政干部和人民群众记在心间，更在吴中区小康社会发展中得到体现。

苏州吴中区地处长江三角洲的富饶地区，又是沿海经济发达地区之一，生态保护、环境建设和经济发展都走在全国前列。回顾走过的历程，从二十世纪七八十年代调整农业产业结构、发展生态农业起，到乡镇工业的兴起，工业企业遍地开花、分散零乱，给环境保护带来困境；再到探索农业集约化规模经营，工业开发区集中，农村居民向城镇集中，城乡统筹，开展社会主义新农村建设，积极发展商贸、旅游和城市服务业等第三产业，推进城乡一体化的进程；再到重视生态环境的建设，和谐文明社会的构建，吴中区走出一条生态、环境、经济协调发展的道路。

2000年年底，吴县撤市建区，改设苏州市吴中区和相城区。吴中区在建区之时就树立了生态优先、生态环境经济协调发展的理念，以创建国家级生态示范区为目标，在探索生态农业、生态旅游、生态修复、环境污染治理、农村生态环境经济协调发展方面做出了努力。2004年12月，吴中区通过国家环境保护局的验收，2005年被授予"国家级生态示范区"称号。2005年起，吴中区又在创建示范区的基础上进一步推进生态建设，配合苏州市创建生态市，组织各乡镇推进生态镇、生态村的建设，以生态学、生态经济学和循环经济为原理和指导，以区域可持续发展为目标，以创建工作为手段,在上级有关部门的指导下,分级管理,因地制宜,突出特色,政府组织,群众参与,创新实践,有力地推动了吴中区走上生产发展、经济发展、生态良好的文明发展道路。2010年,全区木渎、甪直等镇全部建成国家级生态镇。2010年通过原国家环境保护部的考核验收,2011年被国家正式批准为国家级生态文明建设试点示范区。目前,吴中区有84个行政村建成生态村,其中湖桥、旺山、三山、马舍、陆巷、新路6个村建成国家级生态村,省级生态村有57个。吴中区生态镇村的建设走在全国前列。

2012年起,在党的十八大精神指导下,吴中区围绕尊重自然、顺应自然、保护自然、建设美丽吴中的目标,制订了新一轮生态文明建设的方案,以使吴中区成为生态文明建设的先导区,成为中国生态文明促进会的首批联系点。在新一轮的生态文明建设过程中,吴中区将生态文明建设放在更加突出的位置,融入经济建设、政治建设、文化建设和社会建设诸多方面的内涵,并贯彻其全过程,率先建成一个美丽吴中、生态吴中、文明吴中、富强吴中、幸福吴中,建成美丽苏州的样板,成为太湖之滨一颗闪亮的明珠。2015年,吴中区被国家正式批准为国家级生态保护和建设示范区。①

吴中区自然条件独特,太湖五分之三的水域、苏州五分之四的山地在吴中区辖区内,特殊的区情决定了吴中生态保护的重要目标。自2001年建区以来,为保护太湖地区江南水乡的青山绿水,吴中区首先提出了"生态立区,绿色发展"为主线的战略,确定了"山水苏州、人文吴中、美丽吴中、最美太湖"的目标定位,坚持走"保护和发展两相宜,质量效益双提升"的生态经济协调发展的道路。

吴中区坚持生态优先,把保护太湖生态放在首要位置。实施

---

① 苏州市吴中区现代农业协会编:《国家生态保护与建设示范区:生态吴中 美丽镇村》,古吴轩出版社2017年版,第62—63页。

"蓝天、绿地、净土、静音"十大工程，推进湿地保护、新增林地、宕口整治、山体复绿等生态环境重点项目建设。三山岛湿地公园、太湖湖滨湿地公园先后创建成国家级湿地公园，累计建设林地、绿地总面积35.1万亩，创建了穹窿山、金庭两个国家森林公园。吴中区十分珍视8个国家级历史文化名镇名村、7处国家级重点文保单位以及散落在环太湖周边的古宅、古村的文化资源。以古村落保护为例，吴中区坚持"修旧如旧、整旧如故"的标准，累计投入2亿多元，先后对陆巷、明月湾、三山岛、东村、堂里等古村落进行了修缮，并合理开发，不断凸显古村落、古建筑保护修复在传承吴地历史文脉等方面的积极作用。

在吴中区政府的推动下，2005—2007年，东山、木渎、西山（后更名为金庭）、光福、胥口、临湖6个镇都根据自身的特点，制定了环境规划，按照全国优秀乡镇的建设目标，对照落实。这6个镇于2009年通过了专家验收，至此，吴中区7个镇全部跨入"环境优秀乡镇"的行列，全区实现"满堂红"。另外，有6个村被评为"国家级生态村"，42个村被评为"江苏省生态村"，全区镇、村生态建设全覆盖。2009年，吴中区镇、村建设的成果经国家考核验收，吴中区获得了"国家级生态区"称号。

从吴中区镇、村发展经验来看，苏州小城镇和农村一体建设可以根据各地环境资源的特点和自身的条件，选择不同建设途径。这些途径有：第一、第二、第三产业齐发展，走生态经济全面发展的道路；突出生态建设，走环境经济协调发展的道路；以城带乡，走城乡一体化的道路；发挥实际优势，探索现代农业发展新途径；多种经济成分并存，走共同富裕的道路。

立足于独特的区域资源禀赋，把青山绿水作为发展底色，以保护生态环境来保护生产力，成为吴中区落实创新发展的第一步。"十二五"期间，吴中区制定实施《吴中区绿色发展纲要》，完成千企转型升级三年行动计划和"112"工程任务。吴中区落实创新驱动发展战略，现有省双创人才19人，市姑苏领军人才37人，万名劳动力高技能人才560名，万人发明专利拥有量13件，获评国家知识产权强县工程试点区、全国科技进步先进区；清理盘活存量建设用地2.2万亩，工业用地亩均税收由8.7万元增至15万元，新兴产业产值突破600亿元，占规模以上工业产值比重由35%提升至54.9%，吴中经济技术开发区晋升为国家级经济技术开发区，城区获批筹建省级吴中高新区，出口加工区升级为综合保税区；全面完成服务业跨越发展三年行动计划、"6+4"旅游服务业提升工程，服务业增加值年均递增13.4%，吴中太湖旅游区获评国家5A级景区；落实"四个百万亩"保护发展任务，现代农业"6+1"产业工程和三大农业园区建设全面推进，产业格局更加清晰，获批中国驰名商标和地理标志认证各2个；推进创新融合发展，深度挖掘吴中传统文化与现代产业经济的结合点，以文化创意和科技创新为方向，着力发展先进制造、精致农业、现代工艺、休闲旅游等特色产业，在经济发展中展现更多的"吴中特色"。

以改善生态环境来发展生产力，吴中区在发展实践中走出一条以生态文明为引领的绿色发展之路。吴中区落实把生态文化资源转化为产业经济红利，把低效存量土地转化为转型空间红利，把组团经济实力转化为统筹集聚红利，把大量常住人口转化为人力资源红利的"四大红利"，把推进重点改革转化成发展红利也将成为吴中区落实供给侧结构性改革的基本路径。2020年，吴中区文化产业增加值占GDP比重达10%，旅游业增加值占GDP比重超15%。

2020年，吴中区空间开发格局进一步优化，绿色发展水平显著提升，资源能源利用效率显著提高，污染排放总量显著下降，生态环境质量显著改善，环境风险得到有效管控，生态文化深入人心，生态文明制度体系基本建立，建成与高水平小康社会相适应、相同步、相协调的生态文明建设示范区，生态文明建设水平继续保持在苏州市乃至全省的领先地位。

吴中区持续推进太湖生态优化行动。这些行动包括：采取"五位一体"科学化管理、控制湖体围网养殖面积、环湖河道整治、生态修复、加强预警监测、长效管控等综合措施，进一步提升太湖水质，推进湿地保护和生态公园建设；加快环太湖湿地保护区、澄湖湿地等湿地功能区建设，扩大湿地保护范围，保护湿地生态空间，提高湿地自身生态调节和环境承载力；贯彻执行《苏州市湿地保护条例》，以建设健康的湿地生态系统为目标，完善湿地保护政策措施，提高自然湿地面积所占的比例，提升湿地生态功能，保护和提高生物多样性；加强湿地自然保护区、湿地公园、生态公园、湿地保护小区建设，开展湿地生态旅游，展示湿地自然景观和独特的生物多样性、湿地文化；发挥湿地公园湿地休闲、湿地科普教育等方面的作用，最大限度发挥湿地的生态效益、经济效益、社会效益；以太湖、澄湖自然湿地保护为重点，以保护动植物生存环境为原则，优先在湖滨带、入湖河口等湿地功能关键区域和重要湿地沿线等生态功能特殊区域开展湿地恢复；实施水生生态养护，控制捕捞强度，严格执行太湖休渔制度。

吴中区推进绿色吴中建设。一是实施城乡绿化美化、森林资源保护、林业产业提升工程，进一步加大植树造林力度，扩大森林面积，不断提升城乡绿色宜居品位。积极构建沿河、湖防护林体系，推进生态公益林建设，打造绿色生态屏障。二是加强高标准农田林网建设，重点提高现有林网建设标准，逐步推广优良乡土树种。三是加强森林抚育改造，全面提升森林资源质量。四是加快建设有机串联城市、集镇和村落的绿色廊道体系，留足城市之间的绿色空间和生态缓冲带。五是优化绿地系统结构，扩大城市绿色空间，提高植物配置的多样性，改善绿地景观质量，使城镇人均公园绿地面积达到15平方米。

吴中区坚持涵养、修复融合，改善生态环境。更加注重山水林田湖草系统保护与综合治理，初步建立苏州生态涵养发展实验区。探索建立全要素生态质量监测评价体系，打造践行"两山"理论的吴中样本，让"太湖之美、吴中最美"成为最亮品牌。吴中区坚持科学、精细融合，提升城市品质。在苏州"现代国际大都市、美丽幸福新天堂"定位框架下，中心城区加速融入苏州主城，实现协调发展、创新发展。吴中区坚持示范、长效融合，打造田园乡村。立足改善农村人居环境，做好省、市特色田园乡村试点，建设99个美丽乡村，创成3个省生态文明示范村。合理确定"重点村""特色村"和"一般村"，尽可能在原有村庄形态上改善居民生产生活生态条件。实施农村清洁、水系沟通、河塘清淤、岸坡整治、生态修复等工程，协同推进村庄环境整治和覆盖拉网式农村环境综合整治试点工作，加快农村环境基础设施建设，完善生活垃圾收运体系，加大村庄生活污水治理力度，2020年全区实现规划保留村生活污水治理全覆盖。以美丽乡村建设示范为抓手，更大力度整治农村环境，努力打造一批美丽乡村，全面提升农村人居质量。建立健全村庄环境长效管护机制，巩固提升整治成果，实现了"河畅、水清、岸绿、景美"的目标。

吴中区做好规划、全力推进，保护传统风貌、维系田园乡愁，全面完成美丽乡村建设任务，着力提高现代农业水平，完善"四个百万亩"空间形态，优化"6+1"特色农业产业布局，加大农耕文化传承力度，加强地方种质资源保护发展，推动"一村一品""一镇多业"，延展完善农业产业链，加快构建"大园区、大产业、大生态"的生态吴中新格局。

四、创新湖区、乐居吴江

吴江素有"鱼米之乡""丝绸之府"的美誉，公元909年建县，区域总面积1 176平方千米，常住人口131.26万，下辖黎里、盛泽、七都、桃源、震泽、平望、同里7个镇和松陵、江陵、横扇、八坼4个街道，拥有1个国家级开发区（吴江经济技术开发区）、2个省级高新区[汾湖高新技术产业开发区、吴江高新技术产业园区（筹）]、1个省级旅游度假区（东太湖生态旅游度假区），是苏州主城区面积最大的板块。吴江区位优势独特，既是苏、浙、沪两省一市的地理交界处，又是长三角一体化发展国家战略的中心区域。

吴江区历史悠久，文物古迹众多，拥有同里退思园、大运河吴江段、吴江运河古纤道3处世界历史文化遗产和同里、黎里、震泽3个中国历史文化名镇，以及10处全国重点文物保护单位。吴江区底蕴深厚，文化资源丰富，孕育了蚕桑丝绸文化、水乡古镇文化、千年运河文化、莼鲈诗词文化、国学文化和江村富民文化等一大批特色鲜明的文化资源。吴江区英才荟萃，历史名人辈出，拥有140多位著名人物，如春秋时期的范蠡，唐代文学家陆龟蒙，清代天文学家王锡阐，辛亥革命风云人物陈去病，爱国诗人柳亚子，社会学家费孝通，"中国核司令"程开甲等。国学大师南怀瑾晚年定居吴江，太湖大学堂已成为国学文化重要传承传播地。

吴江区地处江南水乡，拥有独特的水乡风貌。区内河道纵横交错，湖泊星罗棋布，水域面积267平方千米，占全区总面积的22.7%；传统民居依水而建、错落有致、粉墙黛瓦，具有浓厚的水乡韵味，是历代文人墨客和朝野名士钟爱之地。全区森林覆盖面积达34.08万亩，林木覆盖率、自然湿地保护率分别达20.04%和

70.6%，享有"一类空气、二类水质"的美誉，是独具魅力的旅游度假胜地。近年来，吴江区深入践行绿色发展理念，结合示范区"一河三湖"保护建设，深入实施太浦河"蓝带计划"，加快推进太浦河绿廊建设，太湖、京杭大运河、元荡、汾湖等生态屏障勾勒出一幅美丽的生态画卷。吴江区创新开展治违、治污、治隐患"三治"工作，统筹推进"263""331""散乱污整治"等行动，全力打好蓝天、碧水、净土"三大保卫战"，田林共生、蓝绿交织的生态格局持续巩固。7个"十三五"地表水环境质量国省考断面优Ⅲ比例为85.7%，2个集中式饮用水水源地水质达标率为100%，获评首批省级生态文明示范县（市、区）。

改革开放以来，吴江区利用自身临苏、临沪、临浙的区域优势，不断创新机制体制，释放改革活力，县域经济获得长足发展，连续多年跻身全国百强县前五名，吴江区成为名副其实的东部发达县市。作为东部发达县市，如何在改革发展的过程中更好更实在地让老百姓获益，如何构建更和谐更科学、让群众更满意的社会发展模式？"乐居吴江"的提出，是对吴江区经济社会发展实践要求的呼应，是实现高水平全面建成小康社会这一目标的内在驱动。

21世纪初，吴江区确立了实现最佳人居环境的目标，提出了重点实施"可持续发展"和"城市化"战略方针、建设具有特色的水乡花园城市的总体发展新思路，力求使吴江区在原先的城区基础上发展成为体现"实力、活力、魅力、人文、和谐"和适宜人居、创业的现代新城区。吴江区提出的"乐居"不仅仅是针对城市，也不仅仅重点针对环境，而是对地区城乡经济社会发展的总概括，是涵盖生产、生活的一个总体目标安排，也可以说，是吴江区社会发展向更高目标挑战过程中形成的鲜明的、具体的、导向性的一个理念，是吴江区实现高水平全面建成小康社会这一目标的生动描绘。

吴江区产业基础雄厚，发展动能强劲。吴江区产业特色鲜明，集聚程度高，拥有丝绸纺织、电子信息两个千亿级产业，以及光电缆、装备制造两个500亿级产业，区内化纤产量占全国的1/10，光纤光缆产量占全国的1/3，电梯产量占国内品牌的1/6。近年来，吴江区聚焦实体、稳打稳扎，坚持以智能化改造、信息化融合着力提升传统产业，大力发展战略性新兴产业，经济发展动能加速转换、发展质效显著提升。2019年，实现地区生产总值1 958.16亿元，同比增长5.7%；一般公共预算收入223.1亿元，同比增长10%；工业开票销售收入4 956.34亿元，同比增长4.1%；全社会固定资产投资583.81亿元，同比增长1.7%；规模以上新兴产业产值、先导产业产值分别为1 912.67亿元、580亿元，占规模以上工业产值比重达52.7%、16.4%；装备制造、光电通信有望打造成千亿级产业集群；再次获评全省"促进制造业创新转型和高质量发展、先进制造业集群培育等工作成效明显的地区"；全区民营企业注册资本超4 000亿元；恒力集团位列世界500强第181位，盛虹、亨通、通鼎等4家企业入选中国企业500强，永鼎等5家企业入选中国民营企业500强，拥有上市公司16家。

吴江区改革成效明显，创新活力充足。吴江区坚持把改革创新作为推动高质量发展的不竭动力，积极探索体制机制创新，持续推进科创赋能。平望镇成为全省第二批首家通过省级评估验收的单位。"网格+警格"联动融合机制在全省交流，"1+6+N"全域综合行政执法体系在苏州市推广，建成全国首个镇级出入境分理点智慧大厅。"一窗受理、全科服务"模式实现全覆盖，长三角政务服务"一网通办"综合服务亮点纷呈。深入实施创新驱动战略，全社会研发投入占GDP比重达2.9%，有效高企达628家。江苏省首家也是全国唯一由民营企业牵头建设的国家级制造业创新中心——国家先进功能纤维创新中心落户盛泽。清华大学苏州汽车研究院、江苏省产业技术研究院有机光电技术研究所等高层次研发机构加快发展，苏州大学未来校区、华为联创中心、国家技术转移东部中心汾湖分中心等相继落户吴江区。全区超 180 家企业和项目相继承担国家级科技项目、获得国家级科技类政府奖项，拥有国家级科创园 4 家、国家级企业技术中心 10 家、省级企业技术中心 92 家、国家级企业博士后科研工作站 46 家。全区万人发明专利拥有量达 50.53 件，人才总量超 30 万人，其中高层次人才总量 2.51 万人。

吴江区融合发展提速，示范作用明显。吴江区坚持抢抓长三角一体化发展等国家战略叠加机遇，以一体化发展示范区建设为契机，全力争当区域融合发展的示范。苏州湾中央商务区和汾湖高铁科创新城商务区加快建设。新引进苏州湾国际企业总部中心、中泰长三角绿色创新中心等重大项目，中车城市捷运总部基地、东华大学苏州纺织产业研究院、上海大学（汾湖）新材料研究院等项目进展顺利，长三角 G60 科创走廊产业合作示范园区（医疗器械）挂牌。出台十一条措施全力支持汾湖先行启动区建设，推进生态、创新、人文融合发展，高标准打造"江南水乡客厅"。统筹推进吴江北部"智造组团"、吴江南部"新时尚组团"、沿太湖片区高水平现代服务业集聚区建设。沪苏湖高铁工程获批，苏州南站枢纽建设和通苏嘉甬高铁前期工作稳步推进。康力大道东延工程开工建设，省际"断头路"加快打通，累计开通跨省公交 9 条，吴江区与长三角核心城市的"1 小时交通出行圈"加快成形。顺利开通长三角跨省（上海、浙江）异地就医门诊直接刷卡结算。与秀洲、青浦、嘉善在产业协同、生态共保、服务共享等七个方面形成了一批实实在在的合作成果，其中联合开展巡河入选中组部编选的攻坚克难案例。

吴江区城乡协调并进，功能品质提升。吴江区聚焦建设面向世界的江南水乡城市典范，顺应产业和人口向优势区域集中的客观规律，持续提升中心城区集聚度和承载力，加快推动形成美丽乡村群，擦亮具有国际标识度和城市温度的吴江名片。苏州湾文化中心、绿地中心等"新地标"于东太湖之滨拔地而起，华润万象汇、新湖广场、爱琴海购物公园等综合体引领城市生活新时尚，苏州湾体育中心、苏州湾梦幻水世界、桃源融创国际生态文旅度假区、七都"如家小镇"等项目为"乐居之城"建设增光添彩。绿色建筑、装配式建筑、海绵城市规划建设等统筹推进，老旧小区综合整治、水气管网改造、技防设施改造等提升工程加快推进。城市管理日趋精细，垃圾分类小区实现全覆盖。"中国·江村"乡村振兴示范区加快建设，同里北联村成功创建中国美丽休闲乡村，七都开弦弓村获评全国乡村治理示范村。吴江区累计创建 14 个（2 个省级、6 个市级、6 个区级）特色田园乡村建设试点、19 个省级美丽乡村示范点、16 个苏州市美丽乡村示范点、5 个康居特色村和 245 个三星级康居乡村，获评全国县域数字农业农村发展水平评价先进县、第二批国家农产品质量安全县（市）。吴江现代农业产业园获评国家农村创新创业园区。吴江区"镇镇有示范路"的目标全部落实，并荣获"'四好农村路'省级示范县"称号。

吴江区民生福祉增进，百姓安居乐业。吴江区坚持以人民为中心的发展理念，坚定不移推进民生大事、关键小事，人民群众的幸福感、获得感和安全感不断增强。2019 年，民生领域支出 172.78 亿元，增长 14%，占一般公共预算支出的 79.2%。城乡居民人均可支配收入达 5.75 万元，增长 8.6%。城镇登记失业率保持在 1.84% 的低位运行。居民基础养老金、企业退休人员平均基本养老金、低保标准分别提高至 480 元/月、1 943 元/月、995 元/月。灵活就业人员职业伤害保险国家级试点深入推进。吴江区在苏州市率先实现定点医疗机构异地就医联网结算全覆盖，社会医疗救助和大病保险政策全面接轨苏州，率先实现所有持证残疾人居民医疗和居民养老保险全覆盖，住房公积金缴存人数达 28 万人。苏州中学苏州湾学校开工建设,北大新世纪苏州外国语学校落户吴江区,苏州市第九人民医院、苏州大学附属儿童医院吴江院区投入运营。吴江区成功创建"中国曲艺之乡",环太湖国际公路自行车赛、全国青少年帆船联赛、同里天元杯国际围棋赛、汾湖攀岩赛等10余项国际国内重大体育赛事竞相绽放光彩,"10分钟体育健身圈"建设完成布局。吴江区群众安全感达98.7%,法治建设满意度位居同类城市前列。

在决胜高水平全面建成小康社会之际,吴江区把握十九届四中全会关于推动治理体系和治理能力现代化的重大部署,紧紧围绕推进治理体系和治理能力现代化的目标、任务和要求,切实强化制度意识,从吴江区发展所处的阶段出发,突出体制创新、机制完善、制度建设,加强在区域协同治理、生态环境治理、政务服务治理、基层社会治理等方面的创新实践,积极探索具有吴江特点、时代特征的社会治理新模式,全力在重点领域、关键环节上实现治理体系和治理能力建设走在前列。吴江区抓住长三角生态绿色一体化发展示范区建设这一主题主线,以更高的政治站位、更高的视野格局、更高的发展定位,把推进示范区建设作为吴江改革开放再出发的着力点,作为集聚整合全球科创资源要素、增强区域发展核心竞争力的重大机遇,主动作为,努力探索将生态优势转化为经济社会发展优势,推动从区域项目协同向区域一体化制度创新迈进,以实招实效大胆闯大胆试,全力提升吴江区在长三角一体化发展国家战略中的地位,奋力展现示范区建设中的吴江作为。

吴江区牢牢紧扣打造"创新湖区"、建设"乐居之城"的发展定位,坚持把创新作为引领发展的第一动力,持续优化创新链,着力提升产业链,推动区域创新资源与吴江产业资源深度融合,让创新更好赋能吴江新一轮发展;坚持把实现人民幸福作为发展的落脚点,着眼于更好的教育、更高水平的医疗卫生水平、更可靠的社会保障、更丰富的精神文化生活等方面，建立完善实现高品质生活的制度体系，切实保障好人民群众对美好生活的向往。

 五、创新之旅，逐梦而行——苏州高新区

苏州高新区（虎丘区）西临烟波浩渺的万顷太湖，东依拥有2 500多年历史的苏州古城，素有"真山真水园中城、科技人文新天堂"美誉，是全国首批国家级高新区。

苏州高新区行政区域面积332平方千米，其中太湖水域109平方千米；下辖浒墅关、通安2个镇，狮山横塘、枫桥、镇湖、东渚4个街道和浒墅关国家经济技术开发区、苏州科技城、苏州西部生态旅游度假区、苏州高新区综合保税区。2018年年底，全区总人口93万人，其中户籍人口41万人。2002年9月，苏州市委、市政府对新区、虎丘区、相城区、吴中区等进行了区划调整，将虎丘区虎丘镇和白洋湾街道以及横塘镇的部分村划出，由相城区和吴中区划入通安镇和东渚镇、镇湖街道，建立苏州高新区、虎丘区。区划调整后的苏州高新区、虎丘区东临石湖和京杭大运河，与沧浪区友新街道、金阊区三元街道、白洋湾街道以京杭大运河为界，与金阊区虎丘街道、相城区黄桥街道的青台、民安、大庄、陈旗、下庄5个村毗邻；南与吴中区越溪街道的莫舍、张宅、吴山、张桥4个村，木渎镇的金山、天平2个村，藏书镇的五峰、天池、篁村、官桥等村，光福镇的枫浜、浩度、安山等村接壤；西及西北濒太湖；北与相城区黄埭镇的长泾、潘阳2个村，东桥镇的方桥、埝桥、桑浜、罗堭、矫堭等村，望亭镇的堰头、华阳、巨庄、吴泗泾、孟河等村毗邻。

开发建设以来，苏州高新区从无到有、从小到大，不仅成为苏州经济的重要增长极、自主创新的示范区和苏州市高新技术产业基地，而且成为苏州现代化都市的有机组成部分和最繁华的金融商贸区之一。苏州高新区2018年完成地区生产总值1 256.3亿元，增长7%；公共财政预算收入159亿元，增长11.2%；固定资产投资442.8亿元，增长6%；实现规模以上工业总产值3 134.4亿元，增长9.3；完成进出口总额455.6亿美元，增长10.8%；实际使用外资4.35亿美元，增长3.5%。

在决胜高水平全面建成小康社会之际，苏州高新区创新发展迈开新步伐，大力实施创新驱动发展和人才引领战略，加快建设苏南国家自主创新示范区核心区，成为苏州科技创新主阵地。在创新资源集聚方面，苏州高新区先后引进和建设了中国科学院苏州生物医学工程技术研究所、国家知识产权局专利审查协作江苏中心、中国科学院苏州地理信息与文化科技产业基地、南京大学苏州创新研究院、清华大学苏州环境创新研究院、北京航空航天大学苏州创新研究院、国网（苏州）城市能源研究院等近100家大院大所和研发基地。累计吸引各类人才22.9万人，其中各级各类领军人才近1 000人次；拥有国家高新技术企业522家、"瞪羚企业"92家、上市企业16家、"新三板"挂牌企业47家，大中型和规模以上高新技术企业研发机构建有率达到97.3%。区内企业共承担了13项国家重大科技项目，参与制定各级标准150项。在创新产业发展方面，新一代信息技术、医疗器械、新能源等战略性新兴产业加快发展，新兴产业产值、高新技术产业产值占规模以上工业总产值比重分别达58.5%、59%。新一代电子信息产业迈上千亿级台阶，医疗器械产业年产值增长均超过20%。全区发明专利申请占专利申请总量的55%。苏州高新区获批全国医疗器械创新型产业集群试点、国家知识产权局医疗器械专利导航产业发展实验区。在创新生态构建方面，苏州高新区相继建立了国家知识产权服务业集聚区、"苏南科技金融路演中心""太湖金谷""新三板"中小企业培训基地、全国首家人力资源服务产品交易市场等创新服务平台。苏州高新区成为全国首家创业投资示范基地、全国首批科技服务业试点单位、全国首批"国家知识产权示范园区"和全国唯一保险与科技结合综合创新试点地区。苏州高新区加大创新投入力度，财政科技投入占财政支出的比重超过10%，全社会研究与试验发展经费支出占地区生产总值比重达3.5%。全区省级以上科技企业孵化器15家，其中国家级6家，在孵企业800余家。

苏州高新区坚持从区域实际出发，注重推进区域一体化发展，城市现代化和城乡一体化水平不断提升；功能布局不断优化，坚持以高起点规划引领高水平开发，东部狮山片区现代化国际化都市功能加快完善，西部生态科技城创新主战场地位逐步凸显，北部浒通片区产业转型升级步伐加快，城市品质品味不断提升；基础设施加快完善，中环快速路高新区段、马涧路西延、南环西延建成通车，地铁3号线高新区段正在建设，有轨电车1号线延伸线、2号线开通运营，太湖大道快速化改造完成投用，狮山路拓宽升级改造，狮山广场、大运河风光带等重点项目加快推进；规划区内工业废水和生活污水100%集中处理，工业和生活垃圾100%集中收集转运，居民气化率达到100%。

苏州高新区开展绿化造林，持续推进重点城市建设项目及沿线绿化美化工程，全区林木覆盖率超过26%，建成区绿化覆盖率的46%，人均公共绿地面积14.8平方米；推进环境治理，实施宕口覆绿整治，累计整治覆绿宕口95个，加强废气、废水排放重点企业的监管整治，完成多个自然村农村生活污水改造支管施工，水源地水质达标率保持100%；打造生态亮点，围绕25千米太湖岸线、49座山体、3万多亩基本农田的重点生态建设项目持续推进，积极实施环太湖生态修复工程，白马涧生态园、大阳山国家森林公园等一批高品位生态公园建成，太湖国家湿地公园成为全国首批、苏州首家国家级湿地公园，并获批4A级景区；倡导绿色生产生活方式，大力发展循环经济、生态工业，苏州高新区成为全国首家循环经济标准化示范区、全国首批生态工业示范园区。"美丽田园""美丽村庄""美丽城镇"建设成效显现，省级卫生村实现全覆盖，苏州高新区成为省级绿色生态示范区。

苏州高新区开放发展迈开新步伐。内外开放日益扩大，区内累计引进外商投资企业1 700多家（全球500强企业40多家），累计注册资金270多亿美元，其中日资企业超过500家，成为长三角地区有重要影响的"日资高地"。民营经济规模不断壮大，集聚内资民营企业24 000多家，注册资金2 200多亿元。"走出去"步伐不断加快，"苏满欧"成为效率最高的中欧货运班列之一，跨境电商监管中心启用，区内企业境外投资项目累计达95个。苏盐合作园区基础设施建设加快推进，招引亿元以上项目20多个，总投资超40亿元。改革工作持续推进，改革亮点不断涌现，"政经分开"经验被编入国家《深化农村改革综合性实施方案》并在全国推广。苏州高新区首创的"涉刑党员停权机制"被编录进新修订的《中国共产党纪律处分条例》。苏州高新区的非公党建"三项工程"和"周新民党建工作室"创新实践受到中组部充分肯定，并作为基层党建典型经验被推广至全国。体制机制不断优化，充分利用"两块牌子、两种体制"的资源优势，不断强化"小政府、大服务"和精简、高效的管理特色，积极探索把开发区优势与政府行政管理强势有机结合的实践路径，着力构建"优势更优、强势更强、上优下强"的管理新格局。

苏州高新区共享发展迈开新步伐。保障和改善民生，深化农村"三大合作"改革，组织运营好社区股份合作联社、劳务合作社、富民合作社，累计组建各类合作经济组织171家，农民参与合作经济组织实现全覆盖。高新区财政用于民生投入年均增长超过20%，全体居民人均可支配收入增长超过8%。高标准推进"一村二楼宇"建设，探索推进股份合作社股权固化改革，村均集体收入905万元，增长7.1%。完善城乡一体、多层次社会保障体系，企业退休人员和退休居民待遇享受率达100%。发展社会事业，大力推进教育优质均衡、城乡统筹协调发展，全区义务教育段学校100%创建为市教育现代化学校，成为苏州市首家四星级高中全覆盖地区。加快完善公共医疗卫生服务，建成苏州市最大合资医院明基医院，建设苏州科技城医院、高新区人民医院、苏州大学附属第二医院北区，公立医疗机构实现一体化管理。

苏州高新区强化创新驱动，推动产业集聚，推进双招双引。坚持招商引资和招才引智并重，以"项目突破年"活动为抓手，充分激发高新技术产业转化促进中心效能，推进创新链与产业链深度融合，形成一批重大产业技术创新转化成果。强化产业链、价值链中高端招商，巩固深化"日资高地"的亮点和优势，重点引进外资研发机构和地区功能性总部。积极引进"高精尖缺"人才和团队，新增市级以上领军人才（团队）42人、区级领军人才（团队）200人、产业紧缺人才600人，引进培育1—2个拥有重大原始创新技术的创新团队。强化企业服务，加快实施上市工作三年行动计划，扶持企业做大做强。完善以亩均效益为核心的资源环境促进机制，推动落后和过剩产能退出，推进"退二优二""退二进三"，拓展产业发展空间。发展先导产业，围绕集成电路芯片设计、制造和应用，抢占新一代信息技术产业制高点；围绕太阳能光伏和锂电池，持续提升新能源产业的质效；围绕医疗器械，大力发展大健康产业；围绕云计算、工业互联网，发展物联网、电子商务和平台经济，着力发展大数据产业；围绕制造业数字化、绿色化、智能化，全力发展高端制造业。发力转型升级，持续落实"千企技改升级"行动，技改投资占工业投资比重保持在70%以上，建设省级示范性智能车间6家。依托工业企业资源集约利用平台,全年关停淘汰低端低效产能企业超过60家。大力发展生产性服务业,争创省级生产性服务业集聚示范区。大力发展总部经济,加快狮山上市公司总部园、科技城总部经济产业园建设。发动科技引擎,加快推进清华苏州环境创新研究院、南京大学苏州创新研究院、金属3D打印协同创新项目等已落地重大创新载体建设,完善对大院大所的科技创新和成果转化激励考核评价体系。加快培育地标性民营科技企业,新增上市企业2家、省级民营科技企业264家,新认定国家高新技术企业150家以上。

苏州高新区美化城乡面貌,提升功能品质,完善基础设施。突出规划引领,加快推进何山路西延等工程项目,积极争取尽早启动轨道交通9号线规划建设,加快3大小镇建设。营造宜居环境,深入推进"263"专项行动、中央环保督察"回头看"等"4+1"问题整改,全面完成"散乱污"整治。全力推进清水三年行动计划,实施有机废气整治任务,布设区域土壤监测网络,持续推进绿化造林,全面开展城乡生活垃圾分类体系建设。新增、改建绿化面积100万平方米。推进乡村振兴,重点打造特色田园村庄,深入实施农村人居环境整治三年行动计划,把树山村建成国家级休闲观光农业示范村。精准实施富民强村政策,引导新型集体经济组织联合发展,壮大农村集体经济。

苏州高新区优化民生保障,增进人民福祉,提高居民收入水平。扎实推进8大类40项、总投资130亿元的为民实事项目。深入落实富民增收相关政策举措,进一步完善创业扶持政策、提升创业服务能力,拓宽就业渠道、扶持重点人群就业。加大公共服务供给,新建改扩建学校18所,启动区域性养老服务中心建设,大力普及便民体育设施,确保人均体育场地面积达到3.4平方米。基层综合性文化服务中心达标率达到100%,公共文化服务标准化和均等化程度达90%以上，人均公共文化设施面积达到0.38平方米。推动苏州民族管弦音乐厅等文化品牌建设。加强社会治理创新，总结完善狮山横塘"多网融合、一网治理"社会治理模式，全面提升网格化创建达标率。实施"蜂巢计划二期"，建设治安综合管理信息平台，推进公共安全科技信息化建设深度发展，不断增强人民群众获得感、幸福感、安全感。

苏州高新区将坚持以习近平新时代中国特色社会主义思想为指导，全面贯彻党的十九大精神和十九届二中全会、十九届三中全会、十九届四中全会精神，对标习近平总书记对江苏工作系列重要讲话指示，坚持稳中求进工作总基调，坚持新发展理念，坚持以供给侧结构性改革为主线，坚持以改革开放为动力，奋起直追、大步进位，坚决打赢三大攻坚战，全面做好"六稳"工作，在大力发展开放型创新经济中，坚决扛起新时代"东园西区"的责任担当，为苏州市高质量发展作出新的更大贡献。

苏州高新区围绕展现发展的创新性、探索性、引领性，大力弘扬"团结、拼搏、务实、争先"的高新区精神，发扬敢跟全球顶级水平对话的志气，主动把自己放在更高的"坐标系"，对标找差、攀高比强，坚决破除一切妨碍高质量发展的思想禁锢、行动制约和体制束缚，树立敢破敢立、敢于争先的开拓精神，在全区上下形成敢涉"深水区"、敢啃"硬骨头"，各条线各领域勇争第一、勇创一流的浓厚氛围。苏州高新区把解放思想的实效体现在拉长发展短腿上、体现在突破瓶颈制约上、体现在放大特色优势上，以思想的大解放推动创新引领发展的大提升，构建全面开放新格局。

苏州高新区按照"通过开放为创新赋能、通过创新促开放提升，实现双向互动"的要求，主动服务、积极融入长江经济带发展、长三角一体化发展等国家战略，积极打造带动力强、具有突破性的对外平台，在更大开放中集聚创新资源，在更优创新中实现开

放发展。以五大先导产业为重点，实行"一链一策"，既支持优势企业发展壮大，"专精特新"企业加快发展，又大力引进掌握高端技术的产业资本，推动科技创新成果成为现实生产力。牢固树立"项目为王"鲜明导向，形成数量上的"铺天盖地"，质量上的"顶天立地"，全力构筑高质量发展的坚实基础，更大范围、更宽领域、更深层次地提高开放型创新经济水平。

苏州高新区树立强烈的危机感、现实的紧迫感，对标全国高新区先进标杆，找准薄弱环节，全力补齐短板，确保在火炬中心2020年年底的考核排名中进入全国高新区前20名，2022年年底进入前15名，"十四五"末全力挺进前10名，跻身全国高新区"第一方阵"；在苏南国家自主创新示范区中发挥核心作用，强化苏南自创区与长三角地区的联动协作，在推进资源共享、争取重大创新平台落户、促进科技创新和产业协调发展等方面发挥引领示范作用，在苏州市全省的产业转型升级中作出更大贡献；在苏州市发展大局中勇挑重担，作为苏州"一体两翼、东园西区"的重要组成部分，拿出与"最强地级市"相匹配的责任担当，攻坚克难、挑战极限，力争"十四五"末，完成地区生产总值2 000亿元、工业总产值5 000亿元、一般公共预算收入300亿元，实现"三提两进一前列"目标，再创新优势，再铸新辉煌，努力在"群虎相争、十全十美"的竞争态势中脱颖而出。

苏州高新区在创新中求突破，奋力打造科技创新融合强区。围绕建设苏南国家自主创新示范区核心区目标，充分发挥在苏州市、全省创新格局中的引领性作用，全面提升区域自主创新能力和内生发展动力，强化科技与经济深度融合，力争到2022年"知识创造和技术创新能力"（"创新能力和创业活跃度"）指标进入前25位，进一步提高创新浓度，全力打造具有"硅谷气质"的创新高地。

六、全国领先，园区经验——苏州工业园区

25年弹指一挥间，25年沧海变桑田！苏州古城东侧，当年那片水田密布、阡陌纵横的"白地"，已蝶变成一座开放包容、活力无限的现代化国际化新城——苏州工业园区。25年间，这座新城拔地而起，其丰富的创新实践和非凡的发展成就，成为中国对外开放和国际合作的成功范例，书写了中国高质量发展的精彩篇章。

一切过往，皆为序章。苏州以习近平新时代中国特色社会主义思想为根本遵循，与时俱进地赋予"园区经验"新的时代内涵，深入开展开放创新综合试验，打造全方位开放高地、国际化创新高地、高端化产业高地、现代化治理高地，以高质量发展的新业绩，为苏州高质量发展走在全省乃至全国前列作出新的更大贡献。

东方之门"穿"上色彩绚丽的外衣，文化艺术中心变成璀璨夺目的夜明珠，金鸡湖两岸流光溢彩美轮美奂……一组组园区的夜景美图刷屏朋友圈。——25年前，这里还只是一片遍布茭白和菱藕的水洼地。

1994年2月26日，中国、新加坡两国政府在北京签署合作协议，苏州工业园区呱呱坠地。国家文件赋予园区"不特有特、比特更特"的政策优势，凭着一股敢为人先、追求卓越的闯劲和毅力，园区人以一日千里的速度，把改革开放和创新发展演绎成一部可歌可泣的"史诗大片"。

2015年9月，国务院专门发文，批准苏州工业园区开展开放创新综合试验，已经成为发展高地的苏州工业园，再次担当起改革探路先锋的重任。园区人提出，要建设"三大目标、五个平台"，并围绕这一定位推进130项重点改革任务。其中，国家级先行先试任务24项，已有19项改革经验在全国推广。

中国、新加坡的合作探索在更大范围内被普遍认可，全球创新资源正向这片热土加速集聚。把人才作为发展的重要战略资源，园区深入实施金鸡湖人才计划，不断优化人才发展环境，2019年新入选国家级重点人才工程计划9人，其中创业类4人，占全国的12%，国家级重点人才工程计划累计达158人。仅独墅湖科创区10平方千米区域内就拥有在校生近8万人，区域内经评审的各类高层次人才1 542人次，高层次海归人才1 700多名，人才密度与活跃度全国罕见。

与国内其他开发区相比，苏州工业园区起步并不算早。它靠什么弥合时空之差，实现后来者居上？园区人给出答案：十年如一日，学习借鉴新加坡经验并进行再创新。从填进第一方土、打下第一根桩开始，苏州工业园区就把认真学习借鉴新加坡经验当成自己的"必修课"。到过苏州工业园区的人总会称赞，园区的战略起点高，规划水平高，建设标准高。的确，从城市管理到招商引资，从土地开发到市场服务，苏州工业园区从新加坡系统"拷贝"了一整套成熟的经验，并对这套经验不断地消化、吸收、再创造，把它们从纸上落到地上。

苏州工业园区"读懂"了新加坡，并根据自身情况提炼出新的发展思路。2019年年底，中新嘉善现代产业园项目在浙江省嘉兴市嘉善县签约，该项目由苏州工业园区中新集团和嘉善县国企合资成立公司并负责开发建设。这是长三角一体化发展上升为国家战略后首个区域合作的重大产业平台，也是"园区经验"的又一次输出。

事实上，从2006年起，以"先规划后开发""亲商"等为主要内容的"园区经验"，就以多种形式的合作机制走出苏州，先后在宿迁、南通、滁州等城市落地。苏州宿迁工业园区管委会的同志说，苏州宿迁工业园区就像是苏州工业园区在苏北的复制样品，成为江苏推进区域协调发展、缩小南北差距的一个鲜活样本。如今，

"园区经验"已与"昆山之路""张家港精神"一起，成为苏州奉献给中国改革开放事业的"三大法宝"。

改革开放孕育了苏州工业园区的创新能力。自2019年3月上交所发布科创板企业申请上市受理信息以来，国内已有30多家企业拿到"准考证"，其中，园区企业就占了4席；自2018年4月港交所对未盈利生物技术企业开辟IPO"绿色通道"后，内地已有6家企业成功赴港上市，其中2家来自园区……

嗅觉灵敏的资本市场上，一批优秀的园区企业站到镁光灯下，赢得广泛关注。2018年，苏州工业园区总计新增国家高新技术企业171家，同比增长310%，总数达1 046家。其中，尤以生物医药、人工智能等领域的创新企业最为突出。目前，仅苏州生物医药产业园就聚集了400余家生物医药企业，除已上市的信达生物、基石药业以外，还有20多家符合条件的企业正在积极筹备。

25年筚路蓝缕，园区人以耐得住寂寞的心态，一任接着一任地干，以极大的战略耐心培育出独具特色的"2+3"产业体系——新一代电子信息技术、高端装备制造两大主导产业，以及生物医药、纳米技术应用、人工智能三大战略新兴产业。2018年，生物医药、纳米技术应用、人工智能产业分别实现产值800亿元、650亿元、250亿元，年均增幅30%。

苏州工业园区已累计引进大院大所40余家、新型研发机构近500家、国际合作平台20多个，累计建成各类科技载体超800万平方米、公共技术服务平台30多个、国家级创新基地20多个，每万人有效发明专利拥有量达149件。①

春回大地，惊雷阵阵，苏州工业园区瞄准目标，拉出发展节奏。2020年3月6日，在"建设世界一流高科技园区，打造新时代

---

① 高坡、李仲勋、孟旭：《苏州工业园区25年造就精彩样板》，《新华日报》2019年4月11日。

改革开放新高地"誓师大会上，苏州工业园区发布《建设世界一流高科技园区规划（2020—2035）》（以下简称《规划》），为未来15年的发展"定目标""划重点"。该规划明确，苏州工业园区5年内全社会科技投入不少于2 000亿元，到2025年，基本具备世界一流高科技园区功能和形态，主要创新指标达到世界创新型国家和地区先进水平，成为具有全国影响力的科技创新重要枢纽和新兴产业重要增长极；到2035年，全面建成创新人才荟萃、创新主体集聚、创新成果涌流、创新活力迸发、创新环境卓越的世界一流高科技园区。

苏州工业园区累计上缴税收8 000多亿元，实现进出口总额超1.1万亿美元，完成全社会固定资产投资9 000多亿元，人均GDP、单位GDP能耗、R&D支出占GDP比重等一批指标达到全国领先水平，上市企业总数达35家，区域股权投资基金规模超2 200亿元……二十多年的发展成果，数字是最有力的见证。面向未来轰出"推背感"，数字亦是最坚定的步伐。

世界一流高科技园区以科技创新为核心动力，围绕创新能力、高科技产业、创新服务、制度环境等内容，苏州工业园区明确了四方面的发展目标。

一是科技创新要素加速集聚。创新策源能力显著增强，建成一批国家级创新平台、高水平科研院所、高质量新型研发机构；企业创新主体作用更加凸显，培育一批国际领先的创新型企业、品牌，聚集科技企业超1.5万家，国家高新技术企业5 000家，累计新引进高层次人才4万人以上，万人有效发明专利拥有量达300件，当年PCT专利申请达2 500件。

二是产业竞争能力显著增强。在创新药物、高端医疗器械、第三代半导体等重点领域，掌握一批支撑园区未来创新发展的关键核心技术，形成一批国际先进的重大自主创新产品，成为我国重要前沿技术创新策源地;高新技术产业产值占规模以上工业产值比重达80%,生物医药、新一代信息技术、现代服务业总量规模突破万亿元,在每个产业子领域中形成2—3个进入全球价值链中高端的千亿级产业集群。

三是国际开放格局全面优化。以中新合作为引领的国际合作深度和广度进一步提升,重点领域开放取得突破性进展,成为"一带一路"交汇点建设的先行军、自贸试验区建设的排头兵;与一批世界一流高科技园区、国际创新高地、顶尖创新机构建立紧密合作关系,全面融入全球创新体系。

四是产城人融合发展不断深化。苏州工业园区与国际通行规则相衔接的基本制度规则体系和政府管理体系不断完善,形成国际一流的营商环境,全面体现以人为本理念,包容、创新、智能、绿色、宜居的城市生态更加优越,成为全国贸易投资最便利、服务管理最规范、治理体系最完善的区域之一。

能不能在新一代技术革命和产业变革的浪潮中突出重围,重点在产业,关键在转型。根据《规划》,苏州工业园区将围绕新一代信息技术、生物医药、现代服务业及总部经济,集聚资源、集中政策,立足"高地",打造"高原",勇攀"高峰",打造链接全球的全方位开放高地、引领前沿的国际化创新高地、享誉全球的高端化产业高地、借鉴创新的现代化治理高地。

加快建设世界一流高科技园区,需要提升的是汇聚国际创新资源要素的能力、参与全球经济技术合作与竞争的能力。国际视野、全球竞争将成为苏州工业园区未来的发展"关键词"。

拓空间、抢时间,园区一方面要有盘活产业发展存量空间的决心,用差别化政策去对低端低效的企业进行最大限度的倒逼,使有限资源产生最大效益;另一方面要紧抓长三角一体化发展国家战略机遇,充分对接融入上海全球科创中心建设,深入推进苏南国家自主创新示范区的核心区建设，加强与长三角G60科创走廊产业园区联盟的协同发展和紧密合作，辐射带动周边地区加快发展，推动本地园区、合作园区"两个园区"比翼齐飞，打响"无限园区"品牌。

同时，苏州工业园区还将积极打造"四核驱动、多点支撑"的区域空间功能格局，即以高端制造与国际贸易区、独墅湖科教创新区、阳澄湖半岛旅游度假区、金鸡湖商务区四大功能区为主体，以创新创业、新兴产业、智能制造、企业总部、科技金融等重点板块为支撑，以众多研发载体、创新平台为依托，形成集聚度高、特色鲜明、功能互补、协同发展的科技创新空间布局。

高端制造与国际贸易区加快建成以高端装备制造、生物医药、纳米技术应用和人工智能等产业为引领，以成长性好、关联性强、带动性大的龙头企业为支撑的高端装备和先进制造高地、面向全球的自由贸易园区。独墅湖科教创新区重点发展生物医药、纳米技术应用、人工智能、集成电路等产业，加快建设研发机构集聚、高等教育发达、人才优势突出、创新生态一流的科教协同创新示范区。阳澄湖半岛旅游度假区以发展现代高科技产业为重点，将企业总部基地打造为科技创新引领的区域门户枢纽，中新生态科技城提升为科技要素赋能的创新产业高地。金鸡湖商务区重点围绕创新链完善资金链，从天使投资、投贷联动、融资担保、企业上市等各个环节，全面推动科技与金融更加紧密结合，努力打造长三角金融副中心、高端商业商务中心、科技金融和金融科技"双轮"驱动新高地。

远景展望未来，更要落地到每一步的具体行动中。剑指世界一流高科技园区，苏州工业园区将聚焦人才、平台、产业、企业、开放、生态"六个维度"，系统推进、精准发力，构建以科技创新为引领、以全面开放为动力、以现代产业为特征、以制度创新为支撑的开放型创新经济体系。打造全球领先的技术创新策源地，培育国家重大科技创新平台，系统布局产业技术攻关平台，加快建设新型研发机构，推动纳米真空互联实验站等重大科技基础设施加快发展，对接"国家科技创新2030"重大项目，支持和建设2—3所世界一流大学。打造具有国际竞争力的现代产业集群，聚焦生物医药、新一代信息技术、现代服务业等重点领域，提升产业科技含量及产品创造能力，重点构筑"中国生物医药看苏州"的鲜明品牌和全球性的产业地标，力争到2025年，生物医药产业规模达到2 500亿元，上市企业50家，产业竞争力保持全国高新区第一；力争到2035年，成为全球生物医药产业发展标杆。打造国际知名的创新企业集聚区，实施企业分类培育计划，打造创新型领军企业、科技型高成长企业、"专精特新"企业梯队，形成大中小企业融通发展、协同共生的良好生态。打造世界一流的人才双创首选地，突出"高精尖缺"导向，不断完善与国际接轨的创新引才、育才、用才机制，实现以人才集聚引领项目集聚、资本集聚和产业集聚，建设具有国际影响力的区域人才创新创业平台。打造开放共赢的区域创新共同体，主动融入长三角一体化发展，深度参与"一带一路"创新合作，更高水平推进自贸试验区建设，积极打造国际化开放创新平台。打造接轨国际的创新创业生态圈，深化管理体制机制改革创新，强化最严的知识产权保护制度，健全最优的科技金融服务体系，建设最好的营商服务环境，打造最佳的人居发展环境，构建最具竞争力的创新创业生态系统。

苏州工业园区围绕加快建设世界一流高科技产业园区的目标定位，坚定不移地实施创新驱动发展战略。在苏州争做"强富美高"新江苏建设先行军排头兵，建设"现代国际大都市、美丽幸福新天堂"的新征程中，苏州工业园区有责任多挑担子、多作贡献，以高质量发展的新业绩代表着苏州高水平全面小康的新水平。

第十章 因地制宜——人间新天堂

春秋末年,伍子胥逃到吴国,吴王很器重他。吴王向伍子胥征询使吴国强盛起来的办法,伍子胥说:"要想使国家富强,应当由近及远,按计划分步骤做。先要修好城市的防御工事,把城墙筑得既高又坚实;接着应加强战备,充实武库,同时还要发展农业,充实粮仓,以备战时之需。不应以天时气运来威胁邻国。"这种"因地制宜"的措施果然使吴国很快强盛起来。

"因地制宜"这个成语出自《吴越春秋·阖闾内传》,是指根据不同地域的具体情况,制订与之相应的措施。

2 500多年过去了,伍子胥的名言在苏州大地依然回响。昆山之路新篇章,江南福地新常熟,田园城市太仓市,幸福港城张家港,这些"因地制宜"的苏州小城描绘着高水平全面小康的新天堂模样。

一、昆山之路新篇章

三十而立,不负韶华。2019年是中华人民共和国成立70周年,也是昆山撤县设市30周年。

昆山有玉,玉在其人。从"唯实、扬长、奋斗"到"艰苦创业、勇于创新、争先创优",从"敢于争第一、勇于创唯一"到"四闯四责","昆山之路"精神在接续奋斗中薪火相传、与时俱进。卓越贡献个人奖获得者、《昆山之路》作者说,"昆山之路"

如今就是"融合无限",她以开放的胸怀,将全世界最先进、最美的东西融合在昆山这块土地上,不仅经济文化得到较快发展,百姓获得感也随之提高。①

30年来,几代昆山人艰苦创业、接力奋斗,"闯"出了一条"敢于争第一、勇于创唯一"的"昆山之路"。2019年是昆山发展史上具有里程碑意义的关键一年,昆山成为全国首个GDP超4 000亿元、一般公共预算收入超400亿元的县级市,连续15年位列全国百强县之首。"昆山之路"是一条探索之路,在过去的40多年中,昆山勇当"尖兵中的尖兵",迅速拉开"领跑距离"。

新时代"昆山之路"展现出的新魅力,无处不凝结着沉甸甸的党建成果。改革开放40多年来,昆山下活党建"一盘棋",统筹整合资源,挖掘特色亮点,不断创新提升基层党建影响力,树立了地域党建品牌。在党旗引领下,昆山市基层党组织正汇聚一股股继往开来的磅礴力量,奏响一曲曲酣畅淋漓的时代长歌,在推动昆山走出新时代高质量发展"昆山之路"、做好高质量发展榜样的新长征中彰显先锋本色。

在新时代的中国,昆山深入思考勇闯新路的重大命题,努力答好"无问之答"、解好"无解之解",奋勇闯进"无人区"。昆山承载着习近平总书记"勾画现代化目标"的崇高使命,昆山各级干部强化使命担当,树立系统思维,瞄准最高目标,聚焦集成超越,对现代化建设的要求、内涵、路径进行开创性、示范性探索,确保各领域改革探索在省内六个试点区域中走在最前、成为样本。

昆山承载着加快县域高质量发展的时代课题。它必须将自身放到更高坐标系中去审视、去谋划、去对标,广泛聚集国内外先进生

---

① 金晶:《让"昆山之路"精神在接续奋斗中薪火相传》,《昆山日报》2019年9月29日。

产要素提升发展层级,迅速拉开"领跑距离",早日形成"压倒优势",努力成为全国县域板块中贯彻新发展理念、体现高质量发展要求的"示范""标杆"。昆山承载着融入长三角、增进两岸合作的重大责任。昆山长期以来就是接轨、融入、服务上海的"优等生",当前长三角一体化发展国家战略加快落地,昆山将拿出更多新招、高招、硬招、绝招,确保在"沪苏同城化"中"再领风骚"。台资企业是昆山发展的重要力量,要用活用好深化海峡两岸产业合作试验区国家级平台,把先行先试的政策红利、合作优势转化为实实在在的发展实绩。

"昆山之路"是一条跃升之路,昆山将勇当"排头中的排头",全力铸就"金刚实力"。昆山将谋求招商引资"全新一跃",继续坚持"项目为王",围绕关键环节和延伸配套,积极构建"门对门研发""门对门供货""门对门服务"的全产业链发展模式。将特别注重用优质增量去带动存量、优化存量、改造存量,集中全力引进一批投资规模大、产业带动力强的旗舰型、地标型项目。昆山将谋求产业转型"全新一跃",坚持走高端、高效、集约发展的路子,围绕新一代信息技术、生物医药、现代服务业和总部经济,打造世界一流产业集群,加大创新经济培育力度,努力从"加工时代""制造时代"向"创造时代""服务时代"大步迈进,争做"世界工厂"转型升级的领跑者。昆山将谋求对接上海"全新一跃",进一步精心打造对接、融入、服务上海的"桥头堡";加快打通省际"断头路",全力推动市域S1线对接上海轨交11号线建设,持续放大"同城效应";找准发展定位,在规划战略、基础设施、科创资源、产业要素、环境治理、公共服务等方面全面深化,为"沪苏同城化、市域一体化"作出更大贡献。昆山将谋求营商环境"全新一跃",把"用户思维、客户体验"做到最极致,以最大魄力深化"放管服"改革,为各类市场主体提供至高服务、最强保障，让企业家真正有获得感，让企业家安心经营、放心投资、专心创业，最大限度释放市场主体活力和社会创造力。

"昆山之路"是一条拼搏之路，昆山将勇当"先锋中的先锋"，真正练成"绝世功夫"。"昆山之路"是改革开放催生的极其宝贵的精神财富，这个"法宝"今天传到昆山手中，不能放进博物馆、不能供在陈列室，更不能只念在口头上。在苏州高质量发展的关键阶段，千钧的重担，昆山干部不担谁担？难啃的骨头，昆山干部不啃谁啃？烫手的山芋，昆山干部不接谁接？昆山要在应对挑战中"一马当先"，打好头阵。

昆山将重温光辉历程，传承精神基因，以"继往开来、与时俱进"的奋发姿态，在"昆山之路"再出发中当好开路者。回望"昆山之路"的光辉历程，既是一部波澜壮阔的创业史诗，也是一曲豪情壮志的精神赞歌。开启新征程，需要昆山紧紧围绕"践行'四闯四责'，勇当'热血尖兵'"这一目标定位，奋力推动"昆山之路"在新时代焕发新光彩；开启新征程，需要昆山抢抓国家战略叠加机遇，全力当好苏州开放再出发"前哨"，在苏州市发展大局中展现昆山担当、彰显昆山作为；开启新征程，需要昆山坚决扛起历史使命，让每一个人的梦想傲然绽放，让每一个人的奋斗大放光彩，汇聚起300万昆山人民团结奋进的磅礴力量。

昆山牢记谆谆嘱托，扛起探路使命，以"责无旁贷、舍我其谁"的担当精神，在现代化建设实践中当好先行者。习近平总书记指出："像昆山这样的地方，现代化应该是一个可以去勾画的目标。"嘱托就是考题，昆山将下定决心不懈怠，积极探索一条以"强富美高"为鲜明标识的现代化路径，坚决答好习近平总书记提出的时代考题，坚决完成习近平总书记交办的政治任务；嘱托就是动力，昆山将坚定信心不疑虑，拿出发展标杆应有的担当姿态，亮出热血尖兵应有的拼搏风采,交出探路先锋应有的过硬答卷;嘱托就是标尺,昆山将把定方向不动摇,一张蓝图绘到底,一年接着一年干,争第一、创唯一,再创新辉煌,全力打造社会主义现代化建设标杆城市。

昆山将敢于挑战极限,勇于超越自我,以"志不求易、事不避难"的争先意识,在贯彻新发展理念中当好示范者。昆山将强化企业服务优存量,加大招商引资强增量,加快创新驱动促转型,奋力实现创新发展新突破;坚持科学规划,坚持高效建设,坚持精细管理,奋力实现协调发展新突破;不断筑牢生态环境底板,全面补齐环保设施短板,大力打造绿色发展样板,奋力实现绿色发展新突破;在服务国家战略、做强开放平台、稳定外贸外资上展现"前哨"作为,奋力实现开放发展新突破;着力打造与人口规模相适应的公共服务体系、与城市地位相匹配的社会治理体系、与经济发展相协调的安全生产体系,奋力实现发展新突破。

二、江南福地新常熟

当改革开放的春风吹遍华夏大地,碧溪的乡镇企业如雨后春笋般涌现,碧溪农民"离土不离乡,进厂不进城,亦工又亦农,集体同富裕",走出了一条前所未有的农村工业化城镇化的道路。碧溪农民发展集体所有制性质的乡镇企业,走出一条以工补农、以工兴镇、城乡融合、共同富裕的"碧溪之路"。这一改革开放初期中国农村的创新性实践,成为领先全国发展的"苏南模式"的重要源头。

常熟踏着改革发展的浪潮,解放思想,开拓奋进,从"碧溪之路"开启农转工先河,到抓住浦东开发开放机遇实现"内转外",再到助推民营经济腾飞实现"量转质",常熟的综合实力始终位于全国县级市前列。从千亿级服装城成长为千亿级汽车城，常熟绘出了一幅幅波澜壮阔的改革画卷，创造了一个又一个发展奇迹，留下了无数奋斗者的创业故事，已然崛起为一座经济飞速发展的"开放之城"，一处社会和谐、人民幸福的江南福地。

立足于历史文化厚重的江南水土，常熟带着与生俱来的创新基因和低调做事的实干精神，不断书写梦想与现实交相辉映的时代新篇章。在苏州经济版图上，常熟是具有鲜明特色的板块。当年的"碧溪之路"，走的是一条新型城镇化道路——农民离土不离乡，进厂不进城，推动了常熟乃至整个江南地区走上了一条"农转工"的发展道路。此后，乡镇工业快速发展，常熟因此成为中国乡镇工业的发源地之一。

"碧溪之路"不仅形成了"亦工亦农"的发展路径，更为常熟四十多年来的发展奠定了坚实的基础。"碧溪之路"的源头便是解放思想，它突破了旧观念、旧模式的束缚，变"搞农业"为"亦工亦农"，这一思想的大解放，推动了发展方式的大转变，进而一路拼闯出一条全国闻名的"碧溪之路"。

多年来，沿着"碧溪之路"，常熟不断解放思想，改革创新，砥砺前行，依托民营经济，汇聚科技资源，走出了县域创新驱动发展的新路径。常熟全力推进由要素拉动向创新驱动转换，将科技作为引领发展的'主引擎'。按照"调高、调轻、调优、调强、调绿"的思路，常熟将围绕"产业结构优、创新活力足、企业竞争力强"做文章，推动存量优化、增量提升，在新一轮发展中以产业转型升级来培育新优势，打造产业新高地。

从传统的纺织服装到先进制造、高端装备，常熟的产业正朝着"轻重协调、由低转高"的方向加快调结构。常熟既要做强"大块头"，还要培育"小巨人"，最大限度激发经济活力。民营经济是常熟经济发展的主力军，也是转型升级的大支撑。近年来，常熟引导民营企业加快新业态、新模式、新技术开发，鼓励并购重组，优化金融服务，完善奖励扶持。常熟已拥有行业细分领域全国"单打冠军"企业70家、产品90个，"专精特新"产业集群基地4个，其中30多个产品国内市场占有率超过50%。这些"小而高、小而强"的"单打冠军"，其销售收入占到苏州市规模以上工业的四分之一。

以先进制造为主、特色产业为主、骨干企业为主，常熟大力实施制造强市战略，做实做强主导产业。在定位"综合性现代化汽车城"后，常熟不断完善汽车及零部件产业链，推进新能源汽车产业发展，形成以整车制造业为核心、配套零部件制造业为支撑、现代汽车服务业为保障的现代化汽车产业体系。随着奇瑞捷豹路虎和观致两大整车项目的持续发力，一座最具活力的汽车城正在长江南岸崛起，40多家国际知名汽车零部件企业落户常熟经济技术开发区，一个千亿级的汽车主导产业正在这里强势崛起。2019年，常熟区域整车销量突破12万辆，核心区汽车及零部件产业实现产值359亿元，预计到"十三五"末，常熟汽车及零部件产业产值将达3 000亿元。围绕汽车主导产业发展，常熟经济技术开发区正加速推动整车横向扩张、产业纵向延伸，实现汽车生产、销售、物流、金融、服务全产业链发展，全力打造中国最年轻、最具活力的汽车城。

改革开放初期，常熟市琴南乡农民在长途汽车站边上摆地摊卖服装，自发形成了一个"马路市场"——常熟招商场。依托日益壮大的纺织服装产业基地，常熟招商场从一个"马路市场"成长为占地3.71平方千米的常熟服装城。常熟服装城聚集着3万多个商铺，10万多名工作人员，拥有超过20亿元的日资金流量，是全国五大服装产业集群之一、全国规模最大的服装服饰专业流通市场和国家外贸转型升级专业型示范基地。2019年，常熟服装城成交额达1 600多亿元，带动了当地纺织服装千亿级产业的崛起与兴盛，常熟也由此赢得了"服装之乡，衣被天下"的美誉。一座服装城，催生了常熟千亿级的民营经济。如今，常熟拥有服装服饰企业5 000多家，产业特色鲜明，羽绒服和商务休闲男装两大板块尤为突出。按照高质量发展的要求，常熟的服装产业也在奋力向产业链的高端攀升。从2009年起，常熟每年出资百万元面向全球买创意：举行一年一度的中国休闲装设计精英大奖赛，向全世界设计师征集服装设计作品。10年来，这一重量级的行业大赛，为常熟聚拢了大批优秀的休闲装设计人才，也将地方技术生产力和全球文化生产力有机结合，为当地服装产业结构调整、转型升级注入了源源不断的创新动力。最新打造的服装产业转型示范区——"云裳小镇"，更是翻开了常熟服装产业发展的最新篇章。

随着常熟服装城获批为第三批市场采购贸易方式试点，常熟服装城以市场采购贸易为突破口，大力推进贸易政策体系、贸易促进体系和贸易便利体系"三大创新"，努力打造具有常熟优势、江苏特色的国际贸易创新高地和国际采购集聚平台。利用国家市场采购贸易方式试点，常熟服装城这个占地3.71平方千米的大市场，正在变成面向全球的贸易平台，迎合外贸小单和短单增多的趋势，实现了常熟服装从"卖全国"向"卖全球"的提升。

在"以粮为纲"的年代，尚湖曾经阡陌纵横，被农田蚕食得"奄奄一息"。1985年，载入常熟生态史册的"退田还湖"壮举，恢复了尚湖昔日的秀美，开辟了尚湖的崭新天地。从此，绿色生态，成为常熟发展的一贯追求。常熟的城市格局，融山、水、城为一体，有着"七溪流水皆通海，十里青山半入城"的特质。从20世纪80年代起，常熟持之以恒地推进生态文明建设，每年都投入巨资，实施一批各具特色的生态保护示范工程。从尚湖的"退田还湖"到"虞山恢复满山碧绿",再到"昆承湖生态修复",常熟形成了"国家湿地公园、省级湿地公园、湿地保护小区、市级重要湿地(或湿地小镇)、湿地乡村(或湿地社区)"为架构的5级湿地保护体系,生态魅力不断得到彰显。2016年,国际湿地大会首次落户亚洲,会址就选在常熟。2018年10月25日,常熟成为全球首批国际湿地城市。

彰显常熟绿色发展定力的,不光有湿地,还有江滩。铁黄沙,长江常熟段江边的一片绿洲,这里标注着新时代的常熟人追求绿色发展的坚定心志。多年前,铁黄沙是常熟长江滩地上的一个沙洲,是长江江苏段仅有的4个具备建设深水港条件的区域之一。"十二五"时期,常熟曾大力整治铁黄沙,计划将其建成物流基地。《常熟市沿江生态经济圈概念规划》的出台,改变了铁黄沙成为一座物流岛的"命运"。常熟综合考虑生态管控及区域生态承载能力等要求,将铁黄沙作为整个沿江生态经济圈的核心区进行布局,提出把铁黄沙打造成集生态、旅游、休闲、度假于一体的长江生态岛,形成以铁黄沙、长江岸线和水域为主的生态经济圈,并将沿江生态经济圈打造为长江生态经济转型的典范区、江苏省生态保护的引领区、新时代美丽中国的常熟样本。

2019年,常熟市上下坚持以习近平新时代中国特色社会主义思想为指导,坚持稳中求进工作总基调,贯彻新发展理念,坚持以供给侧结构性改革为主线,统筹做好"促发展、补短板、解难题、精管理"工作,经济社会保持平稳健康发展。完成地区生产总值2 470亿元,增长5.3%;一般公共预算收入203亿元,税收占比84.7%;全社会固定资产投资522亿元,增长15.9%;社会消费品零售总额增长6.1%;进出口总额225亿美元;到账外资6.4亿美元。

常熟永葆解放思想的"开拓心"。思想解放才有思路创新,才能跨越发展。常熟突出问题导向、需求导向、效果导向，多做研究性、探索性、开创性工作，争取把别人能干的事情干得更好，敢于把别人干不成的事情干出名堂；深化改革创新风险备案制度，积极营造支持改革、崇尚创新的良好氛围，以守正担当责任，以创新破解难题，推动思想再解放，勇闯发展"无人区"。

常熟提振争先进位的"精气神"。千帆竞发，百舸争流，不进则退，慢进也是退。面对区域竞争日趋激烈的严峻态势，稳定增长与转型出关的双重压力，保障安全、优化环境、增加供给等艰巨任务，常熟市营造一切围绕高质量发展加油干的鲜明导向，深入开展结对竞赛活动，形成比学赶超的生动局面，"敢出风头、能赶浪头、勇争前头"，力争高质量发展考核"进等次"、开发区"进位次"、乡镇（街道）"进级次"。

常熟锤炼务实担当的"铁肩膀"。实干担当，才能不负重托、成就梦想。常熟市完善抓落实的工作机制，建立指标体系和评价体系，加大督查督办和跟踪问效，进一步强化"板块围着项目转、部门围着板块转、服务围着发展转"的工作协同，确保说一件、干一件、成一件；注重实绩实效导向，深化容错免责制度应用，关心关爱干部，激励公务人员轻装上阵、担当作为，做高质量发展热血尖兵。

高颜值是地理禀赋，好气质便来自人文积淀。近年来，常熟举办"江南文化节""沙家浜旅游节"等一系列活动，塑造现代江南文化名城的精致城市品格。从一个服装城，到"催生千亿级民营经济"；从昔日"离土不离乡、进厂不进城"，到民众无障碍自主创业；从推动公共服务向下延伸，到城乡共享发展成果，常熟演绎了一曲城市发展与百姓幸福同步迈进的优美旋律。依托出色的山水文化资源优势，常熟成为长三角首屈一指的休闲旅游名城，成为生态宜居、百姓充满幸福感的江南福地。

三、田园城市太仓市

全省第一、全国第十大集装箱港，长江外贸航线最多的港口、全省进出港国际航行船舶艘次最多的港口……太仓港的大跨域，正是太仓市改革开放40多年发展的缩影。这个连续多年跻身"全国百强县"前十强的江南小城，以融江追海的大气魄，精彩演绎"小"与"大"的辩证法，发展成为"长江第一大港""中国德企之乡""最具幸福感城市"。①

长三角一体化发展上升为国家战略，为太仓带来全新机遇。作为江苏唯一既临沪又临江的城市，太仓地理位置得天独厚，必须胸怀大志，以大格局大手笔谋划建设"两地两城"——临沪科创产业高地、临江现代物贸基地，现代田园城市样板、中德合作城市典范。

大时代催生大战略。在上海举行的首届进博会开幕式上，习近平总书记宣布，长三角一体化发展上升为国家战略。作为大上海的"隔壁邻居"，早在2003年，太仓就在长三角率先提出"接轨上海"发展战略。2016年，"接轨"变"融入"，太仓从承接上海溢出效应，转为谋求沪太同城深度合作。在进博会前夕，太仓在浦东陆家嘴举办2018沪太协同发展推介会，现场启动嘉昆太协同创新圈2平方千米核心园等6大项目，并签约做大江海中转平台等35个项目。

地处江尾海头的太仓港位置优越，是江海中转联运的最佳节点。自2014年起，上海港和太仓港携手开展战略合作。实践证明，两港分工协作、错位发展、优势互补，有利于形成层次分明、布局

---

① 高坡、潘朝晖：《苏州太仓：融江追海 建设"两地两城"》，《新华日报》2018年12月25日。

合理的长三角对外开放海运格局，有利于更好地支撑和带动上海、苏州乃至整个长江沿线地区的经济发展。

太仓找准在苏州、江苏以及长三角的位置，打造长三角一体化发展的战略支点和特色枢纽。太仓最大的特色和优势就是临江临沪，它将坚持以特色化发展提升城市能级，锁定主导产业"航标"，夯实实体经济"底盘"，发动科技创新"引擎"，打响"两地两城"品牌。

胸怀大格局，广聚英才建设"两地两城"。2018年4月9日，江苏省政府与西北工业大学签署战略合作协议，江苏省政府支持西北工业大学在太仓建设长三角研究院和校区。在太仓，"小城"和"大学"的联姻佳话，还有西交利物浦大学。作为我国中外合作办学的成功典范，西交利物浦大学也已经在太仓建设新校区。

向身边的德资企业"贴身学习"，是太仓人培育创新能力的"独门秘籍"。有着25年对德合作历史的太仓，目前已集聚了300多家德资企业，形成了显著的"德资高地"。

2018年10月，率团参加"2018德国经济界访华团组太仓行"活动时，"隐形冠军之父"赫尔曼·西蒙教授激动地表示："太仓对德合作令人印象深刻！太仓推出'隐形冠军'培育计划，有400家太仓本地企业和德国企业合作非常愉快。"

2019年6月5日下午，由国家发展改革委海外双创活动周组委会主办的中德创新城市合作论坛暨"太仓日"活动，在德国首都柏林举行。中德创新城市合作论坛是中德经济技术合作机制下以城市为载体、开展两国创新创业交流的务实合作平台，也是经2019年海外大众创业万众创新活动周办公室批准的中国最大的国际创新创业活动——海外双创周柏林站的专题活动。作为中国海外大众创业万众创新活动周柏林站的主题活动，该论坛吸引了来自中德两国政府部门、科创企业、行业协会、金融机构、研究机构的近200位代表参加,并围绕城市与创新生态体系、中德企业跨境创新合作等开展了主旨演讲、主题对话和案例分享等活动。国家发展改革委国际合作中心、太仓市人民政府、德国创业协会、国际技术转移协作网络(ITTN)国际委员会四方共建"中德(太仓)创新合作城市"活动正式举行。太仓与德国中国研发创新联盟签署战略合作协议,充分发挥德国中国研发创新联盟在前沿科技、创新创业等方面的积极作用,助推太仓市融入国际创新网络,进一步拓展对德合作内涵,提升对德合作层次和质量。

自1993年第一家德企克恩-里伯斯公司落户开始,太仓走出了一条通过高质量对外开放推动高质量发展的对德合作之路,成为中国德资企业聚集度最高、合作模式最具创新性、吸引德国"隐形冠军"企业数量最多的城市之一。太仓已集聚了318家德企,被誉为"中国德企之乡"。从2008年开始,太仓每年赴德国斯图加特、慕尼黑、法兰克福等主要城市举办"太仓日"活动,成为太仓打响"德国牌"的重要窗口。值得一提的是,2019年"太仓日"与中德创新城市合作论坛相结合,作为中国2019年海外大众创业万众创新活动周的重点活动之一,其规格层次之高、成果之丰富,前所未有。该活动也是太仓在德国连续举办的第12个"太仓日"。

跟随"德国老师"贴身学习20多年,太仓不仅收获现代产业体系,还有脚踏实地的工匠精神和强烈的创新意识。太仓决策层清醒地认识到,企业创新能力的培养是个长期过程,久久为功,方为正道。改革开放以来,太仓先是"跟跑",现在部分领域实现"并跑",而谋划新时代新发展,太仓要敢于设计自己的"领跑"项目。太仓提出大力提升自主创新能力,构建"1115"产业发展框架,推动制造业转型升级,就是在为将来的"领跑"积聚力量。

骐骥之速,非一足之力也。目前,太仓德企主要集中在高端装备制造、汽车核心零部件、节能环保等产业领域,普遍具有专、精、特、新的发展特点。一批德企在太仓建立了研发中心和区域总部。同时，这些德企与400多家民营企业开展产业配套、技术研发、智能制造、标准制定、人才培养和资本联合等方面的深度合作、融合发展，有力带动了本土企业转型升级，实现了从"中国德企之乡"到"中德创新之城"的精彩蝶变。

看似寻常最奇崛，成如容易却艰辛。太仓先后被中德两国政府部门授予"中德企业合作基地""中德智能制造合作创新园""中德中小企业合作示范区""国家先进制造技术国际创新园""国家新型工业化产业示范基地""国家高端装备制造业（智能制造）标准化试点""全国专利保护重点联系基地""出口精密机械产品质量安全示范区"等一系列称号，成为苏州继中新合作、海峡两岸合作后高质量对外开放的新典范。

太仓市提升产业硬实力和文化软实力，对德合作驶上"高速立交"。2019年5月底，德国莱茵-内卡地区区长史蒂樊·保罗·达林格率领的代表团来太仓访问，加强了莱茵-内卡地区和太仓市全方位的交流与合作，并签署了地区性友好伙伴关系协议。至此，太仓已与德国莱茵-内卡地区和于利希市缔结友好伙伴关系。

不积跬步，无以至千里。27年来，从最初的产业合作起步，太仓对德合作一路高歌驶上了"高速立交"，科教、文体、环保、城市建设、社会公益等领域"全面开花"。如今，太仓立足高质量建设"两地两城"，打造中德合作城市典范，对德合作工作深度和广度不断拓展，形成了以中德创新园为载体品牌、以双元制教育为人才保障、以常态化城市科技人文交流为有力助推的对德合作体系。以德国引以为傲的双元制培养体系为例，2001年太仓率先引入德国"双元制"教育模式，建立了国内首个与德国职业教育同步的专业工人培训中心。

太仓市于2011年提出了"一市双城三片区"的总体规划布局，

保留40万亩农田作为生态屏障，这为确定"现代田园城"的城市定位奠定了基础。在总规引领下，经过数年砥砺奋进，太仓市功能载体和基础设施进一步完善，"一市双城三片区"空间布局日渐成型，城市绿化覆盖率达42%，环境质量综合指数常年保持在96%以上。"城乡一体、产城融合、城在田中、园在城中"的田园城市特色逐步呈现，太仓市先后被评为"国家生态园林城市""国家环境保护模范城市"。

2018年，太仓市围绕"两地两城"总定位，聚力提升城市品质，拓展城市内涵，进一步彰显精致、生态、宜居的现代田园城市特色和韵味。人居环境得到全面提升，顺利通过国家生态园林城市的初审工作，把创建工作推向新阶段。研究出台"一心两湖三环四园"田园城市生态体系三年行动计划，围绕优化提升"一环"，加快建设"二环"，规划控制"三环"，以水系绿廊联通全市各处生态节点，推动实施环城生态廊道建设，做靓城市生态特征，彰显田园城市风貌，大幅提升公园绿地十分钟服务半径覆盖率。加快推进实施中心公园、西庐园生态修复、江南路和岳鹿路道路景观、滨河公园东延、城市绿地提档改造、环城生态廊道等项目，进一步提升城市功能品质和人居环境。开展老城区绿色化、海绵化改造，聚焦老城区发展短板，启动了占地8公顷的月亮河地块绿色社区改造项目。

志合者，不以山海为远。在中德两国深化合作的进程中，太仓将打造包括"中德合作城市典范"在内的"两地两城"宏伟目标，厚植高质量发展新优势，成为长三角一体化进程中的田园样板城市。

四、幸福港城张家港

精神如炬，文明似光。审视张家港，这片土地书写的答卷，被誉为"伟大理论的成功实践"，也被赞作"一部精神成长史"。从苏南的"边角料"到综合实力位居全国前三的明星城市,"团结拼搏、负重奋进、自加压力、敢于争先"的16字张家港精神,已经融入了城市血脉,铸就了城市之魂。从首个荣膺全国文明城市的县级市到全国文明城市"五连冠"、文明奖项"大满贯",全民全域的精神追求、价值认同,锻造出城市的非凡气质、硬核实力。守正笃实,久久为功。张家港市用新时代文明实践的领跑姿态,托起人民群众对美好生活的向往,这恰是与时俱进弘扬张家港精神的题中之义。在中央组织部组织编选的《贯彻落实习近平新时代中国特色社会主义思想、在改革发展稳定中攻坚克难案例》丛书中,《张家港市文明城市创建的探索与实践》一文作为全国25个文化建设的案例之一被收录其中,成为全国文化建设学习的样本。

张家港市坚持以习近平新时代中国特色社会主义思想为指导,以培育和践行社会主义核心价值观为根本,扎实推进文明城市长效管理,实现文明城市创建制度化、常态化和全域化。其做法主要概括为五个"突出":一是突出"一把手抓两手、两手抓两手硬",把精神文明建设纳入经济社会发展总体规划,与物质文明建设同谋划、同部署、同实施;二是突出城市创新治理,加强城市管理数字化平台建设,积极推动网格化社会治理模式,提升城市精细化管理水平;三是突出以文化人,坚持以社会主义核心价值观为引领,与时俱进大力弘扬张家港精神,广泛开展群众性精神文明创建活动,不断完善城市公共文化服务体系,有效提升市民文明意识、规范市民文明行为;四是突出城乡一体,同步推进城乡基础设施建设,同步实施城乡公共服务项目,同步提升城乡居民素质,推动城乡文明的联动与对接;五是突出常态长效,牢固树立"人民城市人民建,建好城市为人民"理念,注重全民参与、共建共享,有效推动文明城市创建制度化、规范化和常态化。

通过持之以恒地抓文明城市创建,张家港发展环境日益优化,文明风尚日益浓厚，群众幸福感日益增强，经济社会高质量发展，始终走在全国县域前列，也为全国各地的文明城市创建提供有益借鉴。

曾经，这里是张家港以港兴市战略的"起跑线"，敢闯敢拼的张家港人高举"张家港精神"旗帜，乘着改革开放的东风，跑出了临江工业城市崛起的"张家港速度"。如今，在"共抓大保护、不搞大开发"，建设生态长江的新征程中，这里再次成为践行高质量发展、开放再出发的新起点。①

因水而生，依港而兴，张家港是全国拥有长江岸线最多的县市之一。改革开放以来，张家港充分利用区位优势，大力发展临港产业，长江边的"穷沙洲"蝶变为沿江现代港口城市。张家港还将在提档升级民宿休闲、传统种植、江滩芦苇观光三大产业的基础上，呼应双山、香山两大生态地标，推动形成"山的形状、岛的韵味、江的风情"滨江特色，将张家港湾打造成长三角休闲旅游的目的地。

1992年，张家港市响亮喊出"工业超常熟、外贸超吴江、城市建设超昆山、样样工作争第一"的"三超一争"口号，迈出了从"苏南的边角料"蝶变成为"全国明星城市"的关键一步，实现了跨越式发展，搅活了苏南县域经济的"一池春水"。作为苏州"三大法宝"的重要组成部分，以"团结拼搏、负重奋进、自加压力、敢于争先"为核心内涵的"张家港精神"，不仅为苏州和江苏的发展注入了强大动力，也为全国各地改革发展起到了重要的激励引领作用。站在新起点上，张家港市新时代"三超一争"，将聚焦"经济高质量标杆、城乡一体化标杆、新时代文明标杆，在全省率先基本实现现代化"的"三标杆一率先"发展目标聚力奋进。作

---

① 杨溢：《张家港投资37.6亿元 四个"最美"擘画江海第一湾》，《苏州日报》2020年4月3日。

为长江流域口岸货物吞吐量最大的城市，张家港2018年吞吐量为2.35亿吨，占长江流域吞吐量的10%，与71个国家和地区的473个港口保持贸易往来。张家港保税区是江苏省内唯一内河港型保税区，也是江苏省唯一的汽车整车进口口岸。张家港拥有苏州最大的规模企业集群，苏州市拥有规模以上企业1 135家。此外，张家港还拥有苏州最大的上市板块，拥有21家上市公司，总数、总市值苏州县市排名第一。

从"三超一争"到"三标杆一率先"，二十多年来，张家港"解放思想"的勇气没有变，"永争第一"的本色没有变，"率先探路"的担当没有变。新时代"三超一争"，不仅是张家港"致敬历史、继往开来"的战略抉择，也是整个苏州"闯关夺隘、勇当尖兵"的时代宣言。

人是要有一点精神的，有了精神才能干得精彩。张家港既是苏州改革开放历程的一个缩影，也是苏州"开发展之先河"的一个示范。张家港从"苏南的边角料"跃升为"全国明星城市"，靠的就是"奋斗"二字。苏州被誉为"最强地级市"，靠的就是一股子争先恐后的闯劲。不争先，就是落后；不进位，就是倒退。在波涛汹涌、你追我赶的时代大潮中，容不得任何犹豫和懈怠，只有坚定者、奋进者、拼搏者，才能始终立于时代潮头，才能把高质量发展不断推向前进。张家港市要在继往开来中树牢标杆，在接续奋斗中演绎精彩，在整个苏州改革开放的发展史上再次谱写浓墨重彩的壮丽篇章。

当年的"三超一争"，干出了享誉全国的"张家港精神"；如今的"三标杆一率先"，更要站在前人的肩膀上，努力挑战极限，在"实干苦干巧干"中"争第一、创唯一"，与时俱进地赋予"张家港精神"新的时代内涵，为苏州在新时代弘扬"三大法宝"提供崭新的生动实践和鲜活范例。干，就是要发出敢于亮剑的战斗檄文。张家港提出新时代"三超一争"、聚焦聚力"三标杆一率先",这是一张推动高质量发展的宏伟蓝图,更是一份充满"火药味"的"战斗宣言"。张家港打起"十二分精神",把项目牢牢抓在手上,把转型时时记在心间,咬定青山不放松、全力以赴抓落实,全面实现争超目标,奋勇争当苏州发展"新标杆"。干,就是要把握开创未来的战略愿景。苏州正在规划建设成为"现代国际大都市,美丽幸福新天堂"。张家港作为苏州北大门的地位将更加凸显,是苏州现代国际大都市的一个重要窗口。张家港以聚焦聚力"三标杆一率先"为重大突破口,立足长三角、放眼全世界,积极抢占新一轮发展"风口",以"一日千里"的奋进姿态,在新时代创造新业绩。干,就是紧抓项目为王的制胜利器。回顾改革开放以来张家港的发展,至关重要的一条就是抓项目。"三标杆一率先"归根结底还是要做大做强做优高质量发展的增量,利用优质的增量来带动存量、优化存量、改造存量。张家港把工作重心始终放在抓项目上,拿出钻劲、盯劲,把在建项目推得更快,把意向项目盯得更紧,把储备项目谋得更实,用项目建设这个"利器"拼出一片高质量发展的新天地。

张家港开启新时代"三超一争"新征程,提出要"再造一个媲美上世纪90年代'激情燃烧、干事创业'的火红年代",让人倍感振奋、心潮澎湃。

"火红年代"是"从头做起"的创业年代。张家港、苏州的发展,已先人一步面临"高原反应"、遭遇"成长烦恼"。作为瞄准巅峰的"攀登者",必须时刻保持"归零"心态,既要迈过荣誉的"高山",在过去的创业实践中汲取接续奋斗的力量;又要迈过压力的"关隘",打破高质量发展的瓶颈与桎梏,在新起点上开创"二次创业"的新传奇。"火红年代"是"龙腾虎跃"的角逐年代。张家港打响了"第一炮",它要把"率先"的声势热烈地造起来,将

"标杆"的压力层层传导开来，拿出一系列"跨越"的扎实举措，在苏州"一石激起千层浪"，再次搅动县域经济发展的"一池春水"，重现"群虎争雄"的火热氛围。

美丽的暨阳湖畔，一座三层小楼掩隐在绿树丛中。小楼门口挂着"张家港市社会心理服务指导中心"的牌子。暨阳湖，是张家港取土修路留下的生态典范。开心驿站，则成为张家港升级文明实践内涵的重磅大招。从生态到心态，从健身到健心，这是一座老牌全国文明城市的"自我进化"，更是一种责任担当。

张家港在实践探索过程中，提炼出一套接地气的"张家港标准"：出台《新时代文明实践中心建设工作推进方案》等系列文件，建立了"部门协调、供需对接、分类培训、项目发布、考核激励"五项机制，确保工作常态长效；发布《新时代文明实践所、站操作手册》和《新时代文明实践志愿服务操作手册》，为基层开展工作提供统一标准；编印《张家港市新时代文明实践工作案例集》和本土化志愿服务通识教材，提升文明实践的专业化、规范化水平。

深接地气，活力满满。张家港以一个个硬招、实招，在新时代文明实践的赛道上成为领跑者。念好"准"字诀，张家港开出了"三张清单"，即群众需求清单、社会资源清单和服务项目清单。村（社区）文明实践站通过干部走访、志愿者上门等渠道，广泛收集群众所需所盼，建立全面系统合理的需求清单；通过摸排企事业单位在便民服务、慈善关爱、创业就业等方面的资源，建立包括人才、项目、资金等在内的资源清单；在摸清需求、掌握资源的基础上，将"群众要什么"与"我们有什么"有机结合起来，精心设计服务项目清单。而把"三张清单"黏合起来的是"一张网"。张家港在市、镇、村三级全面整合2 000多个服务阵地，并选取有条件的自然村落、工业集中区、公园等，培育建设100多个文明实践示范点,推动文明实践向一线拓展。张家港已建起以张家港市为整体,以中心、所、站为基本单元,以分中心、点为重要补充,覆盖城乡的组织网络体系。同时,结合社会综合治理网格化联动机制建设,将新时代文明实践纳入网格事务责任清单,网格员常态化开展民情走访、政策宣传、文明引导等工作。

文明实践的"用心"和"走心",激发出各方的向善力量,越来越多的张家港人发自内心地帮助他人、服务他人。张家港有超过13万注册志愿者,累计超过300万小时志愿服务时长,每天约有100场志愿服务活动。

在张家港市新一轮高质量发展中,以习近平新时代中国特色社会主义思想为指导,深入贯彻习近平总书记关于长江经济带"共抓大保护、不搞大开发"的重要指示精神,自觉践行新发展理念,让文明和谐成为新港城的"金招牌",敢闯敢试、敢拼敢抢,赋予"张家港精神"新时代新内涵,努力走出一条具有张家港特色的改革发展之路。

思想观念要往"新"里转,让张家港精神成为新港城的"强引擎"。张家港人紧紧依靠、不断发扬"张家港精神",把这座曾经的"苏南边角料城市"打造成了闻名全国的"明星城市",在实干、苦干、巧干中赋予"张家港精神"新时代新内涵。在成绩面前张家港毫不自满,它始终保持"归零心态"和"奋斗姿态",与兄弟板块比贡献,与先进地区比水平,与过去成绩比高度,进一步树牢走在前列的目标追求。在机遇面前张家港毫不迟疑,它牢牢把握"一带一路"建设、长江经济带发展、长三角一体化发展等重大机遇,深入推进重点领域和关键环节改革,打造更多具有示范引领作用的改革成果。在挑战面前张家港毫不畏惧,它针对经济下行压力增大、中美经贸摩擦等风险挑战,做到了有激情、有追求、有勇气、有办法,时时保持加压奋进的"精气神",处处体现争先率先的"加速度",发扬斗争精神,增强斗争本领,一着不让抓好防风险、保稳定、促发展各项工作,高标准打造经济、功能、生态、生活、治理"五个升级版",奋力书写负重奋进的时代答卷,确保张家港发展始终走在苏州、全省乃至全国前列。

产业结构要往"高"里转,让转型升级成为新港城的"主旋律"。张家港是苏州的制造业重镇之一,具有规模企业集聚、临港产业发达、外向型经济活跃等优势,但也面临着产业结构偏重、资源空间收窄等问题,转型升级任务仍然繁重。张家港进一步保持定力、坚定信心,继续以产业结构调整为主攻方向,以重点项目布局为重要抓手,以优质的增量投入为必然之路,加快推动经济发展质量的全面跃升。狠抓新兴产业的培育引进,紧扣有效投入、产业招商、科技创新三大目标任务,着力推动具有战略意义、撬动性强、引领作用大的重大项目早开工、早投产、早见效。不管形势如何变化,抓招商、抓项目是永恒主题,要牢牢抓住重大项目这个"牛鼻子",坚持把高质量项目作为引领高质量发展的龙头和支点。狠抓传统产业的提档升级,围绕绿色化、高端化、智能化的发展方向,着力巩固提升现有的冶金、纺织、机电等传统优势产业,鼓励引导企业因需定制智能化转型路线,推动存量产业结构大调整、质效大提升。

城乡建设要往"优"里转,让文明和谐成为新港城的"金招牌"。张家港的城乡一体化特色非常鲜明,呈现出城乡互补、融合发展的良好态势。张家港对照更高的发展标杆,努力打造城乡一体化发展新样板,引领现代化实践的示范。在提升城市能级方面,张家港成为三条铁路交会的重要交通枢纽型城市,迎来从"以港兴市"到"港铁联动""双轮驱动"的新港城时代,为此要有长远眼光、超前意识,立足打造现代化综合交通运输体系,前瞻谋划"十四五"乃至更长时期的发展。在推动乡村振兴方面,张家港在发展村级集体经济上有着很好的基础，要始终把实施乡村振兴战略摆在优先位置，积极推进"三高一美"创建，加快"农旅融合""文旅融合"步伐，实现富民强村与宜居品质同步提升。在生态环境保护方面，张家港拥有的长江岸线超过苏州的一半，要坚决贯彻习近平生态文明思想，坚持以"共抓大保护、不搞大开发"为导向不动摇，认真落实全省长江大保护现场推进会精神，把修复长江生态环境摆在压倒性位置，努力把张家港湾打造成为长江最美的"最后一道江湾"。在建设文明城市方面，张家港作为全国唯一获得文明城市"五连冠"和文明奖项"大满贯"的县级市，要立足更高的政治站位和目标定位，充分发挥示范引领作用，持续擦亮"文明张家港"城市品牌，充分彰显张家港"崇德向善、文化厚重、和谐宜居"的文明底蕴。①

---

① 钱怡、赵焱、陆佳楠：《弘扬"张家港精神" 再创新时代辉煌》，《苏州日报》2019年9月20日。

结语　中国小康先行者

历史的长河滚滚向前，千百年的梦想在当下成真，中国小康先行者苏州不愧为中国高水平全面建成小康社会的样板。在为现代化建设"探路子"的重任下，如今的苏州，展现了高水平全面小康理想照进现实的闪亮姿态。

经济高质量发展是百姓幸福生活的底气。2019年，苏州实现地区生产总值近2万亿元，规模以上工业总产值3.36万亿元，一般公共预算收入超2 200亿元，进出口总额3 100多亿美元，在全国地级市中全部稳居首位。苏州把近八成财政支出用于民生，不断提高公共服务和保障水平，它靠实干守护稳稳的幸福。

作为"最强地级市"，苏州的发展一直在向更高处攀登。进入新时代，要更好地勇当"两个标杆"、走出高质量发展的"苏州之路"，亟须进一步发挥智库的力量，找准新的发展动力和坐标，在实践中多做研究性、探索性、开创性工作，作出"无问之答"，提出"无解之解"，勇闯"无人区"。在改革开放的进程中，苏州诞生了全国第一家内河保税港区——张家港保税区、第一家自费开发区——昆山开发区，建设了中国、新加坡两国政府间的第一个旗舰项目——苏州工业园区，高层次的开放平台有力引领带动了苏州经济社会发展。

在苏州，"农民"不再是一种身份，更多的是一种职业选择。支撑这一变化的，是产业逐渐兴旺、环境日益美丽、农民更加富裕的现代化新农村。2019年，苏州农村居民人均可支配收入3.5万元，城乡居民收入比缩小到1.952∶1。小康不小康，不能只看平均数，越是薄弱处，越要下功夫。循着幸福坐标，"奔小康的路上，一个也不能落下"在苏州有了更丰富的内涵。不仅是农民、特困群体，占常住人口一半以上的外来人员也在这里有了更多获得感、幸福感、安全感。

人与城相依，"小我"与"大我"同行，这是幸福苏州的深层密码。如果说物质条件改善是幸福苏州的面孔，城市文脉传承则是幸福苏州的灵魂。昆山自2018年起承办"百戏盛典"，集中展演我国现存的348个戏曲剧种，被称为"中国戏曲史上最完整的剧种大检阅"。2019年，苏州建有博物馆、美术馆、图书馆等近千家，人均公共文化设施面积全国领先。苏州市每年开展各类惠民展演7万多场次，惠及农村及社区群众1 000万人次以上。

从改革开放之初"县域六虎"争雄，到如今"十大板块"竞艳，从物质不断丰裕到文化日渐繁荣，苏州在高质量均衡发展路上不断丰富着幸福的内涵。

企业的信心来源于苏州"开放再出发"的雄心。"苏州开放创新合作热力图"全球首发、"苏州产业链全球合作对接图"上线开通……因开放而兴的苏州吹响了"再出发"号角，并将生物医药确定为"一号产业"，力争到2030年，集聚相关企业超1万家，产业规模突破1万亿元。

苏州重塑"江"与"人"的关系，奋力书写人与自然和谐共生的长江文明新时代篇章。站在"两个一百年"奋斗目标的历史交汇点，苏州将对照"强富美高"的总要求，冲刺全面小康建设"最后一公里"，部署现代化试点"最先一公里"，争取早日建成"现代国际大都市、美丽幸福新天堂"。

苏州身处长三角一体化中心位置、先行区域，面临"一带一路"倡议和长江经济带、长三角一体化发展等国家重大战略叠加实施机遇，肩负着自贸区、苏南自主创新示范区、现代化试点等先行先试时代任务。苏州既是长三角一体化发展的重要参与者，也是直接受益者。一年来，苏州坚决扛起政治责任、主动服务国家战略，在对接机制、交流互动、重点合作等方面取得了积极进展，区域合作稳步推进，互联互通全面提速，科研创新协同发展，共享共治持续完善。下一步，苏州将着力打造成为国际化大都市和长三角世界级城市群的重要中心城市，在上海的龙头带动下，发挥协同增强效应，做强一体化内核。

当前，长三角一体化发展的强大"引擎"已经"点火"，国家战略蕴含的巨大能量正加速释放。抓住历史机遇、用好发展平台，在"一体化"大写意中绘好苏州"工笔画"，对于苏州全面提升城市能级、实现高质量发展、走在时代最前列至关重要。

苏州尤其要正确处理好与上海的关系，苏州不是作为上海的外围同上海对接，而是在毗邻城市的同城化中同上海对接，在城市能级的提升中和上海对接。两地经济发展水平在长三角城市群中处于领先地位，国际化要素相互匹配，可以在交通一体、产业互补上更进一步，打造同城化科创中心，促进自贸区政策同城化；可以把上海的高端服务业与苏州的高端制造业、上海的源头创新与苏州的应用创新结合起来，共同打造一体化发展的良好生态。

苏州明确在长三角一体化发展进程中的目标定位，厘清融入长三角一体化发展、实现高质量发展的工作思路。苏州将始终以习近平新时代中国特色社会主义思想为指导，认真学习贯彻习近平总书记对长三角一体化发展的系列重要讲话指示精神，牢固树立"一体化"意识和"一盘棋"思想，紧扣"一体化"和"高质量"两个关键，坚决落实好中央和省委的各项决策部署，以更加清醒的认识、更加务实的姿态，亮出长三角一体化的"苏州作为"。

党的十八大以来，在以习近平同志为核心的党中央的坚强领导下,党和国家事业发生历史性变革、取得历史性成就,中国特色社会主义进入新时代。习近平新时代中国特色社会主义思想成为新时代中国共产党的思想旗帜、国家政治生活和社会生活的根本指针,在中华民族伟大复兴征程上矗立起思想的灯塔。

习近平总书记始终对苏州亲切关怀、寄予厚望,对苏州的工作作出了一系列重要指示。习近平总书记要求苏州"为中国特色社会主义道路创造一些经验",强调指出"像昆山这样的地方,包括苏州,现代化应该是一个可以去勾画的目标",明确要求苏州工业园区在开放创新、综合改革方面发挥试验、示范作用。这是习近平总书记对苏州发展的极大关怀、极大鼓励、极大期望。

新思想引领新航程,站在"两个一百年"和中国梦的历史维度,肩负习近平总书记"勾画现代化目标"的谆谆嘱托和中央、省委的殷切期盼,苏州勇当高水平全面建成小康社会的标杆,探索具有时代特征、江苏特点的中国特色社会主义现代化道路的标杆,以勇闯"无人区"的姿态、争当热血尖兵的斗志,向全球发出开放再出发的时代强音!

发令枪响,组合拳出。开放再出发,让开放为苏州一切工作赋能,以开放推动创新发展、促进产业转型、强化有效投入、优化营商环境、塑造城市品质。开放再出发,苏州拿出最有力政策,30条政策举措重磅推出,68.8平方千米产业用地高光亮相,"开放创新合作热力图"全球首发,"苏州最舒心"营商品牌响亮,"中国药谷"产业地标加速耸立。开放再出发,苏州要让人的精神状态再出发,宣布作风建设"三件事":创立改革创新"特别奖",设立转变作风"曝光台",建立营商环境"通报制"。开放再出发,苏州为干事担当强保障,全面实施激励干事担当"1+5"制度体系,深化运用"三项机制",为干部干事创业"卸包袱"。开放再出发,苏州广揽英才为我所用,发布万名高端人才集聚计划,上线全球高端网络引才平台，一系列面向全球的招才引智举措重磅来袭。

面对夺取疫情防控和经济社会发展双胜利的大战大考，苏州在路径选择上坚持"试点、试验、示范"不动摇，在目标定位上立足"率先、排头、先行"不懈怠，在工作重点上守住"生态、开放、创新"不放松，把失去的时间抢回来、把落下的任务补起来、把发展的节奏拉上来，把"争第一、创唯一"作为战胜困难的最好办法、应对挑战的最佳姿态、决胜竞争的最优策略，推动思想再解放、开放再出发、目标再攀高，再创一个激情燃烧、干事创业的火红年代。①

改革开放以来，尤其是党的十八大以来，苏州在中国特色社会主义理论特别是习近平新时代中国特色社会主义思想指引下，栉风沐雨，强健筋骨，以开放包容的博大胸怀，巨笔"绣"出一座古韵今风的现代化国际化名城，有效践行了高水平全面小康先行者的重任。

高水平全面建成小康社会的征程，铸就了一座雄厚的经济实力之城，同时也铸就了一座古今辉映的文化之城。苏州地区生产总值由1978年的不足32亿元增加到2019年的近2万亿元，位列全国第六。与强大经济硬实力相得益彰的是，苏州又是一座古今辉映的文化之城。它不仅是罕见的"双遗产"城市，还拥有全国唯一的历史文化名城保护示范区。2014年，苏州因其在平衡经济发展与传承历史文化传统等方面的出色成绩而获得"李光耀世界城市奖"。

高水平全面建成小康社会的征程，铸就了一座高端资源要素富集的创新创业之城，同时也铸就了一座城乡协调的富民之城。党的十八大以来，苏州涌起了一浪高过一浪的创新创业大潮，人才综合竞争力持续位居全省乃至全国前列。与此同时，姑苏大地上呈现出

---

① 中共苏州市委党史工作办公室：《光辉照征途 苏州起宏图》，《苏州日报》2020年4月27日。

一幅典型的城乡协调宜居图。2019年苏州市城镇居民人均可支配收入达6.86万元，居全国第三位，苏州是全国城乡收入差距最小的地区之一。

高水平全面建成小康社会的征程，铸就了一座具有全球影响力的制造之城，同时也铸就了一座和谐向善的文明之城。强大的制造业是改革开放给苏州涂上的鲜明底色，苏州工业总产值不仅总量位居全国地级市之首，成为"中国制造"的典型代表，而且以其在电子信息等特色产业领域超强的制造能力蜚声海内外。同时，苏州以高度的自觉意识推动经济发展和文明进步双向演进，成为全国唯一拥有三块"全国文明城市"金字招牌的城市。

高水平全面建成小康社会的征程，铸就了一座深度参与全球产业分工的开放之城，同时也铸就了一座彰显江南水乡特色的美丽之城。苏州每年实现的外贸进出口总量稳稳占据江苏一半以上、全国近十分之一，实际利用外资总数突破2 000亿美元。同时，"醇正江南"依然是这块土地上永远鲜活的乡愁。进入新时代，苏州把古城保护提升到了守护城市文脉的高度，唐代始现的三横三直加一环的骨干水系和水巷特色至今也基本未变。"四个百万亩"得到有效保护。

改革开放以来，尤其是党的十八大以来，苏州自觉践行新发展理念，走出了一条以解放思想为先导、以协调发展为底色、以先行先试为特质、以开发区建设为窗口、以人民为中心的改革开放之路，实现了"农转工""内转外""量转质"的历史性跨越。在这一过程中，苏州不断弘扬"张家港精神""昆山之路""园区经验"这"三大法宝"，融成了昂扬斗志、催人奋进的新时代苏州精神，为改革发展注入了不竭动力和永恒活力。

胸怀大局，敢于担当——苏州的园林很小，但苏州人的胸怀很大，顾炎武"天下兴亡，匹夫有责"的思想深深镌刻在苏州人的骨子里。2014年12月习近平总书记亲临江苏视察并发表重要讲话后，苏州开启了争做"强富美高"新江苏建设先行军排头兵的探索实践，一步一个脚印地让习近平总书记为江苏擘画的宏伟蓝图在苏州率先化为现实。

敢为人先，抢抓机遇——苏州人民敢于争第一、勇于创唯一，"第一"和"唯一"的背后是认清大势、抢抓机遇。改革开放后，苏州诞生了全国第一个自主开发的工业小区、第一个与国外合作开发的工业园区、第一个封关运作的出口加工区、第一个设在县级市的国家级高新区、唯一一个深化两岸产业合作试验区和开展开放创新综合试验的开发区，这无一不是"闯"的结果，无一不是"敢为人先"的探索。党的十八大以来，苏州还在全面深化改革方面先行先试，争取到一大批含金量较高、对苏州市经济社会发展牵引作用较大的改革试点，苏州工业园区开放创新综合试验累计实施130项重点改革任务。

海纳百川，开放包容——水文化是吴文化的鲜明个性，海纳百川、兼收并蓄、开放包容成为苏州城市精神的重要内涵。苏州是全国第二大移民城市，集聚了近700万新苏州人。苏州之前的城市语言为单一的"吴侬软语"，如今则演变成以夹杂着南腔北调的普通话为主体的城市语言。苏州从2011年开始全面实施居住证制度，为新苏州人提供同城待遇。2016年起又实施了流动人口积分管理制度，以更加公平、公开、有序的方式，让流动人口享受到户籍准入、子女入学和子女参加苏州城乡居民医疗保险等相关福利待遇。如今，苏州已在"新苏州人"的心中留下了第二故乡的幸福烙印。

崇尚实干，精益求精——苏州人民历来做事精细夺巧，做人则崇尚实干。党的十九大以后，苏州更是将崇尚实干的精神与精益求精的态度紧密结合，把工匠精神融入了产业和城市发展中，以踏石留印、抓铁有痕的劲头，一步一个脚印地推进高质量发展。

以人为本，尊崇自然——苏州的建城史就是一部人与自然和谐共生的发展史，苏州园林更是集中承载着"天人合一"、以人为本的世界观和价值观。苏州在城乡规划中留足生态空间，在生活方式上提倡绿色低碳，在产业发展上注重绿色发展，市区建成区绿化覆盖率达42.2%；坚持古城活态化保护，把古城视为放大版的园林加以保护，不断提高人民群众在古城中的舒适度，严格按照与古城风貌协调的原则进行城市更新，增设配套设施，方便群众生活。

凝心聚力，超越自我——苏州人理性冷静，向来以问题导向审视谋划发展。无论是乡镇企业如日中天时，还是外向型经济形成国内高地，年度引进外资居全国城市首位时，或是经济总量连续进位时，苏州始终居安思危，在发展中看到了产业层次还较为低端、发展模式还较为粗放、质量效益还不高的现实因而较早确定了转型升级、创新驱动的发展导向。[1]

党的领导是创造"苏州奇迹"的制胜之要。随着改革进入深水区和攻坚期，苏州不断探索鼓励激励、容错纠错、能上能下等机制，率先开启用制度保障政治生态的实践，努力打造一支讲政治、善创造、勇担当、不懈怠的新时期高素质专业化干部队伍。同时，在快速现代化、国际化的进程中，苏州守护好了城市的传统文化，传承了城市的历史文脉，形成了既根植于苏州这块具有2 500多年历史的深厚文化土壤，又彰显中国精神、中国价值、中国力量的苏州经验，更凸现了新时代新担当新作为的丰富内涵和思想价值。

苏州坚持以人民为中心的发展理念，处理好政府、市场、社会三者之间的关系，发挥有为政府与有效市场"双强引擎"作用。"强政府"一度成为苏州的重要标识，但在改革开放的关键节点上，苏州总能以刀刃向内、自我革命的勇气，抓住转变政府职能这个

---

[1] 《群众》杂志社、苏州市委研究室联合调研组：《苏州：开放包容托起古韵今风的现代化国际化名城》，《群众》2018年第23期。

"牛鼻子",持续深入推进体制改革。20世纪90年代中期,苏州以开放倒逼改革,率先在开发区构建"小政府、大社会"开发管理体制,营造了具有竞争力的投资软环境。20世纪90年代末,苏州主动顺应社会主义市场经济制度建立的需要,率先进行乡镇企业产权制度改革,由此带动了民营经济的蓬勃发展。十八届三中全会后,苏州提出"三化一机制"目标,全面提升市场化程度,持续加快国际化进程,不断完善法治化保障,有效发挥市场与政府作用的协同机制基本形成,激发了全社会的创新创造活力,同时也成为推进开放型经济高质量发展的"看家本领"。

苏州持续在改革进程中寻求超越,处理好革新创新与传承传统的关系,不断突破"过去时",前瞻把握"未来时",保持发展"进行时"。苏州人民敢于创新、勇于探索,不仅是数量上的"能快则快,能上则上",更是质量上的"能高则高,能进则进"。进入21世纪,苏州不仅在开发建设上始终引领着中国开发区的发展进程,而且在全面深化改革中,总是把先行先试为发展探路表现得淋漓尽致。党的十八大以来,苏州在开放包容方面更显自信自觉的底气,在高质量发展上发挥示范作用,苏州工业园区开放创新综合试验、昆山深化两岸产业合作试验区建设等加快推进,目前承担的省级以上试点任务超60项。

苏州始终以协调发展为底色,处理好重点突破与整体推进关系,高质量"绣"出城乡协调发展、中心城区和县级市协调并进、强市富民协调推进的幸福画卷。在推动整体市域城乡协调发展上,苏州不断深化对城乡发展一体化规律的认识,坚持共同富裕,从全省唯一的城乡一体化发展综合配套改革试点区,到国家发展改革委城乡一体化发展综合配套改革联系点,再到全国农村改革试验区、全国城乡发展一体化综合改革试点城市,着力打造新型城镇化发展、共同富裕等八个示范区,确立了在全省乃至全国的示范地位。

进入21世纪以来，苏州把"富民强市"战略调整为"富民优先"战略，努力实现城乡居民收入增长与经济发展同步、劳动报酬增长和劳动生产率提高同步，并以此推进富民工作，并通过不断完善社会保障制度，2013年在全国率先实现城乡低保、养老保险、医疗保险"三大并轨"，2017年城镇居民恩格尔系数下降到26.5%，达到了联合国提出的"富裕"标准区间。

苏州自觉遵循发展规律，处理好敢闯敢试与制度规则的关系，坚持在法治轨道上推进改革，不断释放先行先试的制度改革红利。对在制度规范中尚存在空白的领域，敢于先行先试形成制度保障。比如，率先在全国建立工业企业资源集约利用大数据平台和工业企业综合评价体系，对苏州市所有工业企业进行资源集约利用综合评价。在生态保护上以制度为保障，在全国首创出台了《苏州市生态补偿条例》，将实践证明行之有效的生态补偿政策上升为地方性法规，为经济发达地区的高效农业发展和生态环境保护提供了新的范本。①

苏州坚守文脉历史传承，处理好文化保护与创新发展的关系，始终以开放包容、海纳百川的胸怀吸收外来文化、培育创新文化，展现出苏州文化的时代价值；始终以博大的胸怀吸收外来文化，在各种文化的相互交融中激发创新文化。最早借鉴新加坡先进经验打造的苏州工业园区，成为中新合作的典范项目，也是苏州最初打开窗户看世界的窗口。常住苏州的外籍人士超过4万人，成为苏州国际化的鲜亮标记。在昆山生活的台胞台眷有10万人，日益密切的昆台民间交流活动，使昆山成为台商在大陆的精神家园。太仓打造中德合作典范城市，成为对德合作的一个集中化、综合化、具象化的商务休闲旅游目的地。为推动文化建设高质量，苏州先后成立芭

---

① 李仲勋、高坡：《苏州：用开放创新造就更多发展"范例"》，《新华日报》2018年12月11日。

蕾舞团、交响乐团和民族管弦乐团,成为全国唯一同时拥有三种高端文艺团体的地级市。宽广的人文胸怀使苏州形成了弘扬包容开放的城市新文化,培育出适应现代创新文化生长发育的城市创新生态土壤,聚集了国内和国外的各类创新创业人才,从而使苏州的人才综合竞争力持续位居全省乃至全国前列,支撑了苏州在国际产业价值链中的重要地位和知名国际文化都市中的影响力,为不断提升的城市综合实力注入了生生不息的创新活力和核心竞争力。

建功新时代,扬帆新征程。当前,苏州正在以习近平新时代中国特色社会主义思想为指导,自觉用新思想定向领航,以新思想对标找差,从新思想寻策问道,为再创新辉煌夯实坚固基础、注入强劲活力、再添秀美气质、绘就艳丽华章。

改革开放以来,苏州先后经历三个重要发展阶段,每一次"华丽转身",都是紧抓时代机遇的成果,都促成自身的发展飞跃。

先是"农转工"。改革开放初期至20世纪90年代初,经由乡镇企业大发展,苏州率先实现"农转工"的历史性转变。接着"内转外"。20世纪90年代至"十一五"末,苏州紧抓国际产业资本转移和上海浦东开发开放、中国加入WTO等重大机遇,大力发展外向型经济。在各级各类开发区的龙头带动下,苏州建设成为长三角地区仅次于上海的外向型经济高地。现在"量转质"。"十二五"之初,特别是党的十八大以来,在"创新、协调、绿色、开放、共享"五大发展理念指引下,经由对创新型经济的大力培育和创新型城市建设,苏州正在加快推动"量转质"的历史性转变,在建设现代国际大都市和美丽幸福新天堂的道路上阔步前进。

苏州以占全国不足0.1%的国土面积,创造占全国近8%的进出口总值、2.2%的国内生产总值、1.2%的财政收入,下辖4个县级市全部进入全国经济综合实力百强县前十名。

中国小康先行者,开启现代化征程的新苏州,将始终牢记习近平总书记"像昆山这样的地方,包括苏州,现代化应该是一个可以去勾画的目标"的嘱托,在扎实做好全面建成小康社会各项工作的基础上,积极探索全面建设社会主义现代化国家,将熔古铸今的城市特质磨砺得更加光彩夺目!

参考文献

[1] 中共中央文献研究室. 习近平关于全面建成小康社会论述摘编［M］. 北京：中央文献出版社，2016.

[2] 中共中央宣传部理论局. 全面小康热点面对面［M］. 北京：学习出版社、人民出版社，2016.

[3] 中共中央文献研究室小康社会研究课题组. 小康社会理论与实践发展三十年［M］. 北京：中央文献出版社，2009.

[4] 中共江苏省委宣传部. 江苏全面建设小康社会指标体系解读［M］. 南京：凤凰出版社，2005.

[5] 中共江苏省委研究室，江苏省统计局. 江苏全面建设小康社会发展报告：2006［M］. 南京：江苏人民出版社，2007.

[6] 中共苏州市委党史工作办公室. 小康社会思想与苏州实践［M］. 北京：中共党史出版社，2014.

[7] 中共苏州市委党史工作办公室，姚福年. 苏州改革开放实录［M］. 北京：中共党史出版社，2019.

[8] 苏州市对外经济贸易委员会，苏州市国际经济贸易学会. 走向世界的历程：苏州外向型经济发展纪实［M］. 北京：中国对外经济贸易出版社，1992.

[9] 周德欣，周海乐. 苏州和温州发展比较研究：区际比较的实证分析［M］. 苏州：苏州大学出版社，1997.

［10］储东涛. 奔向小康与现代化的江苏［M］. 南京：江苏人民出版社，1998.

［11］王国平. 现代化理论与苏南发展［M］. 苏州：苏州大学出版社，1999.

［12］高峰，等. 生活质量与小康社会［M］. 苏州：苏州大学出版社，2003.

［13］江作军，钱振明，芮国强. 政治文明与小康社会［M］. 苏州：苏州大学出版社，2003.

［14］方世南，范俊玉. 先进文化与小康社会［M］. 苏州：苏州大学出版社，2003.

［15］王霞林. 苏南小康之路调查［M］. 南京：江苏人民出版社，2004.

［16］苏州市计划生育委员会. 2001—2015年苏州人口发展战略研究［M］. 北京：中国人口出版社，2004.

［17］胡学勤，周春平，赵成柏. 全面小康与江苏就业制度创新［M］. 北京：社会科学文献出版社，2005.

［18］段进军，蔡全记. 长三角与苏南：走向可持续发展研究［M］. 苏州：苏州大学出版社，2006.

［19］府采芹，韩卫. 苏州建设健康社区：理论与实践［M］. 苏州：古吴轩出版社，2006.

［20］王荣. 和谐社会理论与苏州实践［M］. 苏州：古吴轩出版社，2006.

［21］苏州市"两个率先"课题组. 苏州之路："两个率先"的实践与思考［M］. 苏州：苏州大学出版社，2006.

［22］黄文虎，王庆五，等. 新苏南模式：科学发展观引领下的全面小康之路［M］. 北京：人民出版社，2007.

［23］王荣，韩俊，徐建明. 苏州农村改革30年［M］. 上海：

上海远东出版社，2007.

[24] 南京市社会科学院. 南京走向全面小康之路［M］. 南京：南京出版社，2008.

[25] 洪银兴，王荣. 改革开放三十年：苏州经验［M］. 苏州：古吴轩出版社，2008.

[26] 王庆华. 苏州农村社会保障发展研究［M］. 苏州：苏州大学出版社，2009.

[27] 王荣. 苏州民营经济发展 30 年［M］. 苏州：苏州大学出版社，2009.

[28]《走向和谐：苏州城乡社区建设新探索》编委会. 走向和谐：苏州城乡社区建设新探索［M］. 北京：中国社会出版社，2009.

[29] 陈光明. 城市发展与古城保护：以苏州古城保护为例［M］. 长沙：湖南人民出版社，2010.

[30] 中共苏州市委党校. 苏州"三区三城"建设的现实问题研究［M］. 苏州：古吴轩出版社，2011.

[31] 陈亢利. 区域循环经济发展理论与苏州实践［M］. 北京：科学出版社，2011.

[32] 柳建辉. 全面建设小康社会：2002—2011［M］. 北京：人民出版社，2011.

[33] 蒋宏坤，韩俊. 城乡一体化的苏州实践与创新［M］. 北京：中国发展出版社，2013.

[34] 李杰. 苏州市公共管理案例选编［M］. 苏州：古吴轩出版社，2013.

[35] 卜泳生. 苏州社会化养老模式新探索［M］. 苏州：苏州大学出版社，2013.

[36] 王霞林. 城乡一体化　率先奔小康：苏南实践邓小平理论

的调研文集[M].南京：江苏人民出版社，2014.

[37]魏文斌，洪海.苏州本土品牌企业发展报告·驰名商标卷[M].苏州：苏州大学出版社，2014.

[38]魏文斌，洪海.苏州本土品牌企业发展报告·老字号卷[M].苏州：苏州大学出版社，2014.

[39]尤毅平.保护古城·建设新区：苏州发展研究[M].南京：南京大学出版社，2014.

[40]王颖.发展与创新：苏州服务外包产业的成长实践与转型突破[M].苏州：苏州大学出版社，2014.

[41]田晓明，陈启宁.苏州城市转型[M].苏州：苏州大学出版社，2014.

[42]苏州大学马克思主义学院.高校思想政治理论课教学案例集：苏州城乡一体化创新发展实践之路[M].北京：高等教育出版社，2015.

[43]田晓明，钮雪林，江波，李平.综合标准化与公共服务提升：来自苏州市的创新实践[M].苏州：苏州大学出版社，2015.

[44]张伟.苏州城乡社区治理模式创新探索[M].苏州：苏州大学出版社，2015.

[45]宋林飞."四个全面"战略布局研究丛书：全面建成小康社会[M].南京：江苏人民出版社，2015.

[46]罗志军."四个全面"战略布局研究丛书：总论[M].南京：江苏人民出版社，2015.

[47]宋言奇.苏州生态文明建设：理论与实践[M].苏州：苏州大学出版社，2015.

[48]顾秀梅，胡金华.苏州平江历史文化街区管理和发展研究[M].苏州：苏州大学出版社，2015.

[49]杨大蓉."美丽镇村"建设在苏州的实践与思考：基于镇

村产业带动的视角［M］.南昌：江西人民出版社，2016.

［50］宋伟，鲍东东.苏州公共体育服务体系示范区建设［M］.合肥：中国科学技术大学出版社，2016.

［51］魏文斌，洪海.苏州本土品牌企业发展报告·信用企业卷［M］.苏州：苏州大学出版社，2016.

［52］倪鹏飞，等.苏州城市国际竞争力报告：精致创新驱动从容转型［M］.北京：中国社会科学出版社，2016.

［53］张伟.吴文化与苏州文化产业发展的实践和探索［M］.苏州：苏州大学出版社，2016.

［54］张伟.苏州产业转型升级的实践与探索［M］.苏州：苏州大学出版社，2016.

［55］陈嵘."苏州之路"诠释公共文化服务的现代化道路：苏州市创建国家公共文化服务体系示范区的探索和实践［M］.苏州：苏州大学出版社，2016.

［56］莫荣.劳动者职业素质培训研究：苏州的实践与展望［M］.北京：中国劳动社会保障出版社，2016.

［57］张伟.全面建成小康社会的苏州实践与探索［M］.苏州：苏州大学出版社，2017.

［58］李杰.苏州市情研究：2015—2016［M］.苏州：苏州大学出版社，2017.

［59］金伟栋.理念引领、制度变迁与现代农业发展：农业现代化的苏州路径［M］.苏州：苏州大学出版社，2018.

［60］谭伟良.健康城市发展实践研究：以苏州为例［M］.北京：光明日报出版社，2018.

［61］徐卓人.创新之旅：苏州高新区科学发展实录［M］.扬州：广陵书社，2009.

［62］关心.逐梦而行：苏州高新区：关于"中国梦·创新梦"

的 10 个样本［M］.北京：光明日报出版社，2016.

［63］陈伟东.中国特色社区建设：苏州工业园区经验［M］.北京：中国社会出版社，2013.

［64］董筱丹.再读苏南：苏州工业园区二十年发展述要［M］.苏州：苏州大学出版社，2015.

［65］韩俊，王翔.新型城镇化的苏州工业园区样本［M］.北京：中国发展出版社，2015.

［66］中共苏州市相城区委宣传部.见证 10 年：相城跨越发展之路［M］.南京：江苏人民出版社，2011.

［67］陈清华.后发崛起：相城建区 15 年发展之路［M］.南京：南京大学出版社，2016.

［68］中共苏州市吴中区委农村工作办公室.农民·股民：股份合作改革吴中创新［M］.苏州：古吴轩出版社，2011.

［69］苏州市吴中区现代农业协会.国家生态保护与建设示范区：生态吴中　美丽镇村［M］.苏州：古吴轩出版社，2017.

［70］沈荣法.吴江基本现代化研究［M］.苏州：苏州大学出版社，1998.

［71］唐克，张春龙，李义波，崔燕改.走向和谐：吴江社区研究［M］.哈尔滨：黑龙江人民出版社，2006.

［72］沈荣华."无疆服务"：吴江行政服务十年回顾与展望［M］.北京：中国社会科学出版社，2012.

［73］徐枫.现代化进程中的"四新"吴江建设研究［M］.苏州：古吴轩出版社，2014.

［74］包宗顺，等.城乡发展一体化进程中的苏南样本：苏州震泽镇案例研究［M］.南京：南京大学出版社，2014.

［75］徐枫.聚力建设"强富美高"新吴江的实践与探索［M］.北京：中共中央党校出版社，2017.

[76] 金世明，朱汝鹏. 中国的一个小康市——太仓小康社会实录［M］. 南京：江苏人民出版社，1993.

[77] 杨守松. 昆山之路：1991—1995［M］. 南京：江苏文艺出版社，1995.

[78] 张树成. 昆山发展轨迹纪实［M］. 南京：江苏人民出版社，1996.

[79] 杨守松. 小康之路［M］. 南京：江苏文艺出版社，2005.

[80] 陆道平. 乡镇治理模式研究：以昆山市淀山湖镇为例［M］. 北京：社会科学文献出版社，2006.

[81] 昆山市劳动保障研究课题组. 小康社会里的劳动保障工作：昆山市劳动保障研究［M］. 南京：江苏人民出版社，2007.

[82] 中共昆山市委宣传部. 见证昆山20年［M］. 南京：江苏人民出版社，2009.

[83] 丁宏，沈跃新，费文隽. 昆山可持续发展之路：理论、规划与实践［M］. 南京：江苏人民出版社，2010.

[84] 管爱国，路军，张二震. 率先现代化的昆山之路［M］. 北京：人民出版社，2012.

[85] 郑江淮，张二震，等. 昆山产业转型升级之路［M］. 北京：人民出版社，2013.

[86] 周庆智. 公共治理与公共服务：昆山市基本公共服务调研报告［M］. 北京：社会科学文献出版社，2013.

[87] 姚伟宏. 推进现代化建设与昆山文化实践［M］. 上海：学林出版社，2014.

[88] 昆山产业创新研究院. 2013年昆山经济发展报告［M］. 上海：上海社会科学院出版社，2014.

[89] 王友明. 转型、创新、现代化：昆山样本［M］. 北京：人民出版社，2015.

[90] 杨守松. 昆山之路：从穷山恶水走向小康［M］. 南京：江苏人民出版社，2015.

[91] 张雨林，朱汝鹏. 苏南精神文明建设模式：太仓"两手抓"实践经验研究［M］. 北京：中国社会科学出版社，1996.

[92] 王竞. 保障与民生：太仓市城乡统筹社会保障体系建设研究［M］. 北京：中国劳动社会保障出版社，2008.

[93] 邹农俭. 现代化：太仓实践［M］. 北京：社会科学文献出版社，2010.

[94] 龚金明，叶海生. 现代化进程中的太仓现代田园城市建设研究［M］. 苏州：古吴轩出版社，2014.

[95] 王春光，等. 县域社会现代化：太仓故事［M］. 北京：社会科学文献出版社，2015.

[96] 魏晓峰，等. 现代化之路：太仓实践与探索［M］. 苏州：苏州大学出版社，2016.

[97] 邱震德. 悠扬与绚丽：亲历太仓改革开放四十年［M］. 北京：中国文史出版社，2018.

[98] 徐国强. 常熟跨世纪经济社会发展战略研究［M］. 苏州：苏州大学出版社，1999.

[99] 高祖林，等. 权力公开透明运行与常熟实践［M］. 上海：上海三联书店，2012.

[100] 唐晓. 现代化进程中的常熟城乡发展一体化研究［M］. 苏州：古吴轩出版社，2014.

[101] 中共张家港市委宣传部. 张家港之路［M］. 北京：新华出版社，1995.

[102] 曾业松，等. 现代化新农村建设的典范：张家港永联村发展道路研究报告［M］. 北京：中共中央党校出版社，2009.

[103] 刘学侠，张瑞红，魏静茹. 张家港崛起之路［M］. 北

京：中央文献出版社，2009.

［104］丁宏，陈亚光，赵建华.协调张家港与可持续发展［M］.南京：江苏人民出版社，2011.

后　记

2018年11月5日，习近平总书记在首届中国国际进口博览会上宣布，支持长江三角洲区域一体化发展并上升为国家战略。长三角区域三省一市各地区各部门踊跃互动，践行国家顶层设计。

2018年11月，中共苏州市委党史工作办公室访问上海社会科学院历史研究所，由于研究领域接近、工作内容关联，双方决定开展长期合作。2018年11月19日至23日，苏州改革开放史研究培训班在上海社会科学院顺利举办。上海社会科学院组织安排师资，复旦大学的姜义华教授、华东师范大学的杨奎松教授、上海市委党史研究室主任徐建刚、上海社会科学院历史研究所金大陆研究员等人登场讲学，中共苏州市委党史工作办公室的相关同志均感到获益良多，培训成果丰硕。

2020年是中国全面建成小康社会之年。苏州是小康社会理论的发轫之地，也是高水平全面建成小康社会的标杆城市。中共苏州市委党史工作办公室邀请上海社会科学院历史研究所撰写《苏州与中国小康社会建设》一书，上海社会科学院历史研究所的张生同志为本书课题组负责人。之后经苏州大学出版社申报，本书成功入选江苏省委宣传部2020年主题出版重点出版物选题。

在中共苏州市委党史工作办公室朱江、诸晓春等领导的部署下，科研处张秀芹等同志的协助下，课题组克服新冠疫情的不利影响，历时半年，查阅相关书籍百余种，文献上千篇，最终完成本书写作。

感谢在课题讨论过程中,上海社会科学院历史研究所的高俊、王健、叶舟、徐涛等教授提供的学术建议,感谢研究生陈天陪同前往苏州调研,感谢在初稿修订过程中,苏州市相关部门老领导高志罡、姚福年提供的中肯切实的建议。苏州大学出版社的李寿春主任、陈璐编辑的辛勤工作,更是本书顺利出版的重要保证。

谨以此书献给中国共产党成立一百周年,是以为记。

张 生

2020 年 10 月 11 日